KB206084

복 있는 사람

오직 여호와의 율법을 즐거워하여 그 율법을 주야로 묵상하는 자로다.
저는 시냇가에 심은 나무가 시절을 좇아 과실을 맺으며 그 잎사귀가 마르지 아니함 같으니
그 행사가 다 형통하리로다.(시편 1:2-3)

흔히 신자들은 순진하고 열심을 내면 제일이라고 생각한다. 세상이나 신앙에 대해 무지하기로 마음먹은 것이다. 이것이야말로 기독교 신앙인들이 가장 많이 하는 오해다. 기독교 신앙은 세상과 역사와 인간과 인생을 그리스도 안에서 새롭게 보게 한다. 그리스도인의 특권이란 이러한 재창조가 자신을 안목과 분별과 통찰의 새사람으로 만들어 복된 삶의 기적을 누릴 수 있게 한다는 사실이다. 존 스토트는 이러한 면에서 큰 도움을 주는 그리스도인의 특별한 모범이다.

박영선 남포교회 원로목사

성경을 하나님의 말씀으로 믿었고, 복음이 온 세상의 문제를 푸는 열쇠임을, 그리스도만이 온 세상의 희망임을 정말 믿었던 사람 존 스토트. 그는 그리스도처럼 온 세상을 품기를 원했고 모든 문제를 정직하게 성경의 관점으로 보려고 했다. 그리고 그는 그리스도처럼 행동하기를 원했다. 그가 수년에 걸쳐 쓴 글을 모아 엮은 이 책은 하나님이 20세기 교회에 주신 선물이었던 존 스토트의 이러한 면모들을 가감 없이 보여준다. 그가 말했듯이 그리스도를 닮은 거룩함은 그의 평생의 목표였다. 이념과 진영 논리로 찢겨진 오늘의 한국 교회가 존 스토트와 같은 그리스도인들을 얼마나 필요로 하는지 그의 글들을 읽는 내내 생각하지 않을 수 없었다. 지금은 주님의 품에서 영원한 영광과 안식을 누릴 존 스토트가 생전에 남겼던 이 글들은 한국 교회의 성도들에게 그리스도인으로 살아간다는 것이 무엇인지 가르쳐 주는 또 하나의 선물이다.

김형익 벧샬롬교회 담임목사

존 스토트를 개인적으로 아는 사람들은 그가 자기가 만난 사람 중에 가장 예수님을 닮은 사람이었다고들 한다. 그리스도를 닮고 싶은 소망으로 오십대를 살고 있는 나는 오십대의 존 스토트가 궁금하다. 그가 오십대 후반에 쓴 글들을 모은 이 책을 통해 탄탄하면서도 유연하고, 따스하면서도 날카로운 그의 신앙과 신학과 성품을 만났다. 시대에 충실하면서도 내일을 통찰하는 안목과 하나님의 선교의 도구이며 대상인 온 세계 교회와 이 사회에 대한 그의 폭넓은 관심을 보았다. 이 책은 그의 관심과 시대의 도전이 성경의 권위에 대한 확신과 복음에 대한 이해와 만나 나온 결과물이다. 그 어느 때보다 교회의 존재 이유를 통절하게 묻는 이 시대를 향해 어떤 대답을 어떻게 해주어야 할지를 고민한다면, 오십대의 존 스토트를 만나 보기를 권한다.

박대영 광주소명교회 책임목사

기독교의 교리나 실천에 대한 내 의견을 사람들이 물을 때마다 나는 이렇게 대답한다. "음, 존 스토트는 뭐라고 말했냐 하면요", "나는 존 스토트의 의견에 전적으로 동의합니다." 내가 그를 나의 영웅으로 숭배해서가 아니라, 그가 쓴 책과 글들에서 빛을 발하는 성경적 폭과 올바른 통찰력, 균형 잡힌 결론을 직접 확인했기 때문이다. 이 에세이 모음집은 보다 많은 독자들이 그로부터 더 많은 것을 배울 수 있는 혜택을 누리게 해줄 것이다. 이 책에 빠져드는 사람은 누구도 실망하지 않을 것이다. **마크 놀** 노트르담 대학교 명예교수

이 책을 읽으면서 나는 성경적 기독교의 핵심이 되는 특징이 진리에 대한 기쁨이라는 사실을 깨닫게 되었다. 우리에게 지적으로 신뢰감을 주고, 우리의 현실 세계에 명쾌하게 적용되며, 우리의 영적 삶에 새로운 활력을 불어넣고, 우리에게 나가서 섬기라고 강력하게 동기를 부여하는 다양한 이슈들에 대한 성경적 사고가 있다. 존 스토트의 사역에서 우리는 이러한 특징을 확인할 수 있고, 이 책에 실린 그의 다양한 글에서 이러한 사고의 훌륭한 모범을 찾을 수 있다. **아지드** 페르난도, 스리랑카 십대선교회 대표

모퉁잇돌 그리스도

Christ the Cornerstone
Collected Essays of John Stott

JOHN STOTT

존 스토트 베스트 에세이

모퉁잇돌 그리스도

복 있는 사람

모퉁잇돌 그리스도

2020년 8월 14일 초판 1쇄 인쇄
2020년 8월 21일 초판 1쇄 발행

지은이 존 스토트
옮긴이 이지혜
펴낸이 박종현

도서출판 복 있는 사람
주소 서울특별시 마포구 연남동 246-21(성미산로23길 26-6)
전화 02-723-7183(편집), 7734(영업·마케팅)
팩스 02-723-7184
이메일 hismessage@naver.com
등록 1998년 1월 19일 제1-2280호

ISBN 978-89-6360-366-7 03230

이 도서의 국립중앙도서관 출판예정도서목록(CIP)은
서지정보유통지원시스템 홈페이지(http://seoji.nl.go.kr)와 국가자료공동목록시스템
(http://www.nl.go.kr/kolisnet)에서 이용하실 수 있습니다. (CIP 제어번호: 2020032481)

차례

일러두기

1. 성경 인용은 『개역개정판』을 따랐으며, 일부 『새번역판』을 따른 곳에는 별도로 표시하였다. 인용 성경 구절의 연결어미를 종결어미로 바꾸거나 자구를 문맥에 어울리게 일부 다듬거나 덧붙인 곳도 있다.
2. 본문의 괄호 '( )'는 지은이 주(註)이고, 하단의 주와 본문의 각괄호 '[ ]'에 넣은 것은 편집자 주이다.
3. 이 책에서 빈번하게 소개되는 로잔 언약에 대한 주는 아래와 같다.

   ◆ 1974년 7월, 스위스 로잔에서 개최한 제1차 세계 복음화 국제 대회(International Congress on World Evangelization)를 흔히 '로잔 대회'라 한다. 그리고 이 대회에서 세계 복음주의 운동의 결정체이자 동시에 추진력이 된 '로잔 언약'이 발표되었다. 이 대회에서 존 스토트는 로잔 언약의 초안을 작성하는 위원회의 위원장을 맡아 이 선언문의 산파 역할을 했다. 스토트는 이 책의 기초가 된 『크리스채너티 투데이』의 '코너스톤 칼럼'을 로잔 언약이 발표되고(1974년) 3년이 지난 1977년 7월부터, 말하자면 복음주의 안팎으로부터 로잔 언약에 대한 다양한 반응이 표출되던 시점에 쓰기 시작했다. 따라서 스토트는 이 책에 실린 많은 글에서 로잔 언약을 직간접으로 거론하여 때로는 이 선언문을 전파하고 때로는 옹호한다. 이 책에서는 로잔 운동 홈페이지(www.lausanne.org)에 게시되어 있는 한국어 로잔 언약을 인용했다.

들어가는 글

『모퉁잇돌 그리스도』는 존 스토트의 이 글 모음집에 매우 적절한 제목이다. 대부분 그가 1977년부터 1981년 사이에 『크리스채너티 투데이』에 매달 쓴 "코너스톤"Cornerstone 칼럼에서 가져온 글이기 때문이다. 그렇지만, 특히 스토트에게는 이보다 훨씬 더 중요한 이유가 있다. 신약이 하나님의 백성, 교회가 세워지는 과정에서 예수님과 그의 독특한 역할을 규정한 방식이 이 칼럼의 명칭에 반영되어 있기 때문이다(엡 2:20-22, 행 4:10-12, 벧전 2:4-8). 이 책에 실린 글들은 1959년부터 1992년 사이의 다양한 주제를 다루지만, 나는 이 글들을 하나로 관통하면서 오늘날에도 적실성 있게 만드는 네 가지 주제에 주목하고자 한다.

첫째, **스토트는 예수 그리스도의 영예와 영광을 위해 쓴다.** 스토트는 자신이 하는 모든 일에서 우리의 모퉁잇돌 되신 예수 그리스도의 영광과 능력, 진리, 자비, 정의를 분명히 표현하고 나타내려 한다. 이 책에 실린 글들은 신학 이슈부터 윤리와 문화, 국제 이슈까지 매우 폭넓게 다룬다. 이 글들이 맨 처음 쓰인 이후로 시대가 많이 변했기에 읽으면서 시간을 거슬러 올라가는 느낌을 받을 것이고, 그러면 당대의 문제들을 다루는 존 스토트의 복음주의적 목소리가 얼마나 시대를 앞서간 것인지에 놀라게 될 것이다. 하지만 다른 한편으로는, 그의 말과 글이 많은 시간이 흘렀지만 지금도 유효하고 일관성 있다는 데 놀라게 될 것이다. 이 글들이 스토트의 삶과 사역에서 가장 뚜렷한 특징을, 곧 무엇보다도 예수님을 주님으로 높이고 예수님의 삶과 죽음과 부활을 자신이 다루는 모든 주제의 기준, 다림줄, 동기로 삼으려는 분명하고 끈질긴 열성을 보여주기 때문이다. 어떤 주제를 어디에서 다루든 스토트의 기준은 분명한데, 이 점이 그의 글이 시대를 초월하여 유효한 이유를 설명해 준다.

둘째, **스토트는 공정하고 명료하게 쓴다.** 이 책에 실린 글들은 복잡하고 때로 이론의 여지가 있는 이슈들을 겸손하게 다루고자 하는 이에게 배울 기회를 제공해 준다. 그는 (심지어 반대자들에게서도) 귀를 기울여 배우고, 그들의 독특한 관점을 받아들이고 존중하며, 자신의 관점을 신중하고 분명하게 제시하는 겸손한 자세를 지니고 있다. 나는 기독학생회InterVarsity Christian Fellowship가 후원하는 어바나Urbana 선교 대회에서 그의 설교와 가르침을 처음 접하고는 그의 이러한 성품에 감명을 받았다. 그는 오후 세미나에서 질의응답 시간을 요청받고서는 두 시간 동안 다양한 질문에 답해 주었다. 단호하고 절제력 있으며 성경에 통달했지만, 매우 공정하고 명료했다. 그는 사람들을, 그리고 그들의 생각을 존중했다. 독자 여러분도 이 책을 읽으면서 똑같은 성품을 발견하게 될 텐데, 특히나 요즘같이 논란이 많고 불친절하며 무례한 분열의 시대에 우리가 꼭 새겨야 할 점이다.

모퉁잇돌 그리스도

셋째, **스토트는 겸손하고 확실하게 성경에 기초하여 쓴다.** 이 책은 다양한 국제, 교회, 문화 이슈를 다루지만, 그가 제시하는 가장 핵심적인 논평이나 반응의 기준점은 성경의 가르침으로 시작해서 성경의 가르침으로 끝난다. 그는 자기주장을 뒷받침하려고 성경을 짜깁기하지 않는다. 특정 본문만 보아서는 안 되고 본문의 맥락이나 성경 전체의 가르침과 연결하여 본문을 보아야 한다는 원칙을 지킨다는 것이다. 이것이 그의 글이 (그리고 그의 설교가) 세월을 이겨 내는 이유이자, 다시 책으로 나오는 것을 내가 반기는 이유다. 그는 성경을 읽고 해석하고 말할 수 있는 수준을 높이기 위해 끊임없이 노력하고 있으며, 대화 상대의 동의 여부보다는 성경적 논증의 힘에 더 많은 책임감을 느끼기를 원한다. 스토트는 현안을 다루면서도, 풍부하고 지혜롭고, 겸손하고 현명하며, 확실하지만 도를 넘지 않는 "기독교 지성"을 형성하기 위해 노력하고 있다. 이 글들의 가치는 이것들이 다루는 특정 주제들이 오늘날 얼마나 적실성 있느냐보다는 세심한 성경학자가 연구하는 모습을 볼 수 있는 기회에 있다.

마지막으로, **스토트는 이웃을 사랑하는 마음으로 세상에 대해 쓴다.** 폭넓은 연구와 여행 덕분에 멀리 떨어져 있는 것도 가까이에 있는 것처럼 볼 수 있는 그이지만, 그는 저술을 통해서는 그보다 더 진정성 있고 인격적인 일을 한다. 스토트만큼 남반구에서 많은 시간을 보낸 서구 기독교 지도자는 얼마 안 될 것이다. 스토트처럼 경청하는 자세로 여행한 사람은 더더욱 보기 어렵다. 그는 자신의 사례비와 인세로 장거리 출장 경비를 마련하여 작은 모임과 형편이 어려운 기관을 찾아 강연했다. 여행하는 곳이 어디건 그는 새로 알게 된 사람들에게 귀를 기울였고, 그들을 배려하고, 그들에게서 배우려 애썼다. 나는 다수 세계Majority World●의 지도자들이 "엉클 존"처럼 자신들의 이야기에 귀를 기울이고 관심을 가져 준 서양 지도자는 거의 없다고 하는 말을 정말 많이 들었다. 그리고 그는 그들의 이야기를 들은 다음에는, 그들을 위해 기도했고, 그들을 후원하고 격려하는 실제적이고 꼭 필요한 행동에 나섰다. 그는 사람들을 긍휼히 여기고 공감하는 인간적인 방식으로 세상을 보고 만졌다. 그는 사람들을 추상화하고 객관화하지 않았다. 그의 여행 일지에는 이름들과 이야기들이 빼곡했다. 이렇게 그는 먼 곳을 '가깝게' 만들었을 뿐 아니라 또 '친근하게' 만들었다. 그것이 곧 진정한 이웃 사랑의 의미요 실천이기 때문이다.

존 스토트를 설교자와 작가로 처음 만났고, 그다음에는 상사와 동료로 그리고 친구와 형제로 알게 된 나는 이 글 모음집을 적극 추천한다. 자신의 관심을 사로잡은 다양한 사람과 관심사들을 풀어 나가는 그를 지켜보는 것은 여러분에게도 큰 복일 것이라 확신한다. 그의 글을 세심하게 읽고 귀를 기울이길 바란다. 존 스토트가 오늘 우리에게 절실한 그리스도의 제자의 삶을 풍성하고 구체적으로 보여줄 것이다. 모퉁잇돌, 이것이 그리스도의 삶을 말해 주었듯이, 또한 모퉁잇돌 되신 그리스도가 우리 삶의 이유를 밝혀 주실 것이다.

마크 래버튼▲
풀러 신학교 총장

● '제3세계'나 '개발도상국가'라는 명칭에 대한 비판적 인식이 깔려 있는 대안적 표현
▲ 65쪽 두 번째 '주' 참고

모퉁잇돌 그리스도

1

성경과 신학

1장

그리스도와 성경

너희가 성경에서 영생을 얻는 줄 생각하고 성경을 연구하거니와 이 성경이 곧 내게 대하여
증언하는 것이니라. 그러나 너희가 영생을 얻기 위하여 내게 오기를 원하지 아니하는도다.

요한복음 5:39-40

성경의 '기원'과 '목적'은 성경에 대해 묻고 답해야 할 가장 중요한 두
가지 질문이다. 성경은 어디서 왔으며, 그 목적은 무엇인가? 성경의
기원이 결국 인간인지 하나님인지 알기 전까지는, 성경을 얼마나 신
뢰해야 할지 결정할 수 없다. 하나님이나 인간 저자들이 성경에 부여
한 목적이 확실해지기 전까지는 성경을 제대로, 올바르게 활용할 수
없다.

요한복음 5장 39절과 40절에서 예수님이 어떤 유대인들에게 하
신 말씀에서 두 질문의 답을 얻을 수 있다. "너희가 성경에서 영생을
얻는 줄 생각하고 성경을 연구하거니와 이 성경이 곧 내게 대하여 증
언하는 것이니라. 그러나 너희가 영생을 얻기 위하여 내게 오기를 원
하지 아니하는도다." 물론, 예수님이 여기서 말씀하시는 성경은 구약

이다. 하지만 성경에 유기적 통일성이 있다는 것을, 그리고 하나님은 당신의 구원 행위가 옛 언약만큼이나 새 언약 아래서도 기록되고 해석되기를 의도하셨다는 것을 우리가 인정한다면, 예수님이 하신 이 말씀은 또한 신약에도 적용될 수 있을 것이다.

성경에는 신적 기원이 있다

성경의 신적 기원은 우리 주님의 이 말씀에 분명하게 드러난다. "이 성경이 곧 내게 대하여 증언하는 것이니라." 예수님에 대한 성경의 증언은 하나님의 증언이다. 예수님은 아버지 하나님과의 관계에 대해 실로 놀라운 주장을 펴신다. 아버지 하나님은 예수님에게 사람들을 살리고 심판하는 두 임무를 맡기셨다(21, 22, 27, 28절). 그런데 그리스도의 이러한 주장은 어떻게 입증될 수 있을까? 증언으로 입증될 수 있다고 예수님은 말씀하신다. 그리고 이 주장이 충분히 입증되려면 인간의 증언이 아니라 하나님의 증언이 필요하다. 셀프 증언self-testimony으로는 부족하다. "내가 만일 나를 위하여 증언하면 내 증언은 참되지 아니하되"(31절). 세례 요한의 증언으로도 부족하다. "너희가 요한에게 사람을 보내매 요한이 진리에 대하여 증언하였느니라"(33절). 그리고 예수님은 이렇게 덧붙이신다. "그러나 나는 사람에게서 증언을 취하지 아니하노라"(34절). "나를 위하여 증언하시는 이가 따로 있으니 나를 위하여 증언하시는 그 증언이 참인 줄 아노라"(32절). 여기서 예수님은 물론 아버지 하나님을 두고 이렇게 말씀하신다. 그런데 아버지는 어떻게 아들을 위해 증언하시는가? 두 가지 방식으로 그렇게 하신다. 첫째, 예수님의 사역으로 증언하시고, 둘째, 성경 말씀으로 증언하신다. "내게는 요한의 증거보다 더 큰 증거가 있으니 아버지께서 내게 주사 이루게 하시는 역사 곧 내가 하는 그 역사가 아버지께서 나를 보내신 것을 나를 위하여 증언하는 것이요"(36절). 이 말씀은 제4복음서 독자에게는 익숙한 근거다. "만일 내가 내 아버지의 일을 행하지 아니하거든 나를 믿지 말려니와 내가 행하거든 나를 믿지 아니할지라도 그 일은 믿으라. 그러면 너희가 아버지께서 내 안에 계시고 내가 아버지 안에 있음을 깨달아 알리라"(10:37-38). "내가 아버지 안에 거하고 아버지께서 내 안에 계심을 믿으라. 그렇지 못하겠거든 행하는 그 일로 말미암아 나를 믿으라"(14:11).

그렇지만, 우리 주님은 자신의 역사•보다 아버지께로부터 받은 더 직접적인 증거가 있다고 주장하신다. "또한 나를 보내신 아버지께서 친히 나를 위하여 증언하셨느니라"(5:37). 그런데 유대인들은 이 증언을 거부한다. "그 말씀이 너희 속에 거하지 아니하니 이는 그가 보내신 이를 믿지 아니함이라"(38절). 이 증언은 무엇인가? 어디에서 증언하는가? 예수님은 곧바로 "너희가⋯⋯성경을 연구하거니와 이 성경이 곧 내게 대하여 증언하는 것이니라"(39절)라고 말씀하시고, 그 뜻을 알려주는 구체적인 예를 드신다. "내가 너희를 아버지께 고발할까 생각하지 말라. 너희를 고발하는 이가 있으니 곧 너희가 바라는 자 모세니라. 모세를 믿었더라면 또 나를 믿었으리니 이는 그가 내게 대하여 기록하였음이라. 그러나 그의 글도 믿지 아니하거든 어찌 내 말을 믿겠느냐?"(45-47절)

• "아버지께서 내게 주사 이루게 하시는 역사 곧 내가 하는 그 역사"(5:36)

따라서 성경은, 예수님의 생각과 가르침에 있어서, 아들에 대한 아버지의 최고의 증언이다. 성경은 하나님의 말씀이요 증언이다. 그렇다. 성경에는 인간 저자들이 있다. 기록한 사람은 모세고, 모세의 기록은 하나님의 말씀이다(46, 47절). 분명히, 예수님은 성경이 평범한 책도 아니요, 평범한 책들을 모아 놓은 장서도 아니라고 믿으셨다. 인간 저자들 배후에 한분의 신적 저자, 니케아 신경에서 고백하듯이, "예언자들을 통하여 말씀하신" 하나님의 영이 계시기 때문이다. 인간이 하나님의 말씀을 말했고 또는 하나님이 인간을 통하여 말씀하셨기 때문에(이 양방향 영감 과정은 성경에 잘 묘사되어 있다), 성경은 단순히 인간의 말을 모아 놓은 담론집이 아니라 하나님의 말씀인 것이다.

기독교의 이 믿음에는 근거가 많다. 성경 자체가 그대로 근거다. 굉장히 다양한 환경에서 작성되었음에도 성경에는 우리를 놀라게 하는 주제의 통일성이 있다. 성경에는 죄를 깨닫고 돌아서게 하는 능력이, 위로하고 용기를 북돋는 능력이, 생기를 불어넣는 능력이, 그리고 구원하는 능력이 있다. 하지만 성경의 신적 기원에 대한 믿음의 가장 크고 확고하며 변하지 않을 근거는 예수님이 직접 그렇다고 가르치셨다는 데 있다. 살아 계신 하나님의 말씀이 기록된 하나님의 말씀을 증언하신 것이다. 성경에 대한 예수님의 관점과 자세는 어렵지 않게 확인할 수 있다. 뚜렷하게 드러나는 세 가지가 있다.

예수님은 성경을 믿으셨다. 예는 하나면 충분하다. 예수님은 감람산으로 가시는 길에 제자들에게 이렇게 말씀하셨다. "너희가 다 나를 버리리라." 이 단정적인 말씀에 제자들은 틀림없이 충격과 혼란에 빠졌을 것이다. 그에게 충성을 맹세했고 신의를 지키겠다고 약속한 그들이 아니던가? 집과 안위와 안전을 버려두고 지난 3년간 예수님을 따르지 않았던가? 어떻게 예수님은 그들이 모두 자신을 버릴 것이라고 이토록 확고하고 단호하게 말씀하실 수 있는 것일까? 답은 간단하다. 예수님은 이렇게 말씀을 이으신다. "이는 기록된 바 내가 목자를 치리니 양들이 흩어지리라 하였음이니라"(막 14:27). 성경이 그렇게 말씀하기 때문에 예수님은 추호의 의심 없이 그런 일이 생길 것을 아셨던 것이다.

예수님이 공생애 막바지에 벌어진 일련의 사건들에 놀라지 않으셨던 것도 다 이런 이유 때문이다. 그는 성경이 자신에 대해 기록한 일들이 성취될 것임을 아셨다. '게그라프타이'*gegraptai*, "기록되었으되" 이 한 마디면 모든 의심을 없애고 모든 반대를 일축하기에 충분했다. 그렇게 구약이 그리스도의 고난과 영광을 묘사했기에, 예수님은 열두 제자를 두려움에 떨게 하시며 확고하고 명료하게 자신의 죽음과 부활을 거듭하여 예고하셨다. 이 사실이 이처럼 분명했기에, 부활하신 예수님은 엠마오로 가는 두 제자를 단단히 책망하셨던 것이다. "미련하고 선지자들이 말한 모든 것을 마음에 더디 믿는 자들이여! 그리스도가 이런 고난을 받고 자기의 영광에 들어가야 할 것이 아니냐 하시고 이에 모세와 모든 선지자의 글로 시작하여 모든 성경에 쓴바 자기에 관한 것을 자세히 설명하시니라"(눅 24:25-27).

그래서 예수님은 산상수훈에서 "실로 너희에게 이르노니 천지가 없어지기 전에는 율법의 일점일획도 결코 없어지지 아니하고 다 이루리라"(마 5:18)라고 말씀하시고, 또 나중에는 "성경은 폐하지 못하나니"(요 10:35)라고 말씀하실 수 있으셨다. 예수님에게 성경은 영원하기에 폐할 수 없는 것이었다. 성경은 다 성취될 때까지 결코 쇠하거나 사라질 수 없는 것이었다.

예수님은 성경에 순종하셨다. 예수님이 성경을 믿으셨다는 사실보다 더 인상적인 것은, 예수님이 항상 성경에 순종하셨다는 사실이다. 예수님은 자신이 가르치신 것을 스스로 실천하셨다. 예수님은 성경의 신적 기원을 믿는다고 말씀하셨을 뿐 아니라, 하나님의 권위에 순종하듯이 성경의 권위에 순종함으로써 그 믿음을 행동에 옮기셨다. 예수님은 성경에 겸손히 복종하는 자세를 기꺼이 받아들이셨다. 예수님은 언제나 성경의 가르침을 따르셨다.

이를 보여주는 가장 놀라운 일이 광야에서 시험 받으실 때 일어난다. 공관복음서 저자들은 세 가지 시험을 기록하는데, 예수님이 나중에 제자들에게 그 시험이 굉장히 혹독했다고 말씀하셨던 것 같다. 마귀가 시험할 때마다 예수님은 신명기 6장이나 8장을 정확히 인용하시는 것으로 마귀의 제안을 물리치셨고, 그때마다 예수님은 그 말씀을 깊이 묵상하신다. 예수님이 **마귀를 상대로** 성경을 인용하셨다는 말은 틀린 표현이다. 예수님은 **마귀가 듣는 데서 자신에게** 성경을 인용하셨다. 예를 들어, "기록되었으되 주 너의 하나님께 경배하고 다만 그를 섬기라 하였느니라"라거나 "기록되었으되 주 너의 하나님을 시험하지 말라 하였느니라"라고 말씀하셨을 때, 예수님은 마귀에게 할 일과 하지 말아야 할 일을 말씀하신 것이 아니다. 마귀에게 하나님을 예배하라고, 하나님을 시험하지 말라고 명령하신 것이 아니다. 예수님은 자신에게 해야 할 일과 하지 말아야 할 일을 말씀하고 계셨다.

1부 성경과 신학

예수님은 하나님만 예배하고, 하나님을 시험하지 않는 것은 자신의 확고한 결심이라고 말씀하셨다. 왜? 성경에 그렇게 기록되어 있기 때문이다. 다시 한 번 '게그라프타이' 곧 "기록되었으되"라는 이 한 마디가 해결책이 되었다. 성경에 기록되어 있는 것이 예수님의 믿음의 기준이요 행동의 기준이었다.

예수님은 개인적인 행동에서뿐 아니라 사역에서도 성경에 순종하셨다. 구약은 예수님이 완수하러 오신 사명의 성격과 특징을 규정했다. 예수님은 자신이 구약이 예언한 기름부음 받은 왕, 인자, 고난받는 종, 매질당하는 목자임을 아셨고, 성경이 자신에 대해 기록한 것을 그대로 완수하기로 작정하셨다. 그렇게, "인자는 자기에 대하여 기록된 대로 가고"(막 14:21), 다시 한 번, "선지자들을 통하여 기록된 모든 것이 인자에게 응할 것이다"(눅 18:31). 실제로, 예수님은 자신의 사역을 예언 양식에 맞추어야 한다는 어떤 강제성을 분명하게 느끼셨고, 그 점을 자주 말씀하셨다. 열두 살밖에 되지 않은 소년 시절부터 이런 불가피성이 그를 사로잡았다. "내가 내 아버지 집에 있어야 될 줄을 알지 못하셨나이까?" "있어야 된다"라는 말은 무슨 뜻인가? 이 말이 반복해서 등장하는데, 이것이 바로 성경의 강제성, 곧 예수님이 발견하고 또 자진하여 맡으신, 구약에 상세하게 묘사되어 있는 메시아 역할을 완수해야 한다는 내면의 강제였다. 그래서 그는 "인자는 **반드시** 많은 고난을 받을 것이라고 그들에게 가르치기 시작하셨다"(막 8:31, 새번역). "나는 나를 보내신 분의 일을 낮 동안에 **해야 한다**"(요 9:4, 새번역). 베드로가 겟세마네 동산에서 예수님을 보호하고 그의 체포를 가로막았을 때, 예수님은 베드로를 말리시며 이렇게 말씀하셨다. "내가 만일 그렇게 하면 이런 일이 **반드시** 있으리라 한 성경이 어떻게 이루어지겠느냐?"(마 26:54) "그리스도가 이런 고난을 **반드시** 받아야 할 것이 아니냐?"(눅 24:26•)

예수님은 성경을 인용하셨다. 예수님은 성경을 믿고 성경의 명령에 항상 순종하셨을 뿐 아니라, 그를 비판하는 사람들과 논쟁하실 때 성경을 기준으로 삼으셨다. 예수님에게 성경은 모든 논쟁의 결정자요, 토론을 평가하고 판단하는 척도(문자 그대로, 목수의 자)요, 모든 사상을 시험하는 기준이었다. 예수님은 성경을 최고 법원으로 삼으셨다.

이 점을 당대의 종교 분파들, 곧 사두개파와 바리새파에 대한 예수님의 자세에서 볼 수 있다.

사두개파 사람들(이들은 영혼의 불멸과 몸의 부활, 영혼과 천사의 존재를 부인했다)이 예수님께 와서 차례로 일곱 형제의 아내가 되었던 과부가 사후에 어떻게 될 것인지 까다로운 질문을 던지자, 예수님은 이렇게 대답하셨다. "너희가 성경도 하나님의 능력도 알지 못하므로 오해함이 아니냐?"(막 12:24) 계속해서 예수님은 출애굽기 3:6을 인용하시고 그 뜻을 풀어 주시는 것으로 그들이 제기한 어리석은 질문만이 아니라 그들의 전반적인 신학적 입장에도 반박하셨다.

서기관과 바리새인들에 대해서라면, 예수님은 그들이 만든 수많은 규율과 전통을 거부하시고, 순수하고 순전한 하나님의 말씀으로 돌아가라고 말씀하셨다. 그것이 안식일 준수든, 의식 법이든, 결혼과 이혼 문제든, 예수님은 어떤 질문을 받더라도 하나님의 말씀에 호소

• 『개역개정』에는 없으나, 의미를 보완하기 위해 "반드시" 추가

하셨다. 예수님은 그들이 전통으로 하나님의 말씀을 폐한다고 말씀하셨다. "너희가 너희 전통을 지키려고 하나님의 계명을 잘 저버리는도다!"(막 7:9, 13) 산상수훈에서 예수님은 "옛 사람들이 말한 바를 너희가 들었으나……나는 너희에게 이르노니"라는 공식으로 여섯 가지 교훈을 말씀하시며, 모세의 율법이 아니라 모세의 율법에 대한 서기관들의 부적절한 해석에 반박하신다. 이는 예수님이 "내가 율법이나 선지자를 폐하러 온 줄로 생각하지 말라. 폐하러 온 것이 아니요, 완전하게 하려 함이라"(마 5:17)라고 말씀하셨다는 사실에서 분명하게 드러난다. 예수님은 또 이렇게 말씀하셨다. 율법이 어디에서 "네 이웃을 사랑하고 네 원수를 미워하라"(43절)고 하는가? 율법은 "네 이웃을 사랑하라"고 할 뿐이다. 이 명령의 범위를 친구와 친족에 제한하려 한 이들이 서기관들이었고, 예수님은 그들의 해석에 반대하셨다.

이 가운데 어느 것 하나 중요하지 않은 것이 없다. 나사렛 예수, 하나님의 아들, 초자연적 지식과 지혜를 소유하신 분이 구약의 신적 기원과 권위를 받아들이고 지지하셨다. 그는 성경을 믿으셨다. 그는 자신의 삶과 사역에서 성경에 순종하셨다. 그는 토론과 논쟁에서 성경을 인용하셨다. 문제는 이것이다. 그가 경외하며 순복한 성경을 우리가 가벼이 여길 수 있는가? 그가 온전히 받아들이신 것을 우리가 거부할 수 있는가? 우리는 이 문제에서 정말 그와 갈라서서 그가 실수하셨다고 주장할 작정인가? 그럴 수 없다. "내가 곧 진리다"라고 말씀하신 그는 명백하게 진리를 **말씀하셨다**. 그리스도가 성경은 하나님의 말씀이요 증언이라고 가르치셨다면, 그리스도인은 이를 전심전력으로 믿어야 한다. 합리주의자들과 비평가들, 심지어 신학자들과 교회들이 하는 말에 조금도 신경 쓸 것 없다. 우리에게 가장 중요한 것은 이것이다. "예수 그리스도가 어떻게 말씀하셨는가?"

성경에는 실제적인 목적이 있다

지금까지 성경의 기원을 살펴보았다. 이제는 성경의 목적을 살펴볼 차례다. 지금까지는 성경이 누구에게서 우리에게 왔는지를 살펴보았다. 이제는 성경이 우리에게 주어진 목적이 무엇인지 물어 볼 차례다. 성경에는 학문적인 목적이 아니라 실제적인 목적이 있다는 것을 이해하는 것이 중요하다. 성경에는 과학과 역사가 모두 담겨 있음은 물론이나, 성경의 목적은 과학적인 것도 역사적인 것도 아니다. 성경에는 훌륭한 문학과 심오한 철학도 담겨 있지만, 그 목적은 문학적인 것도 철학적인 것도 아니다. 이른바 "문학으로 읽는 성경"Bible Designed to be Read as Literature은 오해의 소지 많은 표현인데, 성경은 문학으로 읽히도록 설계된 책이 아니기 때문이다. 성경은 어떤 학문 분야의 교과서도 아니고, 실용적인 종교 지침서도 아니다. 성경은 우리 발의 등이요 우리 길의 빛이다.

이 점을 예수님은 우리가 살펴보고 있는 이 성경 구절에서 분명히 하셨다. "너희가 성경에서 영생을 얻는 줄 생각하고 성경을 연구하거니와 이 성경이 곧 내게 대하여 증언하는 것이니라. 그러나 너희가 영생을 얻기 위하여 내게 오기를 원하지 아니하는도다." 유대인들에게는 "성경을 연구하는" 습관이 있었다. 웨스트코트 B. F. Westcott 주교에 따르면, 여기서 사용된 동사는 "미드라시Midrash의 풍유적이고 신

1부 성경과 신학

비적인 해석에 나타나는 세밀한, 강렬한 성경 연구"를 암시한다. 그들은 그래서 정확한 지식에서 구원과 영생을 찾을 수 있다고 생각하면서 성경을 연구하고 해석했다.

하지만 성경의 목적은 단순히 지식을 전달하는 것이 아니라 생명을 주는 것이다. 지식도 중요하지만, 목적을 위한 수단일 뿐이지 목적 자체는 아니다. 거룩한, 하나님의 감동으로 된 성경은 "능히 너로 하여금 그리스도 예수 안에 있는 믿음으로 말미암아 구원에 이르는 지혜가 있게 하느니라"라고 바울은 디모데에게 썼다(딤후 3:15, 16). 성경의 목적은 단순히 "지혜가 있게 하는" 것이 아니라, "그리스도 예수 안에 있는 믿음으로 말미암아 구원에 이르는 지혜가 있게 하는" 것이다. 성경의 궁극적인 목적은 구원에 이르게 하는 것이고, 성경의 즉각적인 목적은 사람들이 구원을 찾을 수 있는 분이신 그리스도를 믿는 믿음을 각 사람에게 일으키는 것이다. 다른 용어로 표현하기는 했지만, 이것이 예수님이 하신 말씀으로 요한복음 5:39-40에 기록되어 있는 바로 그것이다. 성경의 목적은 세 단계로 대별할 수 있다.

성경은 그리스도를 가리킨다. "이 성경이 곧 내게 대하여 증언하는 것이니라." 예수님은 이렇게 말씀하셨다. 구약은 오실 예수 그리스도를 내다보고, 신약은 오신 그리스도를 돌아본다. 옛날 영국 신학자들은 영국의 모든 길이 서로 연결되어 결국에는 여행자를 런던으로 인도하듯이 성경의 모든 구절은 서로 연결되어 결국에는 독자들을 그리스도께 이끈다고 즐겨 말했다. 이렇게 말할 수도 있겠다. 일고 여덟 갈래 길이 런던 중심부의 피카딜리 서커스Piccadilly Circus 광장에서 만나듯이, 성경에 나타난 모든 예언자와 사도의 증거는 예수 그리스도께 수렴된다. 예수 그리스도가 성경의 대주제grand theme다. 성경 읽기는 신나는 보물찾기 같은 것이다. 각각의 실마리가 줄줄이 이어져서 보물을 발견하듯이, 각 구절이 서로 이어져서 그리스도의 영광을 드러낸다. 예수님이 우리에게 "모든 성경에 쓴 바 자기에 관한 것을" 설명하시니(눅 24:27; 참고. 44절), 믿음의 눈은 성경 어디에서나 그를 볼 수 있다. 우리는 모세가 기록한 희생제사들에, 그리고 다윗 왕국에 예표되어 있는 그를 본다. 율법은 우리를 그리스도께 인도하는 초등교사요, 선지자들은 그의 고난과 영광에 대해 기록한다. 복음서 저자들은 예수님의 나심과 삶, 죽음과 다시 사심, 자비의 말씀과 이적을 기록한다. 사도행전은 그가 지상에서 행하고 가르치셨던 일을 성령을 통해 계속 이어 가시는 것을 보여준다. 사도들은 예수님의 인격과 사역의 숨겨진 영광을 펼쳐 낸다. 그런가 하면, 요한계시록에서는 하늘의 천군 천사가 예수님을 예배하고 마침내 그가 악의 세력을 무너뜨리시는 것을 본다. 성경을 읽으면 하나님의 아들이요 만인의 구주이신 예수님을 대면하게 된다. 이것이 우리가 성경을 사랑하는 이유다. 성경이 그에 대해 말해 주기에 우리는 성경을 사랑한다.

성경은 그리스도 안에서 생명을 찾을 수 있다고 단언한다. 성경의 목적은 그리스도를 드러내는 것일 뿐만 아니만, 그를 죄인들을 용서하시고, 하나님과 화해시키시며, 거룩하게 하시는 능력이 있는 유일하신 구주로 드러낸다. 이것이 바로 성경이 그의 "고난과 영광"에 집중하는 이유이다. 성경이 소중히 간직하고 있는 복음은 이렇다. "성경대로 그리스도께서 우리 죄를 위하여 죽으시고 장사 지낸 바 되셨다가 성경대로 사흘 만에 다시 살아나사……"(고전 15:3-5). 마커스도즈Marcus Dods 박사가 『해설자의 헬라어 성경』*Expositor's Greek Testament*에 썼듯이, 성경은 "생명을 주지 않는다. 성경은 생명을 주시는 이에게 인도한다." 이것이 주님이 유대인들은 성경에서 영생을 찾지만 영생을 얻기 위하여 그에게 오지는 않는다고 하실 때 하시고자 했던 말씀이다. 제4복음서만이 아니라, 성경 전체를 두고 이렇게 말할 수 있을 것이다. "오직 이것을 기록함은 너희로 예수께서 하나님의 아들 그리스도이심을 믿게 하려 함이요, 또 너희로 믿고 그 이름을 힘입어 생명을 얻게 하려 함이니라"(요 20:31).

성경은 우리에게 그리스도께 나아와 생명을 얻으라고 권고한다. 성경은 그를 그저 가리키기만 하지 않는다. 성경은 우리에게 그에게 나아오라고 강권한다. 성경은 그저 생명을 제안하는 데 그치지 않는다. 성경은 행동하라고 도전한다. 별이 동방박사들을 위해 한 것을, 성경이 우리를 위해 한다. 그 별은 그들을 예수님께 인도했다. 성경은 우리가 그에게 가는 길을 밝혀 줄 것이다. 예수님이 당시 유대인들이 그에게 오지 않는다고 책망하신 이유가 바로 이것이다. 그들이 성경을 연구한 것은 순전히 학구적인 이유에서였다. 그들은 말씀을 행하지 않고 그저 듣기만 했으므로, 스스로 속인 셈이었다. 그들은 성경을 **연구했지만** 성경에 **순종하지는** 않았다. 실로, 그들은 생명을 얻기 위하여 그리스도께 나아오지 않았다. 그들의 마음은 성경을 연구하느라 분주했을지 모르나, 그들의 의지는 완고하고 강퍅했다.

우리는 병든 죄인으로서 성경에 나아가야 한다. 성경의 구원 처방을 외우기만 해서는 아무 소용이 없다. 그리스도께 나아가서 그를 병든 우리 영혼에 필요한 약으로 받아야 한다.

요한복음 5장의 말씀은 성경의 신적 기원과 실제적인 목적에 대한 우리 주님의 관점을 보여준다. 우리는 성경에 대한 그의 증언으로부터 성경의 신적 기원을 배운다. 우리는 그에 대한 성경의 증언으로부터 성경의 실제적인 목적을 배운다. 따라서 그리스도(살아 계신 하나님의 말씀)와 성경(기록된 하나님의 말씀)은 상호 증언 관계에 있다. 한쪽이 다른 한쪽을 증언한다. 우리가 성경의 신적 기원을 받아들이는 것은 예수님이 성경을 증언하셨기 때문이다. 우리가 성경의 실제적인 목적을 이루고, 인격적인 믿음으로 그에게 나아가며, 생명을 얻는 것은 성경이 그를 증언하기 때문이다. 하나님이 무한한 자비를 베푸셔서, 예수님이 당대 유대인들에게 하셨던 이 말씀을 우리에게는 결코 하지 않으셔도 되기를 간절히 바란다. "너희가 성경에서 영생을 얻는 줄 생각하고 성경을 연구하거니와 이 성경이 곧 내게 대하여 증언하는 것이니라. 그러나 너희가 영생을 얻기 위하여 내게 오기를 원하지 아니하는도다."

John R. W. Stott, "Christ and the Scriptures,"
Christianity Today 4, no. 4 (November 23, 1959): 6 - 10.

2장

성육신은 신화인가?

존 힉John Hick이 편집한 『성육신하신 하나님 신화』The Myth of God Incarnate 가 영국에서 출판되었을 때, 나는 머나먼 남미에 체류하고 있었다. 하지만 하루이틀 사이에 그 물결(또는 충격파?)이 아르헨티나까지 도달했다. 영국 성직자들이 그리스도인이기는 한 것인지 내게 사람들이 묻기 시작했다.

　이 책에 이름을 올린 유능한 작가들이 아까울 정도다. 학술 토론에는 견해차가 있기 마련이지만, 이 책의 경우에는 몇 가지 내적 모순이 있다. 내가 생각하는 이 책의 문제점은 언어, 권위, 이단에 관한 것이다.

언어

첫째, 이 책은 "신화"라는 단어의 의미에 대해 합의하지 못하고, 본질과 형식 또는 교리와 언어를 구별하지 못함으로써 혼란에 빠졌다. "신화적"이라는 표현이 악의 없이 단순히 "시적"이거나 "상징적"이라는 의미로 쓰이기도 한다. 프란시스 영Frances Young은 종교적 실재는 과학적 조사로 접근할 수 없고, 인간 언어로 설명할 수 없으며, 유한한 지성으로 사고할 수 없다는 의미에서 "신화"와 "과학"을 대조한다. "신화"라는 단어를 사용하는 그녀의 방식이 부적절하기는 하지만, 나는 기독교 신앙과 경험에 신비라는 요소를 보존하려는 그녀를 비롯한 몇몇의 의도에는 불만이 없다. 모리스 와일즈Maurice Wiles는 이 용어를 정의하려고 의식적으로 노력하지만, "규정하기 어렵다"고 인정한다. 그는 네 가지 성경 교리(창조, 타락, 성육신-대속, 부활-심판)를 가져다가, 이 가운데 어떤 것을 "신화"라고 부른다면 거기에는 신화의 핵심 특징과 신화에 부합하는 몇 가지 "타당성"에 상응하는 "어떤 존재론적 진리"가 있음을 암시한다고 주장한다. 그의 주장의 약점은 그가 계속해서 "성육신 신화"에 대해 쓰는 부분에서 확인할 수 있다. "신화"라는 단어의 다양한 용례에도 불구하고, 모든 기고자가 예수님이 역사적 기독교의 하나님-인간God-man이라고 주장하셨다는 것을, 또는 예수님이 하나님-인간이셨다는 것을 부인한다. 이 책은 예수님의 이 주장을 일축하는데, 이 주장이 공관복음의 주장이 아니라 요한복음의 주장이라는 근거에서 그렇게 한다. 바울 서신에서 예수님의 신적 주되심이 이미 교회의 보편적인 신앙으로 자리 잡아 사람들에게 예수님께 예배하고 복종할 것을 요구하는 것처럼, 칠십인역에 나오는 여호와의 호칭 '호 큐리오스'*ho kurios*가 '어떻게 그렇게 빨리, 아무런 논란 없이' 예수님에게 적용될 수 있었는지에 대하여, 기고자 중 누구도 공관복음이 기록하거나 설명하는 (종종 직접적이기보다는 간접적인) 주장을 진지하게 직시하지 않는다.

권위

이 책의 기고자들은 신약의 권위를 인정하지 않는다. 이들에게는 자신들의 관점을 평가할 수 있는 객관적인 기준이 없다. 이 책은 [성육신하신 하나님 교리의] "출처 검증"과 "그 발전 과정 검증"이라는 두 부분으로 나뉜다. 이들은 성육신 교리가 후대에 발전한 것이라고 주장하며 검증하는데, 이들이 검증하는 이 교리의 출처는 신약이 아니다. 이들은 신약 저자들과 교부 저자들을 전혀 구분하지 않고 인용한다.

그렇다면 [이들이 주장하는] 성육신 신앙의 출처는 무엇일까? 마이클 굴더Michael Goulder는 이 신앙은 "갈릴리의 종말론적 신화"와 "사마리아의 영지주의 신화"에서(후자의 예를 [사도행전 8:4-15에 나오는] 시몬 마구스Simon Magus에게서 볼 수 있다) 상호변증법적으로 발생했다는, 기발하지만 대체로 근거가 빈약한 이론을 만들어 낸다. 그런데 프란시스 영은 이 "두 뿌리" 대신에 신적 출생, 주장, 칭호, 외양, (이방인과 유대인의) 기대라는 "뒤얽힌 덩어리"를 선호한다. 이런 것들이 예수 신격화의 "문화적 분위기"를 만들어 냈다고 그는 주장한다.

그렇다면, 이런 분위기에서, 예수님이 성육신하신 하나님이라는 신앙을 촉발시킨 것은 무엇이었을까? 이 책의 저자들은 예수님을 통한 구원 체험이었다고 답변한다. "계시"는 없었고, 체험에서 나온 추론만 있었을 뿐이라는 것이다. 오늘날도 마찬가지라고 그들은 말한다. 사람들이 예수님에 대한 일종의 헌신을 계속 유지하는 것은, 그가 특별한 사람이기 때문이라는 것이다.

　이제는 복음주의자들도 체험 없는 교리는 아무 가치가 없다고 강조하곤 한다. 설사 그렇다 하더라도, 교리의 기초를 체험에 두는 것은 전혀 다른, 매우 위험한 행동이다.

이단

오늘의 교회는 이단을 어떻게 다루어야 할까? 말이 좀 심하다고? 나는 그렇게 생각하지 않는다. 성육신의 신비에 대한 겸손하고 경건한 탐구는 기독론을 연구하는 진실한 학자들에게 필수적인 것이다. 하지만 다시 세워야 할 것을 사실상 파괴해 버리는 재구성 시도는 기독교 이단이다.

　내가 이런 질문을 던지는 데는, 변호하자면, 세 가지 확신이 있기 때문이다: [첫째] 근본적인 진리, 계시된 진리에서 벗어난 이단이 있다. [둘째] 진리는 교회를 유익하게 하지만, 이단은 교회를 괴롭힌다. [셋째] 따라서 우리가 진리와 교회를 사랑한다면, 아무 조치도 취하지 않으면서 팔짱만 끼고 있어서는 안 된다.

　교회의 (윤리적이고 교리적인) 순결은 교회의 일치만큼이나 그리스도인이 추구해야 할 올바른 목표다. 실로 우리는 교회의 일치와 순결을 동시에 추구해야 한다.

나는 이단 재판이 이 목표에 이르는 올바른 길이라고는 생각하지 않는다. 이단은 약삭빠르다. 그들은 정통 언어를 사용하여 자신들의 이단적 견해를 포장하려 한다. 더군다나, 오늘날과 같은 관용의 시대에는 고발당한 이단은 편견이 심한 박해자에게서 핍박당하는 무고한 희생자로, 그다음에는 순교자로, 더 나가면, 영웅이나 성인으로 대중에게 비칠 수도 있다. 그러나 취할 수 있는 몇 가지 다른 방법이 있다. 신약 저자들은 거짓 형제들보다 거짓 교사들에게 더 신경을 쓴다. 이들은 그리스도의 양떼를 흐트러뜨리거나 망가뜨리려 하는 이리와 같은 자들이다. 『성육신하신 하나님 신화』의 저자들은 학자요, 대부분이 주교에게서 가르칠 자격을 받은 안수받은 성공회 성직자다. 일부 주교가 성육신을 부인하는 성직자의 자격을 박탈할 용기를 낼 것이라고 기대하고 그렇게 하도록 기도한다면 지나친 것일까? 이러한 조치는 시민의 자유나 학문의 자유를 침해하는 것이 아닐 것이다. 사람은 누구나 자기 나라와 대학에서 자신이 좋아하는 것을 믿고, 말하고, 쓸 수 있다. 하지만 교회에서는 사람들이 모든 공인받은 교사들에게 교회가 공식적으로 고백하고, (더하여) 자신들이 지키기로 약속한 신앙을 가르칠 것을 기대하는데, 이것은 온당한 기대다.

두 번째, 더 적극적인 조치가 있다. 거짓 교사들의 발호에 대한 사도들의 대응에는 교회는 그들의 이야기를 듣거나 그들에게 미혹되어서는 안 된다는 경고와 진짜 교사를 양성해야 한다는 권고가 있었다. 그래서 바울은 디도에게 사도의 가르침에 충실한 장로를 각 성에 세워 그들이 "바른 교훈으로 권면하고 거슬러 말하는 자들을 책망하게” 했다(딛 1:5, 9). 바로 이런 점에서, 우리는 매우 신속하고 현명하게 팀을 꾸려 이 책에 답변하는 평론집 『성육신하신 하나님 진리』*The Truth of God Incarnate*를 집필한 마이클 그린*Michael Green*에게 박수를 보내야 마땅하다. 진리가 아닌 다른 어떤 것으로도 우리는 이단을 궁극적으로 극복할 수 없다. 그러므로 오늘 우리에게는 “복음을 변호하고 입증할 때에”(빌 1:7, 새번역) 자신의 삶을 드릴 더욱 헌신된 그리스도인 학자들이 긴급히 요청되고 있다.

John R. W. Stott, "Cornerstone: Is the Incarnation a Myth?,"
Christianity Today 22, no. 3 (November 4, 1977): 34 – 35.

1부 성경과 신학

3장

터키에서 바울의 발자취를 따라

그리스와 터키의 바울 유적지를 찾아 "바울의 발자취를"in the steps of St.Paul(1936년에 초판이 나온, 모튼H. V. Morton의 유명한 동명의 책 제목에서 따왔다) 따라가 보고 싶은 바람을 오랫동안 간직해 왔는데, 올해 4월 초에 드디어 그 기회가 찾아왔다. 리폼드 성경 대학Reformed Bible College 의 친구 딕과 테아 반 할세마Dick and Thea Van Halsema 부부가 가이드를 겸 해 동행했다. 1962년에 두 사람은 온 식구를 이끌고 이 지역을 여행 했고(테아의 『7인의 여행』Safari for Seven에 잘 소개되어 있다), 그 뒤로 몇 차 례 단체 여행도 이끌었다. 우리에게 가장 감동을 안겨 준 경험은 바울 의 1차 선교 여행에 들어 있던 터키 지역을 따라가는 시간이었다.

밤빌리아의 버가

바울과 바나바와 마가는 키프로스에서 배를 타고 버가^{Perga}에 이르렀다. 당시 이곳의 항구는 세스트루스^{Cestrus} 강의 몇 킬로미터 상류에 위치했기 때문에 시칠리아 해적들을 피할 수 있었다. 우리는 이 도시의 유적을 거닐었다. 원형 탑 두 개가 남아 있었는데, 21미터 폭의 중심 가도로 이어지는 사라진 개선문의 일부였다. 이 중심 가도는 두 길로 되어 있었는데, 그 가운데로 수로가 나 있었고 양 옆으로는 이오니아 양식의 열주들이 줄지어 서 있었다. 주랑마다 모자이크가 새겨져 있었고, 상점들이 들어서 있었다. 하지만 바울은 거기 오래 머물지 않았다. 왜 그랬을까? 그리고 왜 젊은 마가 요한은 떠났을까?

바울이 갈라디아 고원에 도착했을 때 몸이 아팠다는 것을 우리는 알고 있다(갈 4:13-14). 윌리엄 램지^{William Ramsay}는 바울이 밤빌리아의 저지대 습지에서 말라리아에 걸렸고, 그의 "육체의 가시"는 말라리아로 생긴 찌르는 듯한 두통을 가리키는 것이었다고 처음으로 제안한 사람이었다. 시력에도 분명히 영향을 끼쳤던 것 같다. 그렇지 않다면, "너희가 할 수만 있었더라면 너희의 눈이라도 빼어 나에게 주었으리라"라고 갈라디아 사람들에게 감사할 필요도 없었을 것이다(갈 4:15). 그래서 그는 열을 식히려고 시원한 갈라디아 고지대를 찾아갔을 것이다. 나는 마가가 끔찍한 밤빌리아 모기(나도 찾아보았는데, 그때는 모기가 나올 철이 아니었다)를 싫어했을 것 같다는 생각이 들었다. 아니면, 그들 앞에 버티고 있는 토로스^{Taurus} 산맥에 숨어 있다는 강도들을 그가 무서워했을지도 모르겠다. 어떤 이유에서건, 마가는 [두 사람과

1부 성경과 신학

헤어져 예루살렘으로] 돌아갔고[행 13:13], 바울은 그 행동을 심각한 직무 유기로 간주했다.

비시디아 안디옥과 이고니온

[버가를 출발한] 바울과 바나바가 걸어서 토로스 산맥을 넘었는지, 아니면 일부나마 마차나 말을 타고 갔는지는 알 수 없다. 어느 쪽이든, 가파른 산길로 약 250킬로미터를 가야 했다. 하지만 비시디아 안디옥 사역은 활력이 넘쳤다. 이곳은 특히 바울이 신중하게 "이방인에게로 발길을 옮긴" 첫 번째 사역지로, 우리가 특별히 주목해야 할 곳이었다. 우리가 차로 안디옥 인근의 얄바츠 마을을 지나가고 있을 때 상공에서 이집트독수리 한 쌍이 원을 그리며 날고 있었다. 앞으로 보게 될 [유적을 관리하지 않고 방치한] 직무 유기의 불길한 징조처럼 보였다. 비시디아 안디옥에는 주전 1세기 로마 용수로의 아치형 구조물 일부를 제외하고는 아무것도 남아 있지 않았다. 그 구조물 틈 사이로 검은머리딱새가 둥지를 틀어 놓았다.

적대적인 유대인들 때문에 비시디아 안디옥에서 쫓겨난[행 13:45-51] 바울과 바나바는 술탄 산맥과 토로스 산맥 사이로 약 160킬로미터를 남동진하여 이고니온Iconium(지금의 코냐Konya)에 도착했다. 사방의 수평선을 가득 채우고 있는 아름다운 평야와 강과 호수와 산을 볼 수 있는 여유가 그들에게 있었는지 궁금했다. 그랬을 것이다. 이곳을 떠나 루스드라에 도착한 바울이 "천지와 바다와 그 가운데 만물을 지으시고 살아 계신 하나님"을 가르친 것을 보면 말이다

(행 14:15). 비시디아 안디옥은 사라졌지만, 코냐는 터키에서 네 번째로 큰, 인구 30만의 도시가 되어 있었다. 윌리엄 램지가 "소아시아의 다마스쿠스"라고 부른 코냐는 관개시설을 잘 갖춘 드넓은 평야 가장자리에 있는 밀과 터키 양탄자의 주산지다.

루스드라와 더베

에버렛 블레이크Everett C. Blake와 애나 에드먼즈Anna G. Edmonds가 쓴 『터키의 성경 유적』Biblical Sites in Turkey, 1977에 따르면, 두 언덕 중 어느 것이 루스드라Lystra 유적이고, 서너 언덕 중 어느 것이 더베Derbe 유적인지는 아직도 불확실하다. 루스드라에서 우리는 하툰사라이 마을에서 1킬로미터쯤 서쪽에 있는 직사각형 언덕을 방문했다. 동쪽 경사면에는 이끼가 뒤덮인 돌과 기둥 조각이 널려 있었고, 평평한 정상은 두더지, 얼룩다람쥐, 여우가 점령한 듯 보였다. 흙더미와 구멍이 보이지 않는 이 동물들이 여기 있음을 알려 주고 있었다. 정상에 서 있는데, 아래쪽으로 후투티 한 쌍이 오르락내리락 날아갔다. 검은색, 흰색, 분홍색 깃털이 눈에 띄었다.

　루스드라 사람들은 바울을 돌로 치고 도시 밖으로 끌어내 죽게 내버려 뒀다[행 14:19]. 그는 다음날 더베로 향했다. 그렇게 두들겨 맞아 멍투성이가 된 몸으로 어떻게 90-100킬로미터나 되는 길을 움직일 수 있었을까? 바나바가 부축해 줬다고 해도, 그 먼 길을 걸어가지는 못했을 것이다. 말이나 마차를 타고 갔을 것이다. 그 길의 오른쪽으로는 푸살라 다그Pusala Dağı의 눈 덮인 정상이, 앞쪽으로 카라다그

Karadağ, "검은 산"이 보였고, 들판에는 종다리들의 아름다운 노랫소리가 (내게 그랬듯) 그들을 위로했을 것이다.

카라만Karaman 주 북부의 흙집들이 늘어선 마을 셋을 차로 통과한 다음에 40분 정도 바삐 걸으면, 더베에서 가장 인기 있는 유적지 케르티 회육Kerti Höyük에 도착한다. 케르티 회육은 또 다른 초록 언덕으로, 뒤쪽에 솟아 있는 검은 산과 쟁기로 갈아 놓은 주변의 갈색 밭을 배경으로 평온하게 서 있다. 여기서 바울과 바나바는 "복음을 그 성에서 전하여 많은 사람을 제자로 삼았다." 하지만 지금은 제자는커녕, 인적은 찾아볼 수도 없다. 이 언덕을 둘러싸고 있는 습지로 가까이 다가가자 황오리 열두 쌍이 다정하지만 구슬픈 소리로 꽥꽥거리며 도망쳤다. 계피 색을 띤 몸통이 저녁 햇빛을 받아 반짝였다. 더베 습지는 장다리물떼새를 비롯한 섭금류와 오리 떼에게도 좋은 먹잇감을 제공하고 있었다.

바울과 바나바가 복음을 전했고, 그리스나 로마 식민지로 전성기를 구가했던 네 도시 중에서 살아남은 도시는 하나뿐이다. 나머지 셋은 발굴도 되지 못한 채 방치되어 있다. 하지만 인간이 포기한 이곳을 새들이 보금자리로 삼았다. 훗날 나는 비시디아 안디옥 하면 검은머리딱새가, 루스드라 하면 후투티가, 더베 하면 황오리가 늘 떠오를 것 같다. 아, 물론 에베소 다이아나 신전의 외딴 기둥머리에 둥지를 튼 흰 황새도 떠오를 것이다.

바울은 길리기아 관문을 통과하여 고향 다소까지 동쪽과 남쪽으로 여행을 계속할 수도 있었을 것이다. 하지만 그는 그 유혹을 뿌리치고, 박해받고 있는 제자들을 격려하기 위해 루스드라와 이고니온, 안디옥으로 발길을 돌렸다. 하지만 우리는 계속해서 다소^{Tarsus}로 향했다. 이 도시의 주민 11만 5,000명은 두 그리스도인 가정을 제외하고는 모두 무슬림이다. 박물관을 찾았지만, 바울에 대한 언급은 찾아볼 수 없었다. 우리는 박물관 관장에게 누군가 바울 전시를 제안한다면 수용하겠느냐고 물었다. 그는 그러겠다고 했다. 그래야 다소가 낳은 가장 걸출한 인물에 걸맞은 도시라 할 수 있을 것이다.

John R. W. Stott, "Cornerstone: Following Paul in Turkey,"
Christianity Today 22, no. 19 (July 21, 1978): 36 - 37.

4장

교회 안에 있는 진리, 이단, 권징

지난 [1977년] 11월 제3호에서* 나는 『성육신하신 하나님 신화』를 살펴보았다. 넉 달이 지난 지금은 처음에 느꼈던 흥분이 가라앉았다. 이 책은 진정한 학문의 결과라고 볼 수 없고, 시간이 흐르면 그 바닥이 드러날 것이다. 하지만 이 책이 제기한 문제들은 그대로 남아 있다. 이번에 내가 다룰 질문은 교회 안에 있는 이단에 관한 것이다. 성육신을 부인하는 사람들을 전에는 "이단"으로 간주했는데, 지금은 이단이라는 개념 자체를 많은 사람들이 구식으로 여긴다. 전에는 이단이라는 오명을 감수해야 했던 사람들이 이제는 (적어도 일부 교회에서는) 평화롭고 명예롭게 영향력을 행사하기도 한다. 이대로 괜찮을까? 어떻게 해야 할까?

- 이 책 2장 "성육신은 신화인가?"

우선 긍정적인 이야기로 시작해 보겠다. 우리가 하나님의 진리를 염려하여, 다음 세 가지의 중요성을 인정하는 것을 주저해서는 안된다.

1. 신학적 탐구. 하나님이 그리스도와 성경 안에 자신을 계시하셨다는 사실이 지적 탐구를 배제하는 것은 아니다. 하나님이 자연 안에 자신을 계시하셨으니 과학자는 과학적 연구를 그만두어야 하는 것이 아니듯이, 하나님이 성경 안에 자신을 계시하셨으니 신학자는 신학적 연구를 그만두어야 하는 것은 아니다. 과학자와 신학자 둘 다 데이터(극히 단순하게 말하면, 한편에는 자연, 다른 한편에는 성경)에 제한되지만, 창조주는 우리가 데이터 자체가 부과하는 한계 안에서 자유롭고 창의적으로 지성을 활용하도록 격려하신다.

따라서 성육신하신 하나님 신화가 성육신의 신비를 의미한다면, 우리는 이 개념을 두고 다툴 필요가 없을 것이다. 교회는 성육신이 인간 지성의 모든 이해를 초월하는 신비라고 늘 인정했다. 하나님이 그리스도 안에서 자신을 계시하신 것에 대한 겸허하고 경건한 탐구는 진정한 기독론 연구의 핵심이다.

2. 현시대의 질문. 이 책이 다음과 같은 질문들을 제기한다면 지극히 타당하다. 순수한 지적 질문을 억누르거나 회피하려 해서는 안 된다. 예를 들면, 이런 질문들이다. 예수님에 대한 확고한 믿음의 발전을 신약 자체에서 찾을 수 있는가? 그 후에는 어떤 발전이 있었는가? 현대 심리학의 인간 이해가 예수님의 자의식을 설명하는 데 도움이 될 수 있는가? 그리스 철학의 인격과 본성 개념을 사용한 칼케돈 신경Chalcedonian Definition•은 오늘날에도 납득할 만한가? 이것은 합당한 몇

가지 질문에 불과하다.

3. 학문의 자유. 이 책의 기고자들은 모두 옥스퍼드나 케임브리지, 버밍엄의 대학교들에서 교수직을 갖고 있다. 몇몇은 교회에서도 지도자 위치에 있다. 이러한 이중 역할은 추가적인 쟁점을 제기한다. 신학 대학을 다른 단과 대학과 똑같이 간주하는 일반 대학교에서는 완전한 학문의 자유를 보호해 주어야 한다. 어떤 주제도 철저한 탐구에서 예외로 보호받을 수 없으며, 일체의 연구가 어떤 제약도 없이 열린 사고로 이루어져야 한다. 따라서 『성육신하신 하나님 신화』의 기고자들이 학자이기만 하고, 그들이 글을 쓴 목적이 학문적 토론만을 위한 것이라고 한다면, 이 책의 출판은 보호받아야 한다. 하지만 이 책은 학계와 대중 모두를 겨냥하고 있으며, 그래서 결과적으로 이도저도 아니게 되고 말았다.

몇 가지 반드시 필요한 구별

다음과 같은 몇 가지 구별이 필요하다.

1. 대학교 교수와 교회 지도자의 구별. 일반 대학 강사에게 지적 성실성 외에 다른 어떤 **선험적 서약**a priori commitment을 하라고 요구하면 잘못일 것이다. 하지만 성직자는 안수를 받기 전에 교회의 근본적인 교리 기준을 지키고 가르치기로 엄숙하게 자발적으로 서약한다.

- 451년 칼케돈 공의회에서 채택된 그리스도의 본성에 관한 신앙고백. '한 위격 안의 신성과 인성 두 본성'을 확정했다. 이 신경을 인정하는 개신교·정교회·로마가톨릭교회와는 달리, 오리엔트정교회에 속한 일부 교회들은 이 신경을 인정하지 않는 "비-칼케돈파"(Non-Chalcedonian)로 남아 있다.

따라서 그들의 성실성은 이러한 기준에 얼마나 충성하느냐로 표현될 것이다.

2. 질문과 부정의 구별. 기독교 교리를 더 분명하고 온전하고 깊이 있고 새롭게 이해하여 실재에 대한 이해와 조화를 이루기를 바라며 그것에 대해 질문하고 탐구하는 것과, 그런 질문이 교리의 부정으로 귀결하는 것은 별개의 문제다. 다시 말하면, 어떤 교리에 대해 잠정적으로 불가지론적 입장을 취하는 것과, 그 교리가 거짓이라는 확신에 이르는 것은 별개다.

3. 성경과 전통의 구별. 성공회 복음주의자들이 성령의 역사에 대한 확신이 더욱 커지고 있기 때문에 전통에 대한 존중도 더욱 커지고 있다고 나는 생각한다. 성령이 교회를 인도하여 초기의 보편 신조들에 교회의 지성을 표현하게 하셨다고 우리는 믿는다. 이 신조들은 교회를 위해 성경적 계시의 많은 핵심들을 계속해서 소중히 간직해 왔다. 이 신조들이 잘못된 것으로 판명될 가능성은 극히 없다고 우리는 생각한다. 그럼에도, 이 신조들과 종교개혁 고백들 모두는 전통의 영역에 속해 있기에, 성경에 비추어 지속적으로 점검을 받아야 한다. 하나님의 말씀인 성경만이 수정 불가능하다. 물론, 지속적인 해석은 필요하지만 말이다.

교회의 권징

이제 교회의 권징이라는 민감한 질문을 꺼내려 한다. 교회는 거짓 교사들, 특히 성육신을 부인하는 사람들을 어떻게 다루어야 할까?

1부 성경과 신학

1. 근본적인 쟁점. 진정한 쟁점은 언어('성육신'은 신화적 표현인가, 은유적 표현인가, 문자 그대로인가)도, 문화(성경 또는 칼케돈 신경은 당대의 관념을 얼마나 반영하는가)도 아니다. 근본적인 질문은 지극히 단순하다. 의미론semantics과 문화와 신학에 문외한인 보통 사람에게도 그렇다. 예수님은 예배받으실 분이신가, 아니면 그저 존경받으실 분인가? 예수님이 하나님이라면, 그는 우리의 예배와 믿음과 순종을 받기에 합당하고, 하나님이 아니라면, 그런 경배는 우상숭배다.

2. 성육신의 불가결성. 『성육신하신 하나님 신화』의 1장은 성육신 없는 기독교가 가능한지 질문을 던진다. 우리는 그 질문에 분명하게 "아니요"라고 답해야 한다. "우리의 예배와 믿음과 사랑을 받으실" 하나님-인간이신 예수님이 중심에 없는 기독교로의 재구성은 결코 있을 수 없다. 성육신 없는 기독교로의 재구성은 기독교를 파괴하는 것이다.

3. 성육신의 부정. 예수님을 하나님으로 예배하는 것이 기독교의 핵심이고 따라서 성육신이 그 본질이라면, 예수님을 예배하지 않고 성육신을 부인하는 이들은, 일반적으로 이해하는 그런 의미에서, 그리스도인이 아니라는 논리적 결론에 이르게 된다.

4. 특별히 성직자인 경우. 성직자는 안수를 받을 때 자의로 교회의 권위 아래 복종하고 교회의 교리를 가르치기로 서약한다. 성직자가 더는 예수님의 신성 같은 교회 교리의 핵심 내용을 양심적으로 가르칠 수 없는 때가 온다면(그는 그렇게 하겠다고 엄숙하게 서약했다), 교회의 공인된 교사직에서 물러나는 것만이 명예로운 선택일 것이다.

5. 주교의 책임. 그런 성직자가 사퇴를 거부하면 어떻게 해야 할

까? 주교들(다른 교파에서는 그에 해당하는 직책을 맡은 사람들)은 매우 난처한 입장에 처한다. 당연히 그들은 교회의 진리와 평화를 모두 고려해야 한다. 세상의 추문을 피하려면 되도록 조용하게 조치하려 할 것이다. 순교자를 만들고 싶지는 않을 것이다. 그럼에도 최후의 수단으로, (a) 기독교의 핵심 교리를 흔들 경우, (b) 해당 성직자가 단순히 의문을 제기하는 것이 아니라 그 교리를 부정할 경우, (c) 그가 잠시 불확실한 시기를 지나고 있는 것이 아니라 확고한 확신에 이른 경우, (d) 사임을 거부할 경우, 나는 관련된 주교나 지도자가 교회에서 가르칠 수 있는 그의 자격증을 취소해야 한다고 믿는다. 더 나아가, 그런 사람이 계속해서 성직의 임무를 수행한다면, 교회에 해를 끼치고 세상에서 교회의 신뢰도를 떨어뜨릴 뿐 아니라, 자기 양심에도 해를 끼친다고 나는 믿는다.

하지만 오류를 막고 바로잡는 가장 효과적인 방법은 강압적 수단을 강구하는 것이 아니라 진리에 대한 확신을 심어 주는 것이다. 우리는 진리도 교회도 염려할 필요가 없다. 진리와 교회가 모두 하나님께 속했기에, 살아 계신 하나님은 이 둘을 모두 돌보실 능력이 있으시다. 오류를 이길 힘은 한 가지뿐인데, 진리의 능력이 바로 그것이다. 따라서 복음주의자들은 더욱 건설적인 신학적 과업에 참여해야 할 책임을 받아들여야 한다. 하나님은 늘 그렇듯 지금도 당신의 백성이 당신의 복음을 지키고 선포하기를 원하신다.

John R. W. Stott, "Cornerstone: Truth, Heresy, and Discipline in the Church," *Christianity Today* 22, no. 11 (March 10, 1978): 58-59.

1부 성경과 신학

5장

'성육신하신 하나님 신화'를 만든 사람들의 신화

—

지성에만 호소하는 기독론은 신비와 위엄을 상실한다.

영국인 학자 일곱이, 하나님이요 인간이신 예수라는 전통적 교리에 가까운 것이라면 어떤 것이든 거부한 『성육신하신 하나님 신화』를 출간한 지도 2년 반이 지났지만, 논란은 아직도 계속되고 있다(2장 "성육신은 신화인가?"에서 다루었다). 특히 성탄절이 다가오는 이즈음에 현황을 평가해 보는 것이 적절하지 않을까 싶다.

올해[1979년] 2월에 『성육신하신 하나님 신화』에 글을 쓴 네 학자가 런던에 와서 복음주의자 4인과 영국 가톨릭 보수주의자 1인을 만나 하루 종일 토론을 벌였다. 이 글에서는 그 토론에 대한 내 인상을 몇 가지 기록하려 한다.

그 신화를 만들어 낸 사람들의 갑옷이 손상을 입은 것 같지는 않지만, 그들에게 최소한 세 가지 진정한 관심사, 곧 (1) 진정한 한분 하나님 신앙을 보호하고, (2) 예수님의 진정한 인간되심을 보존하고, (3) "복음"을 현대인들에게 이해시키는 기독론을 표현하고자 하는 관심사가 있다는 것을 나는 인정할 수 있었다. 하지만 『성육신하신 하나님 신화』의 저자들의 선한 관심사를 인정한다고 해서(우리 모두가 그런 관심사를 공유할 수 있기를 바란다), 그들이 도달한 결론에 동의하는 것은 아니다. 점심시간에 그 저자들 중 한 사람에게 "예수님을 예배하신 적이 있습니까?"라고 물었다. 그의 입에서 곧바로 "아니요"라는 대답이 나왔다. 나는 이것이 신학에 문외한인 일반 성도도 이해하고 적용할 수 있는 간단한 검증 방법이라고 생각한다. 이 논쟁의 궁극적 쟁점은 칼케돈 신경("두 본성을 지닌 한분," 주후 451년)도, "신화"와 "은유"에 대한 의미론적 질문도 아니다. 우리가 예수님께 구원을 구하고 그를 주로 예배하면서 무릎을 꿇을 수 있느냐는 것이다. 이를 거부하는 사람들을 그리스도인이라 부를 수 있을까? 아니라고 생각한다.

사람들은 1978년 7월에 영국 버밍엄에서 있었던 더 중요한 토론을 "7인제 럭비"에 비유했는데, 『성육신하신 하나님 신화』의 일곱 저자가 주요 비판자 일곱 명과 맞붙었기 때문이다. 케임브리지의 모울 C. F. D. Moule, 더럼의 스티븐 사익스 Stephen Sykes, 런던의 그레이엄 스탠튼 Graham Stanton 같은 교수들과 로마가톨릭 학자 니콜라스 라쉬 Nicholas Lash 박사, 마드라스 주교를 지낸 레슬리 뉴비긴 Lesslie Newbigin 박사가 포함되었다. 이 학회의 결과가 마이클 굴더 Michael Goulder가 편집한 『성육신과 신화: 계속되는 논쟁』 Incarnation and Myth: The Debate Continued 이라는 묵직한 책으로 출판되었다. 글과 반응은 모리스 와일즈 Maurice Wiles 교수가 서두에서 언급한 다섯 가지 주요 주제를 중심으로 분류되었다. (1) 성육신 교리는 논리적으로 일관성이 있는가, 아니면 "내적 자기 모순"을 담고 있는 터무니없는 것인가? (2) 성육신이 없어도 다른 기독교 교리는 살아남을 수 있는가, 아니면 "기독교 교리들은 매우 밀접하게 서로 연결되어 있어서, 그 가운데 하나를 빼면 나머지는 무너지기 쉽다"라는 존 맥쿼리John Macquarrie 박사의 말이 옳은가? (3) 성육신에 대한 신약의 증언은 분명한가, 아니면 모호한가? (4) 우리는 예수님에게 독특성과 최종성이 있다고 믿을 수 있는가, 아니면 다른 종교들의 주장을 받아들여야 하는가? (5) 성육신은 단순히 기독교 초기의 "문화적 상황에서 만들어진" 개념일 뿐인가, 아니면 현대인도 성육신을 수용할 수 있는가?

이 토론을 주관한 옥스퍼드 철학자 바질 미첼Basil Mitchell 교수는 토론 내용의 상당 부분이 신학적이기보다는 철학적이었으며, 기본적인 쟁점은 인식론적인 것이었다고 논평했다. 그는 그 "신화제작자들"mythographers(그는 『신화』의 저자들을 농담조로 이렇게 지칭한다)이 "진화론적 세계관"을 당연시하고 성육신이라는 전통적 교리는 그 진화론적 세계관과 양립할 수 없는 것으로 여긴다고 말했다.

이 토론회에서 마주 앉은 전통주의자들과 급진주의자들이 두 번째로 충돌한 부분은 교회 전통과 관련한 것이었다. 역사적 정통을 옹호하는 브라이언 헤블스웨이트Brian Hebblethwaite는 "성육신 교리와 삼위일체 교리는 모두……기독교의 핵심에 속하며" "역사적 교회들의 모든 신경과 고백에 표현된" 이 교리가 "수세기를 내려오면서 현재의 기독교 신앙의 특징을 만들었다"고 단언한다. 따라서 교회는 이

신앙을 유지하고, 『신화』에 나타난 관점들을 "반박하고" "거부해야" 한다. "보편적으로 정통으로 인정받는 하나의 성육신 교리가 (곧 공식이) 있는 것"이 아니라(스티븐 사익스), 세월이 지나면서 식별 가능한 특정한 연속성, 곧 "가족처럼 닮은 점"family resemblance이 있다. 하지만 역사와 전통에서 비롯된 이런 주장이 돈 큐피트Don Cuppitt에게는 별다른 감흥을 주지 못한다. 그는 과거를 버릴 준비가 얼마든지 되어 있다. 그가 자신의 책 『그리스도에 관한 논쟁』The Debate about Christ, 1979에 쓴 대로, "기독교의 기원에 대한 현대적 역사비평 연구가 새로운 상황을 만들어 냈다." "이제 1800년 이전에 쓰인 신학은 적실성이 떨어진다."

이는 겉으로 보이는 것처럼 **모든** 과거를 무작정 무시하자는 것이 아니다. 우리가 돈 큐피트에게 교회의 전통을 무엇으로 대체하겠느냐고 묻는다면, 그는 "진짜 예수"라고 대답할 것이다. "기독교제국의 기독교Christendom-Christianity는 더는 작동하지 않는다. 역사적 예수가 오늘을 위한 진짜 그리스도다." 그에게 이 예수를 자세히 기술해 보라고 압박한다면, 그는 계속해서 "순전한 인간 예수, 유대 전통 안에 있는 1세기 하나님의 사람"(『성육신과 신화』, 42쪽), "예언적 유일신교 전통을 완성한 예언자"라고 대답할 것이다. 이것이 "신약에 보존된 원시 신앙"이기 때문이다. 따라서 결국에는, 인식론과 전통이 중요하긴 해도, 가장 중요한 질문은 신약의 증언과 관련한 이것이다. 신약의 증언은 성육신을 가르치는가? 아니면, 이 교리는 후대의 산물인가?

이 주제와 관련하여, 찰리 모울Charlie Moule 명예교수 특유의 신중하고 명쾌한 연구서 『기독론의 기원』The Origin of Christology, 1977을 살펴볼 수 있어 마음이 놓인다. 그의 핵심 주장은 신약 기독론의 발달을 이해할 수 있는 제대로 된 모델은 "진화"("돌연변이에 의한 새로운 종의 지속적 발생")가 아니라 "발전"("단일 표본이 미숙에서 성숙으로 자체적으로 성장")이라는 것이다. 따라서 우리는 "신약에 담긴 예수님에 대한 다양한 추정 모두를 처음부터 원래 있던 것을 표현하려는 시도로" 설명해야 한다.

이제 내 이야기를 해 보겠다. 나는 계속 다음 세 가지 기본 논거로 돌아간다. 첫째, 예수님의 자의식은 복음서 저자들이 원어로 보존한, 예수님이 가장 좋아하신 아람어 단어 둘에 드러나 있다. "아바"(예수님의 기도 첫머리에 나타난 이 단어는 성부 하나님과의 독특한 친밀감을 표현한다)와 "아멘"("당신께 말씀 드린다"라고 확인하는 이 단어는 인간에 대한 예수님의 독특한 권위 의식을 표현한다). 둘째, 예수님의 적들은 그를 유대 법정에서는 (예수님이 죄를 사하고 심판하는 권리 같은 신적 권능을 주장하셨기 때문에) "신성모독"으로, 로마 법정에서는 (황제에 대한 반역으로 들릴 수 있는 왕권을 주장하셨기 때문에) "소요죄"로 고발했다. 셋째, (바울의 초기 서신들이 입증하듯이) 예수님을 모든 이름 위에 뛰어난 이름, 누구도 대적할 수 없는 우주의 주로 묘사하는 것이 초기 교회의 보편적 신앙이었다.

비록 우리가 성육신의 신비를 온전히 이해할 수는 없지만, 주 그리스도의 위엄 앞에 경배할 수는 있다.

John R. W. Stott, "Cornerstone: The Mythmakers' Myth,"
Christianity Today 23, no. 27 (December 7, 1979): 30-31.

6장

성경: 복음전도의 빛과 열기

—

하나님의 말씀을 토론하는 데 에너지를 전부 쏟지 말고, 하나님의 말씀을 사용하자.

성경이 없으면 세계 복음화는 불가능한 것은 물론이고 상상조차도 할 수 없을 것이다. 우리에게 세계 복음화의 책임을 부여하는 것도 성경이요, 선포할 복음을 우리에게 주는 것도 성경이요, 그 복음을 어떻게 선포해야 하는지 말해 주는 것도 성경이요, 모든 믿는 자에게 구원을 주시는 하나님의 능력이 되는 것도 성경이다.

성경은, 더 나아가, 세계 복음화에 대한 교회의 헌신의 정도는 성경의 권위에 대한 교회의 헌신의 정도에 비례한다는 것을 확인할 수 있는, 과거와 현재의 역사적 사실이다. 그리스도인들이 성경에 대한 확신을 잃어버릴 때마다, 그들은 또한 복음전도에 대한 열정도 상실했다. 반대로, 그리스도인들이 성경을 확신할 때면, 복음전도에 대해서도 확고하다.

로잔 언약Lausanne Covenant에서 말한 대로, 우리는 "신구약 성경이 하나님의 영감으로 기록되었음을 믿으며, 그 진실성과 권위를 믿는다. 성경 전체는 기록된 하나님의 유일한 말씀으로서, 그 가르치는 모든 것에 전혀 착오가 없으며, 신앙과 실천의 유일하고도 정확무오한 척도임을 믿는다"고 확언해야 한다. 그런데 "그 가르치는 모든 것에 전혀 착오가 없으며"라는 표현은 (일부 사람들의 제안처럼) 회피하거나 빠져나갈 구멍을 만들려는 의도가 아니라, 오히려 분명히 하려는 의도였다. 이 표현은 성경의 모든 내용을 성경이 긍정해 주지는 않는다고 인정한다(예를 들어, 하나님은 자신에 대해 바르게 말하지 않았다는 이유로 욥을 위로한 친구들의 발언을 나중에 꾸짖으셨다(욥 42:7)). 따라서 이것은 원저자의 의도와 하나님이 그 저자들을 통해 말씀하시려는 내용이 무엇인지 알려면 수고스러운 주해가 필요함을 주장한다. 우리는 국제 성경무오 협회International Council on Biblical Inerrancy가 시카고 선언 요약문Short Statement, 1979에서 이 표현을 다음과 같이 더 자세히 풀어준 데 대해 감사해야 한다. 성경이 "주장하는 모든 것은 하나님의 교훈으로 믿어야 한다. 성경이 요구하는 모든 것은 하나님의 명령으로 순종해야 한다. 성경이 약속하는 모든 것은 하나님의 약속으로 받아들여야 한다."

성경이 세계 복음화에 없어서는 안 되는 네 가지 이유를 설명해 보려 한다.

명령

성경은 세계 복음화를 우리에게 명한다. 이러한 명령이 우리에게 분명히 있어야 한다. 두 가지 현상이 도처에서 증가하고 있으니 말이다. 하나는 종교적 광신이고, 다른 하나는 종교적 다원주의다. 광신자들은 신앙을 강요하고 불신앙을 제거하기 위해 (가능하다면) 힘을 사용하는 일종의 비합리적 열정을 드러낸다. 종교적 다원주의는 정반대의 성향을 부추긴다.

종교적 광신이나 그 반대인 종교적 무관심주의가 만연할 때마다, 세계 복음화는 심각한 반대에 직면한다. 광신자들은 자기네 경쟁 상대인 복음전도의 침착한 태도를 거부하고, 다원주의자들은 복음전도의 배타적 주장을 거부한다. 이들은 그리스도인 복음전도자가 사생활을 부당하게 침범한다고 주장한다.

이러한 반대자들 앞에서, 우리는 성경이 우리에게 부여하는 이 명령에 대해 분명히 해야 한다. 이것은 지상명령(이 자체로 중요하다)일 뿐 아니라, 온전히 성경적인 계시다. 간단하게 설명해 보겠다.

살아 계시고 참되신 한분 하나님, 우주의 창조자요 열방의 주, 모든 육체의 생명의 하나님이 계신다. 4,000여 년 전에 하나님은 아브라함을 불러 그와 언약을 맺으시며 그와 그의 후손을 통해 땅의 모든 민족에게 복을 주겠다고 약속하셨다(창 12:1-4). 이 성경 본문이 기독교 선교의 주춧돌이라고 할 수 있는데, 아브라함의 후손(그들을 통해 열방이 복을 받을 것이다)이 그리스도요 그리스도의 백성이기 때문이다. 우리가 믿음으로 그리스도께 속했다면, 우리도 아브라함의 영적 자녀이며 모든 인류에게 책임이 있다. 그래서 구약의 선지자들도 하나님이 어떻게 그리스도를 상속자요 열방의 빛으로 삼으시는지 예언했다(시 2:8; 사 42:6; 49:6).

이 땅에 오신 예수님은 이 약속을 보증하셨다. 물론, 지상에서 사역하시는 동안에는 "이스라엘 집의 잃어버린 양"(마 10:6; 15:24)에 국한하셨지만, 그는 "사람들이 동서남북으로부터 와서" "아브라함과 이삭과 야곱과 함께 천국에 앉을 것"이라고 예언하셨다(마 8:11; 눅 13:29). 더 나아가, 예수님은 자신의 부활과 승천을 예언하시면서, "하늘과 땅의 모든 권세"를 받으셨다는 실로 놀라운 선언을 하셨다(마 28:18). 바로 이 우주적 권위의 결과로서, 예수님은 그를 따르는 이들에게 모든 민족을 제자로 삼고, 그들에게 세례를 주어 새로운 공동체로 맞이하며, 그의 모든 가르침을 가르치라고 명령하셨다(마 28:19).

진리와 능력의 성령이 그들에게 임하자 초기 그리스도인들은 그 명령대로 행했다. 그들은 땅 끝까지 예수님의 증인이 되었다(행 1:8). 뿐만 아니라, 그들은 "주의 이름을 위하여" 그렇게 했다(롬 1:5; 요삼 1:7). 그들은 하나님이 그를 지극히 높이셔서 오른편에 앉히시고 최고의 지위를 주실 것임을, 그리하여 모든 입술이 그의 주되심을 고백하게 될 것임을 알았다. 그들은 예수님이 그의 이름에 걸맞은 영광을 받으시기를 간절히 바랐다. 더 나아가, 그는 언젠가는 세상을 구원하고 심판하고 다스리기 위해 영광 가운데 돌아오실 것이다. 그렇다면 무엇이 그의 초림과 재림 사이를 채울 것인가? 바로 교회의 세계 선교다! 예수님은 복음이 세상 끝까지 도달해야 비로소 역사의 마지막이 온다고 말씀하셨다(참고. 마 24:14; 28:20; 행 1:8). 이 두 가지 끝은 동시에 일어날 것이다.

세계 복음화 명령은, 따라서, 성경 전체에 온전히 나타나 있다. 하나님의 창조(그 때문에 모든 인간은 하나님 앞에서 반응해야 한다)에서, 하나님의 성품(활동적이시고 사랑과 긍휼이 많으시며, 누구도 멸망하기를 원치 않으시고, 모든 사람이 회개에 이르기를 원하신다)에서, 하나님의 약속(열방이 아브라함의 자손을 통해 복을 받고 메시아의 상속자가 될 것이다)에서, 하나님의 그리스도(이제 높임을 받으셔서 우주적 권위를 지니시고 우주의 칭송을 받으신다)에게서, 하나님의 성령(죄를 깨닫게 하시고, 그리스도를 증언하시며, 교회에게 복음을 전하라고 강권하신다)에게서, 그리고 하나님의 교회(그리스도의 재림까지 복음을 전하라는 명령을 받은 다국적 선교 공동체)에서 우리는 복음전도를 확인할 수 있다.

기독교 선교의 이러한 글로벌한 차원은 우리가 거부할 수 있는 것이 아니다. (무지 때문이건 불순종 때문이건) 세계 복음화에 헌신하지 않는 그리스도인 개인과 지역 교회는 하나님이 주신 정체성의 핵심적인 한 부분에 반한다고 할 수 있다. 세계 복음화라는 이 성경의 명령에서 우리는 결코 벗어날 수 없다.

메시지

성경은 세계 복음화의 메시지를 우리에게 준다. 로잔 언약은 기쁜 소식the evangel이라는 용어로 복음전도를 정의했다. 로잔 언약 4조는 다음과 같이 시작된다. "복음전도는 기쁜 소식을 널리 전파하는 것이며, 기쁜 소식은 예수 그리스도께서 성경대로 우리 죄를 위해 죽으시고, 죽은 자들 가운데서 다시 살아나신 것과, 만물을 통치하시는 주로서 지금도 회개하고 믿는 모든 사람들의 죄를 용서하시고, 우리를 자유하게 하시는 성령의 은사를 공급하신다는 것이다."

이 복음전도 메시지도 복음전도 명령과 마찬가지로 성경에서 비롯된다. 우선, 아닌 것부터 살펴보자. 첫째, 이 메시지는 다른 종교의 경전에서 오지 않는다. 우리는 다른 경전도 존중하는 마음으로 읽고 연구한다. 많은 사람들이 우리가 다른 종교의 책들도 더 접하고 더 존중했어야 한다고 인정한다. 그러한 책들에 담겨 있는 진리와 아름다움과 선에 관한 이야기의 주인공이 바로 하나님의 로고스요 세상의 빛이신 예수 그리스도임을 우리는 믿는다(요 1:1-9). 우리는 그런 책들이 성경 말씀을 확인해 준다면 그 내용을 적절하게 인용할 준비가 되어 있다. 바울이 그리스 시인 에피메니데스Epimenides•와 아라토스 Aratus(행 17:27-29)를 인용한 것처럼 말이다. 하지만 우리는 다른 종교의 책들이 성경처럼 특별하거나 초자연적으로 기록되었다는 말은 받아들일 수 없다. 그런 책들은 그리스도를 죄인들의 유일한 구주로 증언하지 않기에 그 독자들을 구원으로 인도할 수도 없는데, 구원이야말로 기독교 성경의 중심 기능이다(참고. 요 5:39, 40; 20:31; 딤후 3:15).

둘째, 우리의 메시지는 교회 전통에서 오지 않는다. 물론, 로마가톨릭이나 정교회에 속한 교회들 안에 있는 우리 친구들이 강조하듯이, 어떤 메시지는 교회의 살아 있는 전통을 통해 우리에게 전해졌다. 더 나아가, 우리 복음주의 그리스도인들에게는 모든 세대 가운데서 자기 백성의 지성을 밝혀 주시는 성령의 활동을 인정하는 전통에 관한 교리가 필요하다. 그럼에도, 우리 메시지는 교회 전통에 의지할 수 없는데, 그것은 신적 계시의 "두 근원" 이론, 곧 거룩한 책과 거룩한

• 디도서 1:12-13의 "크레타 사람 가운데서 예언자라 하는 어떤 사람"

전통은 교리의 독립적이고, 동등하며, 권위 있는 출처라는 이론을 받아들일 수 없기 때문이다. 오히려, 우리는 전통은 오류가 없는 계시에 대한 오류가 있는 해석으로, 성경과는 별개의 것으로 본다. 우리는 전통에 대한 성경의 지고의 우위성을 확언해야 하는 의무감을 느낀다. 예수님이 그렇게 하셨듯이 말이다. 예수님은 장로들의 전통을 "'사람'의 전통"이라고 말씀하시고, '하나님'의 말씀인 성경의 판단 아래 두셨다(막 7:1-13).

우리의 메시지는 성경에서 나온다. 그런데 성경에서 복음전도의 내용을 찾으려 할 때면 곧장 딜레마에 빠진다. 한편으로는, 메시지가 우리에게 주어진다. 우리가 그 내용을 만들 수 없다. 우리에게 "맡겨진" 소중한 메시지를 신실한 청지기로서 지키고 하나님의 집에 나누어 주어야 한다(딤전 6:20; 딤후 1:12-14; 고후 4:1-2). 다른 한편으로는, 그 메시지는 단일하고 명확한 수학 공식처럼 우리에게 주어진 것이 아니라, 그 안에 여러 이미지와 비유가 굉장히 다양하게 들어 있다.

그래서 모든 사도가 동의하는 오직 하나의 복음이 있고(고전 15:10), 그래서 바울은 사도들이 전한 하나님의 은혜의 복음과는 "다른" 복음을 전한다면 누구든지—자기 자신을 포함하여—하나님의 저주를 받을 것이라고 말할 수 있었지만(갈 1:6-8), 사도들은 이 하나의 복음을 다양한 방식으로—희생제물(그리스도가 흘리고 뿌리신 피), 메시아(하나님이 약속하신 통치가 도래함), 법(불의한 자를 의롭다고 선포하시는 재판장), 인격적 관계(엇나간 자녀와 화해하시는 아버지), 우주적 차원(우주에 대한 지배를 주장하시는 온 우주의 주)—표현했다. 이 방식

1부 성경과 신학

들도 일부일 뿐이다.

복음은 이처럼 하나처럼 보이지만, 다양하다. 복음은 우리에게 "주어졌지만" 그 청중에 맞춰 문화적으로 각색된다. 이를 이해하면, 두 가지 정반대의 실수를 저지르지 않게 된다. 첫 번째 실수에는 "전적 유동성"이라는 이름을 붙여 보았다. 나는 최근에 어느 영국 교회 지도자가 우리가 증언해야 할 상황에 들어가기 전까지는 복음이라는 실체는 존재하지 않는다고 선언했다는 이야기를 들었다. 우리는 그 상황에 아무것도 가져가지 않는다고 그는 말했다. 우리가 거기에 도착했을 때 비로소 우리는 복음을 발견한다는 것이다. 나는 개별 상황에 민감할 필요성에는 절대적으로 동의하지만, 이것이 그 지도자가 주장하려 했던 바라면, 그는 너무 지나친 과장법을 썼다. 계시된 곧 주어진 복음이라는 실체가 엄연히 '있다.' 우리에게는 이것을 조작할 자유가 없다.

이와 반대되는 실수에는 "전적 경직성"이라는 이름을 붙여 보았다. 이 경우에, 복음전도자는 하나님이 정확한 공식을 한 묶음 주신 것처럼 행동한다. 마치 그 내용을 정확히 글자 그대로 반복하고, 특정한 이미지를 반드시 사용해야 하는 것처럼 행동한다. 이렇게 되면 특정한 표현이나 이미지, 또는 둘 다에 얽매이게 된다. 그러다 보니 어떤 복음전도자들은 늘 진부한 용어를 사용하게 되고, 또 어떤 전도자들은 "그리스도의 보혈"이나 "믿음으로 의롭게 됨" "하나님 나라" 같은 표현이나 특정 이미지를 매번 꺼내야 한다고 생각한다.

이 두 극단 사이에 제3의, 더 나은 방법이 있다. 이 방법은 계시의 사실에 대한 헌신과 상황화의 과제에 대한 임무가 결합한 것이다. 이 방법은 복음에 대한 유일한 성경적 공식이 영구적인 표준이라는 것과, 복음을 현대적 언어로 선포하고자 한다면 그것이 성경적 복음의 진정한 표현임을 입증해야 한다는 것을 인정한다.

이 방법은 성경적 공식들을 포기하는 것을 거부하면서도 또한 경직되고 상상력을 결여한 채 성경적 공식들을 읊조리는 것도 거부한다. 그럴 게 아니라, 우리는 (기도, 연구, 토론을 통해) 주어진 복음을 주어진 상황과 연결하려는 노력을 계속해야 한다. 하나님으로부터 왔기에, 우리는 복음을 지켜야 한다. 현대의 평범한 사람들을 위한 것이기에, 우리는 복음을 해석해야 한다. 우리는 충실함(성경 본문을 끊임없이 연구하는 것)과 민감함(오늘의 상황을 끊임없이 연구하는 것)을 겸비해야 한다. 그때에야 우리는 신실하고 적실성 있게 말씀을 세상에, 복음을 상황에, 성경을 문화에 연결할 수 있을 것이라는 희망을 가질 수 있다.

모델

성경은 세계 복음화의 모델을 우리에게 준다. 메시지(우리가 무엇을 말할지)에 더하여, 우리에게는 모델(우리가 어떻게 말할지)도 필요하다. 성경은 이것 역시 제공해 준다. 성경은 그저 복음을 '담는' 그릇이 아니라, 성경이 곧 '복음'이기 때문이다. 성경을 통해 하나님이 친히 실제로 복음을 전하신다. 곧, 좋은 소식을 세상에 알려 주신다. 여기서 우리는 바울이 창세기 12:3에 대해 한 말을 떠올릴 수 있을 것이다. "성경이……먼저 아브라함에게 복음을 전하되"(갈 3:8). 성경 전체가 복음을 전한다. 하나님이 이 성경을 통해 복음을 전하신다.

이처럼, 성경이 그 자체로 하나님의 복음전도라면, 하나님이 어떻게 복음을 전하셨는지 살펴봄으로써 우리도 당연히 복음을 전하는 법을 배울 수 있을 것이다. 하나님은 성경의 감화라는 과정을 통해 우리에게 아름다운 복음전도 모델을 보여주셨다.

여기서 바로 우리 눈에 띄는 것은 하나님의 크신 겸손이다. 하나님께는 그와 그리스도, 그의 자비와 정의, 온전한 구원에 대해 우리에게 계시하실 참 진리가 있었다. 그런데 하나님은 인간 언어의 단어와 문법, 인간 저자, 인간의 이미지, 인간의 문화를 통해 이 진리를 나타내기로 하셨다. 하나님은 자신을 매우 겸손하게 의인화하셨다. 소매를 걷어붙이고, 고기 요리의 냄새를 즐기고, 마음을 바꾸는 인간인 것처럼 자신에 관하여 말씀하셨다. 사도들을 통해 하나님은 '코이네'koinē 헬라어로 말씀하셨다. 이 헬라어는 일터와 시장에서 흔히 쓰는 언어였다. 심지어, 하나님은 계시록에서는 요한이 저지른 유명한 문법적 실수들을 그냥 넘어가셨고, 사실은 사용하셨다. 하나님이 얼마나 인간의 상황에 잘 적응하셨던지, 그 메시지가 전혀 낯설게 들리지 않았다. 그 메시지는 쉽고, 단순하고, 적절했다.

하지만 인간의 말과 이미지라는 이처럼 평범한 도구를 통해서, 하나님은 당신의 말씀을 하셨다. 성경의 감화라는 우리 복음주의자들의 교리는 성경의 이중 저작권을 강조한다. 사람도 말하고 하나님도 말씀하셨다. 사람은 하나님께 받아서 말했고(벧후 1:21), 하나님은 사람을 통해서 말씀하셨다(히 1:1). 구술과 기록으로 전해진 말씀은 하나님의 것인 동시에 사람들의 것이었다. 하나님은 당신이 말씀하고

자 하는 것을 정하셨지만, 그 말씀에서 인간의 개성들을 뭉개 버리지 않으셨다. 사람들은 자신의 능력을 마음껏 발휘했지만, 하나님의 메시지를 왜곡하지는 않았다. 그리스도인들은 당신 스스로를 전하시는 하나님the self-communicating God의 클라이맥스인 성육신에 관하여 비슷한 것을 주장하기 원한다. "말씀이 육신이 되어"(요 1:14). 곧, 영원부터 하나님과 함께 계셨고 하나님이셨던 하나님의 영원하신 말씀, 온 우주가 그를 통해 창조되었던 그가 1세기 팔레스타인 유대인의 모든 특징을 지니신 인간이 되셨다. 그는 작아지고 약해지고 가난해지셨다. 고통과 배고픔을 겪으셨고, 시험을 당하셨다. 이 모든 것이 "육신" 곧 사람이 되신 그의 것이었다. 하지만, 그는 우리와 같이 되셨지만, 그의 본성을 잃지 않으셨다. 예수님은 영원토록 영원하신 말씀, 곧 하나님의 아들로 세세토록 남으셨다.

본질적으로 똑같은 원리가 성경의 영감과 성자의 성육신을 잘 설명해 주었다. 말씀이 육신이 되셨다. 하나님이 인간을 통해 전해지셨다. 하나님은 우리와 동일시하시면서도 당신의 정체성을 포기하지 않으셨다. "정체성을 잃지 않고도 동일시하심"이라는 이 원리가 모든 복음전도, 그중에서도 특히 타문화권 전도의 모델이다.

어떤 사람들은 우리가 섬긴다고 주장하는 사람들과 동일시해지기를 거부한다. 그들과 어울리지 않고 자기 모습 그대로 남는다. 초연함을 유지한다. 우리의 문화적 유산이 우리 정체성에 없어서는 안 될 부분이라는 착각에 빠진 채 그것에 집착한다. 그것을 내려놓기를 꺼린다. 우리의 문화적 관습을 집요하게 유지하려 할 뿐 아니라, 우리가 적응해야 할 땅의 문화적 유산에 합당한 존중심을 보이지 않는다. 이런 식으로 우리는 우리의 문화를 다른 사람들에게 강요하고 그들의 문화는 경멸하는 이중 문화 제국주의에 빠진다. 하지만 이것은 당신의 영광을 버리고 인간을 섬기기까지 겸손해지신 그리스도의 방법이 아니었다.

그런가 하면, 정반대 실수를 저지르는 타문화권 복음전도자들도 있다. 그들은 자신이 섬기는 사람들과 너무 동일시한 나머지, 자신들의 기독교적 기준과 가치마저 포기해 버린다. 하지만 이것도 그리스도의 방법은 아니었다. 그는 인간이 되셨지만 신성을 온전히 유지하셨다. 로잔 언약은 이 원리를 이렇게 표현했다. "그리스도의 전도자는 다른 사람의 종이 되기 위해, 개인적인 순수성을 제외한 나머지 부분에서 겸손히 자신을 온전히 비우기를 힘써야 한다"(10. 복음전도와 문화)

복음에 대한 저항과 수용이라는 문제는 COWE* 준비 연구 모임에서 두드러진 문제였고, 여러 작은 대회들을 통해 앞으로도 두드러질 것이다. 우리는 사람들이 복음을 거부하는 이유들과 씨름해야 하는데, 특히 문화적 요인을 마땅히 고려해야 한다. 복음이 가짜라고 생각해서 거부하는 사람도 있지만, 복음이 낯설어서 거부하는 사람도 있기 때문이다.

르네 파디야René Padilla▲ 박사는 일부 유럽과 북미 선교사들이 수출

- 세계 복음화 대회(The Consultation on World Evangelization). 1980년 6월 16-27일 태국 파타야에서 "어떻게 그들로 하여금 듣게 할 것인가"를 주제로 열렸다(19장 참고).

- ▲ 존 스토트를 기리는 44인의 회고록 『존 스토트, 우리의 친구』(John Stott: A Portrait by His Friends, 2011)의 기고자. 파디야 외에도, 이 책에 등장하는 여러 사람들[티모시 더들리 스미스(에필로그), 마이클 그린(35장), 마커스 론(26장), 아지드 페르난도(에필로그)]이 『존 스토트, 우리의 친구』에서 그를 회고한다.

한 복음이 "문화-기독교" 곧 서양의 물질주의 문화와 소비문화에 의해 왜곡된 기독교 메시지였다고 말하여 로잔에서 비판을 받았다. 뼈 아프지만 옳은 말이었다. 우리 모두는 복음을 더욱 철저히 조사하고, 다른 문화에서 복음을 전하는 이들은 자신의 메시지가 문화적으로 왜곡되지 않았는지 분별하기 위해 현지 그리스도인들에게 겸손하게 도움을 요청해야 한다.

복음이 자기 문화에 위협이 된다고 생각해서 복음을 거부하는 사람들도 있다. 물론, 그리스도는 모든 문화에 도전하신다. 우리가 힌두교 신자나 불교 신자, 유대인이나 무슬림, 세속주의자나 마르크스주의자에게 복음을 제시할 때마다, 그들은 자신들이 지금까지 충성을 바친 대상을 포기하고 예수님을 받아들이라는 요구에 직면하게 된다. 예수님은 모든 사람과 모든 문화의 주님이시다. 이러한 위협, 이러한 대면을 우리는 피할 수 없다. 하지만, 우리가 전하는 복음이 무해한 관습을 폐지하라고 요구한다거나, 그 민족의 예술, 건축, 음악, 축제를 파괴하는 것처럼 보인다면, 또는 복음을 전하는 우리가 우리 자신의 문화를 과시하고 그들의 문화를 맹목적으로 업신여긴다면, 우리가 선포하는 복음이 사람들에게 불필요한 위협을 가하는 것은 아닐까?

요약하면, 하나님은 성경에서 우리에게 말씀하실 때 인간의 언어를 사용하셨고, 그리스도 안에서 우리에게 말씀하실 때 인간의 육신을 취하셨다. 하나님은 자신을 나타내기 위해 스스로 비우고 겸손해지셨다. 이것이 성경이 말하는 복음전도의 모델이다. 진정한 복음전도에는 자기비움과 자기낮춤이 필수다. 그렇지 않으면 우리는 복음과 모순되고, 우리가 선포하는 그리스도를 잘못 제시하게 될 것이다.

능력

성경은 세계 복음화를 위한 능력을 우리에게 준다. 우리에게 능력이 필요하다는 사실은 굳이 강조할 필요가 없을 텐데, 복음전도라는 막중한 과업과 비교할 때 인간의 자원이 얼마나 형편없는지 우리가 잘 알기 때문이다. 우리는 인간 마음의 방어벽이 얼마나 두터운지도 잘 안다. 더하여, 마귀라는 존재의 실체와 악의와 힘, 그리고 마귀의 명령을 따르는 악한 세력에 대해서도 잘 알고 있다.

교양 있는 사람들은 우리의 신앙을 조롱하고, 그 조롱을 그럴듯하게 만들려고 억지스럽게 과장하기도 한다. 하지만 복음주의 그리스도인들은 예수님과 그 사도들의 가르침을 믿을 정도로 순전하다. 우리에게 "온 세상은 악한 자 안에 처한 것"(요일 5:19)이라는 요한의 표현은 굉장히 준엄한 사실이다. 예수 그리스도가 인류를 해방하시고 그의 나라로 옮기시기까지, 모든 사람은 사탄의 노예다. 게다가, 우리는 현대 세계에서—우상숭배와 영에 대한 두려움이라는 어둠 속에서, 미신과 운명론에서, 신이 아닌 신들에 대한 헌신에서, 서양의 이기적인 물질주의에서, 무신론 공산주의의 확산에서, 비이성적인 이단의 급증에서, 폭력과 공격성에서, 선과 진리라는 절대 진리가 변하는 데서—사탄의 힘을 목격한다. 이러한 것들은 성경이 거짓말쟁이요 속이는 자요 사기꾼이요 살인자라고 부르는 사탄의 작품이다.

그래서 그리스도인의 회심과 갱신은 하나님의 은혜의 기적이다. 회심은 그리스도와 사탄, 또는 (생생한 종말론 이미지를 사용하자면) 어린양과 용의 힘겨루기의 절정이다. 힘센 존재의 자리를 뺏으려면, 그보다 더 힘이 센 존재, 자신의 죽음과 부활로 악의 통치자들과 권세들의 무장을 해제하신 이의 결박이 필요한 법이다(마 12:27-29; 눅 11:20-22; 골 2:15).

그렇다면 우리는 어떻게 그리스도의 승리에 들어가 마귀의 힘을 무너뜨릴 수 있겠는가? 루터의 표현을 빌려 대답하자면, "한 마디 말이 그를 쓰러뜨릴 것이다"*ein wörtlein will ihn fällen*. 하나님의 말씀과 복음의 선포에는 능력이 있다. 신약에서 이 점을 가장 극적으로 잘 표현한 것이 고린도후서 4장에 등장한다. 바울은 "이 세상의 신이 믿지 아니하는 자들의 마음을 혼미하게 하여 그리스도의 영광의 복음의 광채가 비치지 못하게 함이니……"(4절)라고 묘사한다.

인간의 마음이 혼미해졌다면, 어떻게 하면 다시 명료해질 수 있을까? 하나님의 창조하시는 말씀으로만 가능하다. "어두운 데에 빛이 비치라 말씀하셨던 그 하나님께서 예수 그리스도의 얼굴에 있는 하나님의 영광을 아는 빛을 우리 마음에 비추셨느니라"(6절). 따라서 사도는 회개하지 않는 마음을 태초의 어두운 혼란과 연결하고, 새로워진 마음은 "빛이 비치라"라는 하나님의 말씀의 결과라고 말한다.

사탄이 사람들의 마음을 혼미하게 하고, 하나님이 사람들의 마음에 빛을 비추신다면, 우리는 이 대결에 어떻게 기여할 수 있을까? 경쟁의 장에서 물러나서 둘이 싸우도록 내버려 두는 편이 더 겸손한 행동이 아닐까? 아니다. 이것은 바울이 도달한 결론과 거리가 멀다.

오히려 반대로, 하나님과 사탄의 행동을 묘사한 4절과 6절 사이에 있는 5절이 복음전도자가 할 일을 보여 준다. "우리는 그리스도 예수의 주 되신 것……을 전파함이라." 마귀가 사람들이 보지 못하기를 원하고, 하나님이 사람들에게 비추어 보여주시기 원하는 빛이 복음이기에, 우리는 복음을 전파해야 한다! 복음 전파는 불필요한 행동이 아니라, 오히려 꼭 필요한 행동이다. 어둠의 권세가 패하고 빛이 사람들의 마음에 쏟아질 수 있도록 하나님이 정하신 수단이다. 하나님의 복음에는 능력이 있다. 곧 구원을 주시는 하나님의 능력이다(롬 1:16).

우리 시대에는 말에 대한 환상이 만연해 있다. 광고, 정치인, 선동가의 말 폭탄에 둘러싸인 채 사람들은 급기야 "말에 무뎌지고" 만다. 텔레비전이 흔한 나라들에서는 이미지라는 더 큰 힘 때문에 말이 힘을 잃는다. 도대체 말이란 무엇인가? 짧게 터져 나오는 호흡은 금세 사라진다. 눈에 보이지도 않고, 순간적이다.

하지만 성경은 다른 관점을 견지한다. 모든 말의 배후에는 그 말을 하는 인격과 그 말이 보유하고 있거나 보유하지 못한 권위가 있다. 하나님의 말씀은 말씀하는 분이 하나님이시라는 단 한 가지 이유만으로 그 말씀에 능력이 있다. 하나님의 말씀은 창조하시고("그가 말씀하시매 이루어졌으며……." 시 33:9), 결실이 있고("내……말도 이와 같이 헛되이 내게로 되돌아오지 아니하고 나의 기뻐하는 뜻을 이루며……." 사 55:11), 구원하신다("하나님께서 전도의 미련한 것으로 믿는 자들을 구원하시기를 기뻐하셨도다." 고전 1:21). 오늘날에도 하나님은 당신의 말씀을 지키신다. 우리가 그 말씀을 한 개인과 나누거나 회중에 선포하거나 라디오로 방송하거나 책으로 펴낼 때, 하나님은 이를 통해 당신의 구원의 능력을 펼치신다.

그렇다고 우리는 하나님의 말씀을 미신적인 관점에서 보아서는 안 된다. 우리는 성경이 마치 축복이나 저주를 불러오는 주문인 양 성경 말씀에 주술적 효과를 부여해서는 안 된다. 성경의 능력은 그 말씀을 하신 하나님이 지금도 그 말씀을 통해 말씀하신다는 이 순전한 사실에 기인한다. 성령은 지금도 성경 말씀을 검으로 사용하신다. 우리는 하나님의 말씀과 하나님의 영을 절대 분리해서는 안 된다.

우리는 지금도 매우 약하다. 그러나 나는 우리가 더 약해지기를 바란다. 악한 세력을 만날 때 우리는 기독교의 힘을 과시하고 복음전도라는 무력을 과시하고 싶은 유혹을 받을 때가 많다. 하지만 우리가 약할 때 그리스도의 힘이 온전해지고, 성령이 그의 능력으로 인간의 약한 말을 보증해 주신다. 그래서 우리는 약할 때 오히려 강하다(고전 2:1-5; 고후 12:9-10).

하나님의 말씀을 두고 논쟁하는 데 우리의 힘을 다 쏟지 말고, 이제 하나님의 말씀을 사용하자. 하나님의 말씀은 그 신적 능력으로 그 신적 기원을 입증할 것이다. 세상에 그 말씀을 퍼뜨리자! 모든 기독교 선교사와 전도자가 신실하고 민감하게 성경적 복음을 선포하고, 모든 기독교 설교자가 하나님의 말씀의 신실한 해설자라면! 하나님이 당신의 구원하시는 능력을 드러내실 것이다.

성경 없이는 세계 복음화는 불가능하다. 성경이 없다면, 우리에게는 열방에 들고 갈 복음이 없고, 그들에게 복음을 들고 갈 근거도 없으며, 어떻게 전도를 시작해야 할지도 알 수 없고, 성공을 기대할 수도 없기 때문이다. 우리에게 세계 복음화에 필요한 명령과 메시지, 모

1부 성경과 신학

델과 능력을 주는 것이 성경이다. 그러니 부지런히 연구하고 묵상하여 성경을 다시 회복하자. 성경의 명령에 귀 기울이고, 그 메시지를 붙잡고, 그 인도를 따르며, 그 능력을 신뢰하자. 우리의 목소리를 높여 성경을 전파하자.

John R. W. Stott, "Scripture: The Light and Heat for Evangelism,"
Christianity Today 25, no. 3 (February 6, 1981): 26 - 30.

2

그리스도의 제자

7장

그리스도인이 울어야 할 때

그리스도인은 늘 불행해야 할까? 교회사의 몇몇 시기에는 이런 질문을 던지는 것 자체가 어불성설이었을 것이다. 그리스도인 스스로 근엄한 태도를 조성했고, 또 남들로부터 그리스도인은 침울한 사람들이라는 명성을 얻었던 시기에는 말이다.

그런가 하면, (내 생각에는, 우리 시대를 포함한) 어떤 시기에는 정반대 경향이 뚜렷하기도 했다. 복음전도는 "예수님께 와서 행복을 찾으세요" 같은 단순한 초대로 전락했다. "나는 기뻐요"가 교회를 대표하는 특징이 되어 버렸다. 그리스도인은 쾌활하고 열정과 활기가 넘치는 모습을 보여주어야 한다는 것이다. 내가 구독하는 기독교 잡지에 실린 사진 속 그리스도인은 다들 입이 귀에 걸릴 정도로 함박 웃고 있다(이런 사진이 한두 장도 아니고 굉장히 많이 실려 있다). "주 안에서 항상 기뻐하라" 같은 성구를 인용하면서 이런 태도를 옹호할 그리스도인들도 있을 것이다.

하지만 그리스도인에 대한 진정한 성경의 이미지는 어느 쪽도 아니다. 둘 다도 아니다. 물론 기쁨과 슬픔, 이 둘이 그리스도인의 삶의 일부이기는 하지만 말이다. "울 때가 있고 웃을 때가 있다"고 전도자는 전도서에서 말한다. 더구나 우리는 "슬픔을 당하는 사람"이라고 불렸으면서도, 우리에게 "기운 내라.……평안히 가라"고 말씀하시는 분의 제자들이다. 사도 바울도 고린도후서 6:10에서 똑같이 역설했다. "근심하는 자 같으나 항상 기뻐하고……."

인간의 삶에는 기쁨이 가득할 수 있다. 하나님은 "우리에게 모든 것을 후히 주사 누리게 하셨다." 특히 그리스도인의 삶에 기쁨이 가득해야 한다는 것은 성경에 나타나는 확실한 사실로, 강조할 필요도 없다.

복음은 "큰 기쁨의 좋은 소식"이며, 하나님 앞에는 "충만한 기쁨이 있다"(시 16:11). 예수님은 제자들이 기쁨이 충만하기를 원한다고 말씀하셨다(요 15:11; 16:24; 17:13). 기쁨과 평안은 성령의 열매이고, 사도 바울은 하나님이 자기 백성을 믿음 안에서 기쁨과 평안으로 채워 주시기를 간구했다(롬 14:17; 15:13을 보라).

나는 이 사실을 부인하지 않는다. 오히려 그렇다고 믿고, 그렇다는 사실이 기쁘다. 다른 사람들에게서 그런 모습을 보고, 나 자신도 그런 경험을 한다. 죄 사함을 깨달아 알 때, 친교를 경험할 때, 하나님의 말씀을 듣고 또 받을 때, 죄인이 회개하는 모습을 볼 때, 그리고 굶주린 이들을 좋은 것으로 채워 주시는 하나님 안에 있을 때, 우리에게

2부 그리스도의 제자

는 기쁨—진정한, 깊은, 그리고 지속적인 기쁨—이 있다.

생스터W. E. Sangster 박사는 해로우Harrow의 오르간 연주자 파머Farmer 박사 이야기를 들려준다. 그가 구세군 드럼 연주자에게 북을 너무 세게 치지 말아 달라고 부탁했다. 그러자 그 단원은 얼굴 한가득 미소를 머금고서는 이렇게 대답한다. "아, 선생님, 하나님을 믿고 나서 얼마나 기쁜지 북이 찢어져라 연주할 수밖에 없네요!" 얼마나 감사한 일인가! 이것이야말로 그리스도인이 진정으로 경험해야 할 일이다.

하지만 우리가 불균형한 일상에서 균형을 잡으려면, 웃음은 줄이고 눈물을 늘려야 하지 않을까 하는 마음이 생긴다. 시편 100편은 우리에게 "기쁨으로 주를 섬기라"고 말하는데, 사도 바울은 (여러 면에서 분명히 기쁨이 넘쳤을) 자신의 사역을 "모든 겸손과 눈물로 주를 섬기는" 사역이라고 표현한다.

그리스도인은 언제, 왜 울어야 할까?

우선, 그리스도인에게 "자연의 눈물" 곧 자연스런 슬픔의 눈물이 있어야 한다. 이 눈물은 특별히 그리스도인만 흘리는 눈물이 아니다. 인간이면 누구나 흘리는 눈물이다. 이 눈물은 우리가 모든 인류와 공유하는 공통의 본성에서 기인하는 눈물이며, 슬플 때 나오는 반응이다.

예를 들어, 헤어짐의 슬픔이 있다. 디모데가 느낀 그런 슬픔이다. 디모데는 바울이 체포되어 그의 곁을 떠나게 되었을 때 눈물을 참을 수가 없었다(딤후 1:4). 또는 에베소 장로들이 느낀 그런 슬픔이다. 바울이 고별인사를 할 때 그들은 슬퍼하며 다 크게 울었다(행 20:37).

예수님이 나사로의 무덤 앞에서 우셨을 때처럼, 사별의 슬픔도 있다(요 11:35).

우리 모두 언젠가는 죽음을 맞게 되는 존재라는 사실에서 생기는 슬픔도 있다. 우리 몸이 연약할 때 우리는 탄식하고 우리 몸의 구속을 기다린다(롬 8:22, 23; 고후 5:2).

우리가 살면서 여러 가지 시험을 겪게 되는데, 그 때문에 우리는 "근심하게" 된다(벧전 1:6). 이런 경험을 하게 되자 시편 기자는 "나의 눈물을 주의 병에 담으소서"라고 기도했다(시 56:8).

나는 기차역 플랫폼에서 선교 현장으로 떠나는 선교사들이 배웅받는 모습을 여러 번 보았고, 그리스도인의 장례식에도 여러 번 참석했다. 그럴 때마다 나는 자신의 감정을 억누르거나 눈물을 숨기려고 돌아서는 그리스도인들에게서 어떤 억압 같은 것을 느꼈다.

그리스도인에게는 어울리지 않는 이기적이고 무절제한 눈물도 물론 있다. 그래서 우리는 그리스도인의 죽음을 두고 '소망 없는 다른 이와 같이' 슬퍼해서는 안 된다(살전 4:13). 하지만 슬퍼하거나 우는 것을 금하지는 않는다. 오히려, 그렇게 하지 않는 것이 부자연스러울 것이다. 자연스런 슬픔을 남자답지 못하다고 보는 관점은 기독교적인 것이기보다는 금욕주의적인 것이다. 복음은 우리에게서 인간성을 박탈하지 않는다.

이런 다양한 종류의 "자연의 눈물"에 더하여, 그리스도인은 "은혜의 눈물"도 흘려야 한다. 이것은 우리가 그리스도인이 아닌 사람들과 공유하지 않는 눈물, (우리가 이 눈물을 흘린다면) 하나님이 우리에게 주신 눈물이다. 은혜의 눈물에는 적어도 세 가지 형태가 있다.

2부 그리스도의 제자

1. 회개의 눈물

우리는 예수님 뒤에서 눈물을 흘리고 그 눈물로 그의 발을 씻긴 여인의 이야기를 잘 안다. 그 눈물은 자기 죄를 회개하는 눈물이요 죄 사함 받은 감사의 눈물이었다.

조급한 그리스도인이라면 이의를 제기할지도 모르겠다. "그렇지만, 그 여인은 타락한 사람이었지요. 그 눈물은 회심의 눈물이고요. 복음의 초대를 받았을 때 두 눈이 촉촉해지는 것을 보면서, 그리고 눈물 젖은 회개의 자리를 볼 때 물론 나도 기쁩니다. 이런 눈물은 정말 거룩한 눈물이지요. 하지만 '그리스도인이 되었다면' 더 이상 자기 죄 때문에 눈물을 흘리지 않습니다."

정말 그럴까? 제발, 눈물 좀 흘렸으면 좋겠다! 하나님의 백성은 애통하면서 고백해야 할 죄가 없는가? 에스라가 하나님의 성전 앞에 엎드려 울며 기도하여 죄를 자복한 것은 잘못한 일인가? 하나님의 언약 백성이 그 에스라와 함께 크게 통곡한 것도 잘못한 일인가? (스 10:1) 애통하는 자에게 "복이 있다"고 하신 예수님의 산상수훈 말씀은 어찌 된 것인가? 그 맥락은 자기 죄를 탄식하는 것도 뜻하니 말이다. 바울이 한 사람의 그리스도인으로서 "오호라, 나는 곤고한 사람이로다! 이 사망의 몸에서 누가 나를 건져 내랴"(롬 7:24)라고 부르짖은 것도 틀렸단 말인가? 바울의 이 말을 불신자나 실패한 그리스도인의 고백으로 해석하는 사람도 더러 있기는 하지만, 성경 말씀과 경험으로 미루어 보건대, 나는 이것이 자신의 타락한 본성이 부패를 그치지 않는 것을 보면서 탄식하는, 그러면서도 죽음과 부활이 가져다줄 최후의 구원을 간절히 바라는 성숙한 그리스도인의 고백이라고 확신한다. 이것이 바울이 고린도후서 7장에서 그리스도인의 회개를 이루는 "하나님의 뜻대로 하는 근심"이라고 한 바로 그것이다.

18세기 초에 미국 원주민들에게 복음을 전한 위대한 선교사 데이비드 브레이너드David Brainerd는 이와 같은 회개를 이루는 근심의 좋은 사례를 더해 준다. 그는 1740년 10월 18일 일기에 이렇게 기록한다. "나의 죄악과 사악함이 너무나 넘쳐나서 내 영혼이 녹았으며 내 영혼이 매우 슬퍼한다. 죄의 더러운 본성을 이토록 가슴 아프고 깊게 느껴본 적은 없다. 이제 내 영혼은 전보다 더욱 하나님을 사랑하게 되었고 나에 대한 하나님의 사랑을 더욱 생생하게 느끼게 되었다."

2. 긍휼의 눈물

긍휼의 눈물은 "즐거워하는 자들과 함께 즐거워하고, 우는 자들과 함께 울라"(롬 12:15)는 사도의 명령에 순종하는 그리스도인이 흘리는 눈물이다.

물론, 그리스도인이 아닌 인도주의자도 긍휼의 눈물을 흘릴 수 있다. 정말이지, 일부 세속 인도주의자들은 베트남 전쟁의 참상 앞에서, 비아프라의 기아* 앞에서, 빈곤과 실업과 압제와 인종차별 앞에서, 우리보다 더 통렬하게 눈물을 쏟는다. 그렇다면 이런 인도주의자들이 그리스도인들보다 더 민감한가? 우리는 세상의 고통과 너무나 단절되어 있어서 그 고통을 느끼지 못하고 눈물을 흘리지도 못하는 것인가?

하지만 특별히 그리스도인이 흘리는 긍휼의 눈물은 믿지 않고 회

* 1967-1970년 나이지리아 내전의 여파로 비아프라 지역에서 발생했다.

개하지 않는 사람들, (몰라서든 의도적이든) 복음을 거부하는 사람들, 자기파괴적인 어리석음과 끔찍한 위험에 빠져 있는 이런 사람들을 위한 눈물이다.

그래서 예레미야도 울부짖을 수 있었다. "어찌하면 내 머리는 물이 되고 내 눈은 눈물 근원이 될꼬. 죽임을 당한 딸 내 백성을 위하여 주야로 울리로다"(렘 9:1; 참고. 13:17과 14:17).

그래서 예수 그리스도도 심판의 때를 알지 못하는 예루살렘 성 위에 하나님의 심판이 곧 임할 것을 아시고 우셨다(눅 19:41).

사도 바울도 에베소에서 사역하는 3년 동안 밤낮 쉬지 않고 눈물로 사람들을 훈계했다(행 20:31). 또한 유대인 동포를 생각하면 마음에 "큰 근심"과 "그치지 않는 고통"이 있다고 쓸 수 있었다(롬 9:2).

그리스도인이 흘린 긍휼의 눈물은 현대에도 많은 사례를 볼 수 있다. 라일J. C. Ryle 주교는 조지 휫필드George Whitefield를 가리키며 이렇게 썼다. 사람들은 "그들의 영혼을 위해 많은 눈물을 흘리는 그를 미워할 수 없었다." 앤드류 보나르Andrew Bonar는 자신의 마흔아홉 번째 생일 일기에 이렇게 적었다. "저녁에 이 지역의 무정함 때문에 극심한 슬픔을 느꼈다. 그들은 사라져 가고 있는데, 사라져 가고 있는데도, 아무 신경도 쓰지 않는다. 누워서 그런 생각을 하니 잠도 오지 않고, 신음하며 주님께 울부짖는다." 처음에는 무디D. L. Moody를 비판했지만 무디의 설교를 들으러 갔다가 마음을 바꾼 버밍엄의 데일Dale 박사도 마찬가지다. 그 뒤로 그는 무디를 진심으로 존경하게 되었는데, 그가 "잃어버린 영혼을 이야기할 때면 그의 눈에 늘 눈물이 고였기" 때문이다.

오늘 서구 세계에 배교와 부도덕이 만연하는 것을 보고도 어찌 우리가 쏟아지는 눈물을 참을 수 있겠는가?

3. 질투의 눈물

내가 여기서 말하는 것은 그리스도인이 마땅히 품어야 할 거룩한 질투다. 이러한 "질투"는 하나님의 이름과 명예와 영광에 대한 강렬한 열정이다. 바로 이런 질투 때문에 시편 기자는 이렇게 말했다. "그들이 주의 법을 지키지 아니하므로 내 눈물이 시냇물같이 흐르나이다"(시 119:136). 그리고 바로 이런 질투 때문에 바울도 빌립보 교인들에게 쓴 편지에서 "눈물을 흘리며" "여러 사람들이 그리스도의 십자가의 원수로 행한다"고 말했다(빌 3:18).

하나님의 율법과 그리스도의 십자가를 너무나 사랑해서 그것들이 발에 밟히는 것을 보지 못하는 사람들이 있었다. 율법을 지키지 않아서 스스로 하나님의 율법의 원수가 된 이들, 다른 복음을 가르쳐서 그리스도의 십자가의 원수가 된 이들은 율법과 십자가를 소중히 여기는 거룩한 사람들의 눈에서 눈물을 흘리게 만들었다. 이보다 더 순수한 눈물은 없을 것이다. 거기에는 어떤 이기심이나 허영심도 없다. 이 눈물은 이 세상 그 무엇보다 하나님을 사랑하고, 하나님의 사랑이 퇴짜를 맞거나 하나님의 진리가 거절당하는 것을 눈물 없이는 볼 수 없는 사람들이 흘리는 슬픔의 눈물이다.

어찌 우리가 오늘의 세속 도시들을 걸으면서 눈물을 참을 수 있겠는가?

❖

성경이 분명히 보여주는 자연의 눈물과 은혜의 눈물을 보면서, 나는 우리가 덜 웃고 더 울어야 한다고, 그리스도인이라면 더 슬퍼해야 마땅하다고 믿는다. 그리스도인의 삶에는 웃음만 있고 눈물은 없다는 그런 가르침을 우리는 거부해야 한다.

제임스 앳킨슨James Atkinson 교수가 3년 전 런던에서 열린 영국성공회 복음주의 협의회Church of England Evangelical Council의 한 모임에서 강연하고 있었다. 그는 청중을 웃기려는 요량으로 영국성공회의 비신학적인 상황을 몇 가지 묘사했다. 그러고 나서 곧바로 이렇게 덧붙였다. "여러분과 저 사이에 차이가 있다면, 여러분은 웃고 저는 운다는 것입니다. 에라스무스는 플랑드르 와인을 더 요구했습니다. 물을 섞지 않은 걸로요. 루터는 밤새 울었습니다."

눈물이 사라진 현대인의 근저에 있는 근본적인 오류는 하나님의 구원 계획에 대한 오해다. 하나님의 구원 사역은 끝났다는, 구원의 유익을 온전히 누려야 한다는, 그리고 슬픔의 원인이 되는 더 이상의 아픔이나 고통이나 죄는 필요 없다는 그릇된 가정이다.

이것은 사실이 아니다. 하나님의 구원 사역은 아직 끝나지 않았다. 그리스도인들은 절반의 구원밖에 받지 못했다. 물론, 그리스도는 "다 이루었다"고 말씀하셨고, 그의 죽음과 부활로 이 땅에 오셔서 하신 일을 완수하셨다. 그러나 이 구원의 열매를 아직 다 거두지 못했다. 그리고 그 열매는 그리스도가 능력과 영광 가운데 다시 오시는 끝이 이르기 전까지는 다 거두어지지 않을 것이며, 다 거두어질 수도 없다. 타락의 참화는 이 세상에서도, 그리스도인들 안에서도 완전히 뿌리 뽑히지 않았다. 우리는 여전히 타락한 본성, 뿌리 깊은 부패를 지니고 있으며, 이 때문에 슬퍼해야 한다. 우리는 여전히 타락한 세상에 살고 있다. 고통과 죄가 가득하기에 슬픔이 가득한 세상에 살고 있다.

이런 것들이 보이지 않는가? 눈물을 흘리지 않는 눈은 보지 못한다. 그런 눈은 우리 자신 안에 그리고 나머지 인류 안에 있는 죄와 고통의 현실을 보지 못하는 눈이다. 따라서 눈을 감는다는 것은 세상의 이러한 현실에서 물러나는 것, 공상의 세계에서 사는 것, 아직 거두지 않은 최종 승리를 이미 거두었다고 가장하는 것이다.

더는 눈물이 없는 날이 올 것이다. 슬픔과 한숨이 사라지고, 하나님이 우리 눈에서 모든 눈물을 닦아 주실 그날이 올 것이다. 하나님 나라가 완성될 때, 새 하늘과 새 땅이 나타날 때, 하나님의 백성이 새롭고 영광스러워진 몸으로 온전히 구속받을 때, 죄와 죽음이 사라질 때, 그리될 것이다.

그리스도인으로 살아가면서, 그리스도가 이미 성취하시고 우리가 받은 승리로 인해 기뻐하자. 우리 죄를 용서받고, 그리스도인들과 교제하며, 성령이 내주하심을 기뻐하자. "하나님의 영광을 바라고" 즐거워하자(롬 5:2; 12:12; 벧전 1:5-8). 하나님의 최종 승리를 기대하는 것은 또 다른 기쁨의 원천이다. 눈물로 씨를 뿌리는 자는 기쁨으로 거둘 것임을 우리는 안다.

또 그때까지는 우리가 하나님의 구원의 시작과 끝 사이에, 승리의 시작과 완성 사이의 중간기에 산다는 사실을 기억하자. 우리는 디데이D Day와 브이데이V Day 사이, 많은 피와 눈물을 흘린 시간을 살고 있다. 죄와 고통과 슬픔은 계속된다. 그리스도인은 현실과 당위 사이의 긴장 가운데 사로잡혀 있다.

그러니 많은 시험 가운데 근심할지라도, 하나님의 최종 승리를 기뻐하자. 우리는 슬퍼한다. 그렇지만 항상 기뻐한다.

John R. W. Stott, "When Should a Christian Weep?,"
Christianity Today 14, no. 3 (November 7, 1969): 3-5.

8장

정말 나 자신을 사랑해야 할까?

나 자신을 사랑해야 한다고, 오늘날 많은 사람들이 한목소리로 합창하고 있다. 하나님 사랑과 이웃 사랑에, 그동안 너무 소홀했던 자기 사랑의 명령을 추가해야 한다는 것이다. 이 명령을 거부하면, 끔찍한 결과가, 좌절·우울·적개심·무력감 같은 온갖 것들이 닥친다는 것이다. 이 주제와 관련한 익히 볼 수 없었던 새로운 종류의 책들이 속속 등장하고 있다. 1976년 세실 오스본Cecil G. Osborne의 『자기 사랑의 기술』 *The Art of Learning to Love Yourself*, Zondervan, 1977년 레이 애쉬포드Ray Ashford의 『우리 자신을 사랑하기』*Loving Ourselves*, Fortress, 브라이언 제이 캐넌Brian Jay Cannon의 『너 자신을 찬양하라』*Celebrate Yourself*, Word, 월터 트로비쉬Walter Trobisch의 『너 자신을 사랑하라』*Love Yourself*, InterVarsity 같은 책들이다.

　이 주제로 칼럼을 쓸까 하고 있는데 먼저 존 파이퍼John Piper가 「자기애는 성경적인가?」*Is Self-Love Biblical?*라는 글에서 "자기애라는 종교에 작은 반대표"를 던졌다(『크리스채너티 투데이』 1977년 8월 12일, 6쪽을 보라). 나는 그가 쓴 글을 환영했지만, 그 다음 호의 독자 편지에 올라온 독자들의 지적도 환영했다. 이제 먼지가 좀 가라앉았으니, 다시 한번 바람을 일으켜 볼 때가 된 것 같다. 나는 부정적인 비판부터 시작하겠지만, 그다음에는 자기애를 옹호하는 사람들이 정말로 찾는 것이 무엇인지 긍정적이고 성경적으로 확인해 볼 것이다.

일부 저자들이 주장하는 방식, 곧 우리가 하나님과 이웃을 사랑하라는 명령을 받은 것처럼 자신을 사랑하라는 명령을 받았다는 말은 최소한 다음 세 가지 이유에서 지지할 수 없다.

첫째, 문법적으로 말해서, "네 이웃을 네 몸과 같이 사랑하라"라는 명령은 이웃과 나 자신을 모두 사랑하라는 명령이 아니라, 내가 나를 사랑하는 만큼 이웃을 사랑하라는 명령이다. 자기애는 성경이 명령하는 미덕이 아니라, 성경이 인정하고 우리에게 기준으로 삼으라고 말해 주는 인간성의 한 실상에 불과하다. 가장 좋은 해설은 "남에게 대접을 받고자 하는 대로 너희도 남을 대접하라"(마 7:12)는 황금률이다. 우리는 어느 상황에서든 '우리가' 어떻게 대접받고 싶은지 본능적으로 안다. 그러니 '다른 사람들'을 대할 때도 그렇게 하라는 것이다. 우리는 부분적으로 다음과 같은 이유에서 이것이 올바른 해석이라는 것을 확신할 수 있다. 십계명이 우리에게 하나님과 이웃에 대한 의무가 있다고 규정하고, 예수님이 하나님 사랑과 이웃 사랑이라는 의미에서 이 십계명을 요약하셨기 때문이다. 예수님은 "크고 첫째 되는 계명이요……둘째도 그와 같으니"라고 말씀하셨지, "둘째 계명과 셋째 계명이 같으니”라고 말씀하시지 않았다.

둘째, 언어학적으로 말해서, 여기 사용된 동사는 ‘아가파오’$^{agapa\bar{o}}$ 인데, ‘아가페’$^{agap\bar{e}}$ 사랑(C. S. 루이스를 통해 널리 알려진 용어)은 희생과 섬김이라는 요소를 항상 포함한다. 실제로, ‘아가페’는 다른 사람을 섬기기 위해 자신을 희생하는 것이다. 이는 우리가 하나님과 이웃 사랑을 추구할 때 굉장히 의미가 있다. 그런데 어떻게 자신을 섬기기 위해 자신을 희생할 수 있을까? 말이 안 되는 개념이다. ‘아가페’ 사랑은 자신을 향할 수 없다. 만약 그렇다면, 자신을 망가뜨리게 된다. 더는 자기를 희생하는 것이 아니라 자기를 섬기게 되는 것이다. 이것이 (에베소서 5:28, 29에서처럼) 어떤 경우에는 적절할 수도 있겠지만, 그러면 진정한 ‘아가페’는 아닐 것이다. 우리가 자기애라는 유행을 부적절하다고 거부해야 하는 이유는 하나님 사랑(우리를 향한 하나님의 사랑과 하나님을 향한 우리의 사랑)을 묘사하는 ‘아가페’라는 최고의 교리를 보존해야 하기 때문이다. 더 나아가, 주님이 말씀하신 새 계명은 우리가 자신을 사랑하는 것처럼 다른 사람을 사랑하라는 것이 아니라, 우리가 자신을 사랑하는 것보다 ‘더’ 사랑하라는 것이다. 곧 주님이 우리를 사랑하셨듯이 다른 사람을 사랑하라는 것이다(요 13:34).

셋째, 신학적으로 말해서, 성경은 “자기애” 곧 자신의 관심에 집중하고 자신을 섬기는 것을 미덕이 아닌 죄로 여긴다. 실제로, 그리스도의 초림과 재림 사이에 우리가 살고 있는 중간기인 “말세”의 특징이 사람들이 하나님을 사랑하는 것보다 자기를 더 사랑하는 것이다(딤후 3:2, 4). 물론, 여기 사용한 헬라어 단어의 의미는 다소 약해서, ‘필라우토이’^{philautoi}(자기를 사랑하는 사람들)와 ‘필로데오이’^{philotheoi}(하

　　　　　　　　　2부 그리스도의 제자

나님을 사랑하는 사람들)를 대조한다. 그럼에도, 당대의 악은 하나님에 대한 사랑을 자신에 대한 사랑, 곧 (맥락상) 돈과 쾌락에 대한 사랑으로 부적절하게 이용한 악이다. 폴 비츠[Paul Vitz]가 대담하고 통찰력 있는 책 『신이 된 심리학』[Psychology as Religion: The Cult of Self-Worship, Eerdmans, 1977]에서 "(자아실현을 통해) 자아를 예배하는 것은······ 기독교 용어로 말하자면, 무의식적 자기중심성이라는 흔한 동기에서 비롯된 우상숭배다"(93쪽)라고 말한 것은 성경적으로 옳다. 그는 이것을 "이기적 인본주의"라고 명명한다.

하지만 이 모든 것이 의문을 처리해 주지는 못한다. 이 모두는 의미론이라는 게임에 지나지 않을지도 모른다. 자기애를 옹호하는 사람들이 그 언어에 호도되어 있다는 사실과는 상관없이, 그들은 신학적으로나 심리학적으로 매우 중요한 주제, 곧 그리스도인의 자아상이 어떠해야 하는지에 관여하고 있다.

월터 트로비쉬가 그의 얇은 책 [『너 자신을 사랑하라』] 곳곳에서 "자기애"를 "자기수용"과 동의어로 사용한 것은 매우 의미심장하다. "자기수용이라는 긍정적 의미로 사용된 자기애는 자기도취나 자기성애와는 정반대다"(15쪽). 옳은 말이다. 하지만 그는 "자기애"라는 용어가 "자기수용"보다는 "자기중심성"을 의미할 수도 있다는 난점도 인정한다. 그는 요제프 피퍼[Josef Pieper]•를 인용한다. "사람이 자신을 사랑할 수 있는 정반대되는 두 방법이 있다. 이타적이거나 이기적이거나"(14쪽). 그렇다면, 똑같은 표현("자기애")을 정반대 개념에 사용한다면 정말 잘못된 것이 아닌가?

• 독일 가톨릭 철학자(1904-1997). 『사랑』(Über die Liebe, Kösel, München, 1972)의 저자

우리는 자기비하는 잘못되고 파괴적인 태도라는 데 동의할 수 있어야 한다. 인간을 프로그램화된 기계(행동주의자)나 부조리(실존주의자), 벌거벗은 유인원(인본주의 진화론자)으로 보는 사람들은 모두 하나님의 형상대로 창조된 인간을 폄하한다. 물론, 하나님께 반항한 우리는 심판을 제외하고는 아무것도 받을 자격이 없지만, 우리의 타락이 하나님을 닮은 성품을 완전히 망가뜨리지는 않았다. 더 중요한 점은, 우리가 하나님께 반항했지만, 하나님은 그리스도 안에서 우리를 사랑하고 구속하고 입양하고 재창조하셨다는 것이다. 앤서니 후크마 Anthony Hoekema가 그의 탁월한 책 『그리스도인의 자화상』*The Christian Looks at Himself*, Eerdmans, 1975에서 다음과 같이 쓴 것은 확실히 옳다. "하나님이 그리스도 안에서 우리를 받아들였다는 사실이 우리의 긍정적 자아상의 근본적 기초가 되어야 한다"(102쪽). 하나님이 우리를 받아들이셨다면, 우리도 자신을 받아들여야 하지 않겠는가?

따라서 우리는 "그(하나님)가 그렇게 선뜻 우리를 사랑하고 받아들이실 수 있다면, 우리에게 무언가 정말로 훌륭한 점이 있는 게 '틀림없다'"라는 세실 오스본의 말에 동의할 수 없다. 그는 이 "무언가"가 "그가 우리 내면 깊은 곳에 심은 그의 일부"라고 이야기했다(138쪽). 루터의 네 번째 논제를* 떠올리게 하는, 틸리케Thielicke가 쓴 다음 글이 진실에 훨씬 더 가깝다. "하나님은 우리가 가치 있어서 우리를 사랑하시는 것이 아니다. 하나님이 우리를 사랑하셔서 우리는 가치 있다."

- 95개 반박문의 제4 논제: 참된 참회는 자기를 미워하는 것이니 이것은 천국에 들어갈 때까지 지속할 것이다.

2부 그리스도의 제자

자신과 올바른 관계를 맺으려 할 때 우리가 직면하는 문제는, 우리 모두가 정서장애자라는 것이다. 우리는 한편으로는 타락의 산물이고, 다른 한편으로는 하나님의 창조와 그리스도의 재창조의 산물이다. 균형 잡힌 자아상과 자신에 대한 태도를 발전시키려면 이러한 신학 틀이 꼭 필요하다. 이 신학 틀은 우리를 자기수용을 넘어 더 좋은 것, 곧 자기가치의 확인으로 인도할 것이다. 우리는 하나님의 창조와 재창조의 은혜로 인한 내면의 모든 좋은 것을 인정하고, 우리의 타락으로 인한 내면의 모든 악을 가차 없이 부인하는 (곧 거부하는) 법을 배워야 한다.

우리가 아담 안에 있는 거짓 자아를 부인하고 그리스도 안에 있는 참 자아를 인정할 때, 우리는 나 자신이 아니라, 우리를 구속하신 하나님을, 그리고 우리의 이웃을 사랑할 수 있는 자유인이 된다는 것을 알게 된다. 그때 우리는 이기심 없는 하나님 사랑과 이웃 사랑 가운데서 자기 자신을 잃어버리게 될 때 비로소 자신을 찾게 된다는 그리스도인의 삶의 궁극적 역설에 도달하게 된다(막 8:35). 진정한 자기부인이 진정한 자기발견을 낳는다.

John R. W. Stott, "Cornerstone: Must I Really Love Myself?,"
Christianity Today 22, no. 15 (May 5, 1978): 34 – 35.

9장

나 자신을 사랑해야 할까, 미워해야 할까?

—

십자가는 자기애와 자기부인 사이의 길을 가리킨다.

나 자신을 어떻게 생각해야 할까? 나 자신에게 어떤 태도를 취해야 할까? 현대 사회에서 매우 중요한 질문인데, 또한 십자가를 언급하지 않고서 만족할 만한 답을 얻을 수 없는 질문이다.

수많은 현대적 영향들이 인간을 비인간화하고 무가치하게 느끼도록 만들었고, 그래서 낮은 자아상이 흔한 현상이 되었다. 정치적, 경제적 억압이 있는 곳에서 사람들은 모멸감을 느낀다. 인종적, 성적 편견도 똑같은 영향을 끼친다. 아놀드 토인비Arnold Toynbee가 표현했듯이, 과학기술은 사람을 "보드에 찍혀 컴퓨터 부품 사이를 돌아다니도록 설계된" 일련번호로 격하하였다. 생태학자 데즈먼드 모리스Desmond Morris는 인류는 동물과 다름없다고 말하고, 스키너B. F. Skinner 같은 행동주의자들은 외부 자극에 자동으로 반응하는 프로그램화된 기계에 불과하다고 말한다.

더 나아가, 경쟁 사회가 주는 압박 때문에 많은 사람들이 실패자처럼 느낀다. 물론, 사랑받지 못하고 인정받지 못한 개인적인 비극도 있다. 이 모두가 낮은 자아상의 원인이라고 할 수 있다.

이런 영향들에 대한 과잉반응으로 정반대 움직임이 인기를 끌고 있다. 자기존중감을 세우겠다는 칭찬할 만한 의지를 갖고 있는 이 운동은 인간 잠재력에는 사실상 한계가 없다고 말한다. 자신을 사랑해야 할 필요성을 강조하는 사람들도 있다. 폴 비츠는 통찰력 있는 그의 책 『신이 된 심리학』에서 "이기주의자의 은어"의 예로 다음 글을 인용한다.

"나는 나를 사랑한다. 나는 자만하지 않는다. 그저 나 자신의 좋은 친구일 뿐이다. 나는 나를 기분 좋게 만드는 일은 무엇이든 하고 싶다……."

그는 이 오행시도 예로 든다.

> 옛날 나르키소스라는 이름의 정령이 있었다네.
> 그는 자신이 아주 아름답다고 생각했네.
> 그래서 물속에 비친 자기 얼굴을
> 바보처럼 계속 바라보았네.
> 그의 어리석음은 오늘 우리에게도 남아 있다네.

흔한 실수

정반대의 설파가 세상에 가득하지만, 모세가 명령하고 예수님이 지지하신 "네 이웃을 네 자신과 같이 사랑하라"라는 말씀은 우리 자신을 사랑하라는 명령이 아니다. 세 가지 근거를 제시하려 한다.

문법적으로, 예수님은 둘째 계명'과' 셋째 계명이 이웃'과' 자신을 사랑하라는 것이라고 말씀하지 않으셨다. 오히려, 둘째 계명이 우리가 자신을 사랑'하듯이' 이웃을 사랑하라는 것이라고 말씀하셨다. 여기서 자기애는 (황금률처럼) 우리가 인정하는 (그리고 우리 행동에 활용하는) 현실이지만, 성경이 명령하는 미덕은 아니다.

언어학적으로, 아가페 사랑은 다른 사람들을 섬기기 위해 자기를 희생한다는 뜻이다. 따라서 자기를 대상으로 할 수 없다. 자신을 섬기기 위해 자신을 희생한다는 개념은 어불성설이다.

신학적으로, 성경은 자기애를 죄로 여긴다. 바울은 우리가 사는 말세의 한 가지 특징이 사람들이 "하나님을 사랑하는 것보다 더""자기를 사랑하는" 것이라고 썼다(딤후 3:1-4).

첫 번째 핵심: 자기부인과 십자가

문제는, 어떻게 자기혐오와 자기애를 동시에 버릴 수 있느냐는 것이다. 어떻게 하면 우리는 너무 낮거나 너무 높은 자기평가를 피할 수 있을까? 성경적 관점에서, 우리는 어떻게 자신에 대해 "지혜롭게 생각"할 수 있을까?(롬 12:3) 그리스도의 십자가가 답을 줄 수 있는데,

십자가는 자기부인과 자기긍정을 모두 요청하기 때문이다.

예수님이 자기를 부인하라고 말씀하신 것은 확실하다. "누구든지 나를 따라오려거든 자기를 부인하고 자기 십자가를 지고 나를 따를 것이니라"(막 8:34). 당시 로마인들은 모든 식민지에서 공개적으로 십자가형을 실시했는데, 팔레스타인에서도 예외가 아니었다. 십자가형을 선고받은 반역자와 죄인은 자기 십자가를 짊어지고 처형 장소로 가야 했다. 요한은 예수님이 "자기의 십자가를 지시고 해골이라 하는 곳에 나가시니"라고 기록했다(요 19:17). 따라서 자기 십자가를 지고 예수님을 따르는 것은 자기부인을 상징하는 생생한 이미지다. 그것은 "우리 자신을 처형 장소로 끌려가는 저주받은 범죄자의 위치에 두는 것이다"(스위트 H. B. Swete). 우리가 자기 어깨에 십자가를 지고 예수님을 따르고 있다면, 그를 따라가서 도달할 곳은 한 곳, 처형장밖에 없다. 디트리히 본회퍼 Bonhoeffer가 말했듯이, "그리스도가 한 사람을 부르실 때는 그에게 와서 죽으라고 명령하시는 것이다."

자기부인은 베드로가 세 번이나 예수님을 부인했을 때처럼 우리 자신을 대하는 것이다. 거기서 사용된 동사도 똑같다. 베드로는 예수님을 끊어 내고, 거부하고, 등졌다. 우리는 자기 자신에게 그렇게 해야 한다. 자기부인은 사탕, 케이크, 담배, 칵테일 같은 호사를 거부하는 것이 아니다(물론 그런 것들도 포함될 수 있다). 우리 마음대로 할 수 있는 당연한 권리를 포기하고, 자신을 부인하거나 거부하는 것이다. 바울은 십자가를 진다는 비유를 더 자세히 이렇게 설명한다. "그리스도 예수의 사람들은 육체와 함께 그 정욕과 탐심을 십자가에 못 박았느니라"(갈 5:24). 우리는 자신의 약삭빠른 자아를 그리스도의 십자가에 못 박았다.

두 번째 핵심: 자기긍정과 십자가

나는 독자 여러분이 마지막 두어 단락에 어떤 반응을 보였을지 궁금하다. 불편함을 느꼈을 거라고 생각한다. 그 내용이 자아에 대해 너무 부정적인 태도를 표현해서, 그리스도인을 관료주의자와 기술관료, 생태학자와 행동주의자와 일치시켜 인간을 비하하는 것처럼 느꼈을지도 모르겠다. 내가 쓴 내용이 틀렸다는 말은 아니지만(예수님도 그렇게 말씀하셨다), 이는 절반의 사실에 불과하다. 그 내용은 우리 "자아"가 전적으로 악해서 완전히 거부되어야 한다고, "십자가에 못 박아야" 한다고 암시한다.

하지만 성경에 나오는 또 다른 흐름을 간과해서는 안 된다. 예수님은 자기를 부인하라고 분명히 말씀하시면서, 다른 한편으로 자기를 긍정하라고(자기애와는 다르다) 요구하신다. 복음서를 읽는 사람은 아무도 예수님이 인간에게 부정적 태도를 보이셨거나 남들에게 그런 태도를 권하셨다는 인상은 받지 않을 것이다. 오히려 그 반대다.

첫째, 예수님이 사람에 관해 어떻게 '가르치시는지' 생각해 보라. 예수님은 사람이 하나님이 보시기에 "가치 있다"고 말씀하셨다. 새나 들짐승보다 "더욱 귀하다"고 말씀하셨다(마 6:26; 12:12). 이런 가치 판단의 근거는 무엇이었을까? 예수님이 구약에서 물려받으신 창조 교리였을 것이다. 우리 안에 있는 하나님의 형상이 우리에게 독특한 가치를 부여한다. 앤서니 후크마 교수는 『그리스도인의 자화상』이라는 탁월한 책에서 백인들이 심어 놓은 열등감에 저항하여 이런 현수막을 자기 방에 붙여 둔 젊은 흑인 이야기를 인용한다. "나는 나다. 하나님은 쓰레기를 만드시지 않으니 나는 훌륭하다."

둘째, 예수님이 사람을 대하신 '태도'를 생각해 보라. 예수님은 아무도 얕보지 않으셨다. 오히려, 세상이 경멸하는 사람을 존중하고, 세상이 거부하는 사람을 수용하셨다. 공공장소에서 여성에게 친절하게 말씀하셨고, 아이들이 다가오는 것을 막지 않으셨다. 사마리아인과 이방인에게 희망의 말씀을 해 주셨다. 나환자를 가까이하셨고, 창녀가 그의 발에 향유를 붓고 입 맞추게 허락하셨다. 가난하고 굶주린 사람을 섬기셨고, 사회에서 소외된 이의 친구가 되셨다. 인류를 향한 예수님의 사랑은 그의 이런 일들 가운데서 빛났다. 예수님은 사람의 가치를 인정하고 사랑하셨으며, 그 사랑으로 그들의 가치를 높여 주셨다.

셋째, 우리는 예수님이 사람을 '섬기고 죽으신' 것을 특히 기억해야 한다. 예수님은 섬김을 받으려 함이 아니라 섬기려 하고 자기 목숨을 많은 사람의 대속물로 주려고 오셨다(막 10:45). 인류를 위해 고난받고 죽으신 사건이야말로 예수님이 사람들에게 부여한 가치를 가장 확실하게 보여준다. 선한 목자 예수님은 잃어버린 양 한 마리를 찾아 구하려고 광야로 가시고, 자기 양떼를 위해 목숨을 버리셨다. 우리는 십자가를 바라볼 때만이 인간의 진정한 가치를 볼 수 있다. 윌리엄 템플William Temple이 표현한 대로, "내 가치는 내가 하나님께 얼마나 가치 있느냐에 달려 있는데, 그리스도가 나를 위해 죽으셨기에 그 가치는 말할 수 없을 정도로 크다."

역설을 해결하려면

지금까지 그리스도의 십자가가 인간 자아의 가치를 입증해 주는 동시에, 어떻게 자아를 부인하고 십자가에 못 박아야 하는지 보여주는 그림임을 살펴보았다. 이러한 성경의 역설을 어떻게 해결할 수 있을까? 자신을 소중히 여기면서 동시에 자신을 부인하는 것이 어떻게 가능할까?

우리가 이야기하고 있는 "자아"에 대한 개념 정의를 내리지 않고서, 자아에 대한 대안적 대토를 토론하고 개발하려고 시도하기 때문에 문제가 발생한다. "자아"는 전적으로 선하거나 전적으로 악해서, 완전히 가치가 있거나 완전히 부인해야 하는 단순한 실체가 아니다. "자아"는 선과 악, 영광과 수치를 모두 지닌 복잡한 실체이기에 우리는 좀 더 예민한 태도를 길러야 한다.

우리 존재(자아나 인격적 정체성)는 일부는 창조(하나님의 형상)의 결과이고, 일부는 타락(훼손된 형상)의 결과다. 우리가 부인하고 끊어내고 못 박아야 할 자아는 타락한 자아, 곧 예수 그리스도("자기를 부인하고 나를 따르라"고 명령하시는 예수님)와 양립할 수 없는 우리 안에 있는 모든 것이다. 우리가 가치를 확인하고 소중히 여겨야 할 자아는 창조된 자아, 곧 예수 그리스도(자기를 부인하여 자신을 잃어버릴 때 자신을 찾게 된다고 말씀하시는 예수님)와 양립할 수 있는 우리 안에 있는 모든 것이다. 진정한 자기부인(거짓되고 타락한 자아를 부인하는 것)은 자기파괴가 아니라 자기발견에 이르는 길이다.

따라서 창조에 의한 우리 모습은 어떤 것이든 긍정해야 한다. 이

성, 도덕적 의무감, 남성성과 여성성, 미적 감각, 예술적 창의성, 지구에 대한 청지기 정신, 사랑과 공동체에 대한 갈망, 하나님의 초월적 신비에 대한 인식, 하나님 앞에 엎드려 예배하고자 하는 내재된 욕구 등이 창조된 인간성의 일부다. 물론, 죄로 오염되고 왜곡되기는 했지만 말이다. 그리스도는 이런 인간성을 파괴하기 위해서가 아니라 구속하기 위해 오셨다. 그래서 우리도 긍정해야 한다.

반대로, 타락에 의한 우리 모습은 어떤 것이든 거부하거나 물리쳐야 한다. 부조리, 도덕적 악함, 성적 구별의 상실, 추악한 것에 대한 집착, 하나님의 은사를 개발하기를 거절하는 게으름, 환경오염과 환경 약탈, 공동체를 망가뜨리는 이기심, 악의, 개인주의, 복수심, 자만한 자율성, 하나님을 예배하기를 거부하는 우상숭배 등이 타락한 인간성의 일부다. 그리스도는 이런 인간성을 구속하기 위해서가 아니라 파괴하기 위해 오셨다. 그래서 우리도 부정해야 한다.

존엄성과 부패

따라서 자기이해에는 분별력이 반드시 따라야 한다. 나는 누구인가? 어떤 것이 나의 "자아"인가? 그 대답은 다음과 같다. 나는 하나님의 형상대로 창조되었기에 존엄성을, 타락하고 반항했기에 부패를 지닌 지킬과 하이드, 정서장애자다. 고상하면서 비열하고, 아름다우면서 추하고, 선하면서 악하고, 바르면서 왜곡되었고, 하나님의 형상이면서 마귀의 종이다. 창조로 인한 내 모습은 그리스도가 구속하기 위해 오신 진정한 자아요, 타락으로 인한 내 모습은 그리스도가 파괴하기 위해 오신 타락한 자아다.

우리 내면에서 각각의 모습을 분별할 때만이 악에 대해 어떤 태도를 취해야 할지 알게 될 것이다. 진정한 자아에 충실하고, 거짓 자아는 부정해야 한다. 창조로 인한 모습은 모두 용감하게 긍정하고, 타락으로 인한 모습은 모두 가차 없이 거부해야 한다.

더구나, 그리스도의 십자가는 두 가지 태도를 모두 가르쳐 준다. 한편으로, 그리스도가 우리를 위해 죽으셨기에 십자가는 진정한 자아의 가치를 측정해 준다. 다른 한편으로, 우리는 자아를 십자가에 못 박아 죽였기에 십자가는 거짓 자아를 부인하는 모델이다.

John R. W. Stott, "Am I Supposed to Love Myself or Hate Myself?: The Cross Points a Way between Self-Love and Self-Denial," *Christianity Today* 28, no. 7 (April 20, 1984): 26–28.

2부 그리스도의 제자

10장

노동에 대한 성경적 교리 회복하기

—

인간과 하나님의 협업은 모든 훌륭한 노동의 특징이다.

먼저 말해 둘 것이 있다. 성직자는 노동이라는 주제를 논하기에 가장 부적당한 사람이다. 성직자는 평생 단 하루도 일한 적이 없다는 사실을 다 알기 때문이다. 목사는 "일주일에 엿새는 안 보이고, 하루는 이해하기가 힘들다"라는 오래된 농담이 있을 정도다. 두어 해 전에, 약간 술에 취한 웨일스 공산주의자와 같은 기차에 탄 적이 있다. 그는 내가 목사라는 것을 알고 나서는, 이제부터 더는 국가에 기생하지 말고 생산적인 사람이 되어야 한다고 말했다.

우리는 일에 대해 어떤 태도를 취하는가? 대부분이 이런 생각을 한다.

달리 할 일이 없으면

일하는 것도 괜찮아.

특히나 지루한 일은

내가 가끔 회피한다는 걸

굳이 부인하지는 않겠어.

너도 그렇지?

하지만 대체로 이렇게 말하는 편이 옳지.

내 마음대로 할 수 있다면

굳이 그 일을 오늘 시작할 필요는 없겠지.

나는 일을 꽤 좋아하는 편이라니까!

일에 대한 "정통 관점"(또는 내가 일반 산업심리학 도서에서 읽은 그 비슷한 내용)이라고 불린 것, 산업심리와 경영실천의 기초가 (또는 같은 책에서 읽은 그 비슷한 내용이) 된 것이 "육체노동이 인간이 저지른 죄에 대한 형벌로 인간에게 부여된 저주라는 구약의 신념이다." 그 저자는 계속해서 이 관점이 최근 들어 바뀌었다고 쓴다. 하지만 그렇다고 해도, 이것은 성경에 대한 심각한 왜곡이다. 확실히 타락은 노동을 힘들고 단조로운 일로 바꾸어 버렸다. 땅이 저주를 받아 가시와 엉경퀴를 냈기에 땀을 흘려야만 경작할 수 있게 되었다. 하지만 노동은 타락의 결과가 아니라, 창조의 결과다. 타락이 노동의 기쁨을 파괴한 것이 아니라, 노동의 문제를 악화한 것이다.

그래서 우리는 성경적 노동관을 회복해야 한다. 하나님은 창세기 1-2장에서 자신을 일하는 존재로 계시하신다. 날마다 단계별로 창조

사역이 펼쳐졌다. 그리고 하나님의 형상을 따라 사람을 남자와 여자로 창조하실 때 그들도 일하는 존재로 만드셨다. 하나님은 사람에게 다스리게 하셨고, 땅을 정복하라고 말씀하셨다. 사람이 하나님을 대신하여 환경을 돌보게 하신 것이다. 그런 다음, 하나님은 동산을 만드시고 당신이 창조하신 사람을 당신이 만드신 그 동산에 두시고 경작하게 하셨다. 우리는 하나님과 사람에 대해 드러난 이 진실에 근거하여 성경적 노동 교리를 개발해야 한다.

첫째, 노동은 일하는 사람의 성취를 위한 것이다. "우리의 형상을 따라……사람을 만들고"와 "그들로……다스리게 하자"라는 창세기 1:26의 두 문장은 한 쌍이다. 우리에게 하나님의 형상이 있기에 하나님과 함께 다스린다. 그래서 창조적인 일에 대한 인간의 잠재력은 하나님을 닮은 인간성에 없어서는 안 될 부분이다. 노동이 없다면, 우리는 온전한 인간일 수 없다. (바쁘지 않고) 한가롭거나 (창조적이지 않고) 파괴적인 사람은 인간성을 부인하고, 따라서 자아성취를 박탈당할 것이다. "사람이 자기 일에 즐거워하는 것보다 더 나은 것이 없다"(전 2:24; 3:22). 고용주라면 특정 직업의 불편과 위험을 완화하기 위해 최선을 다해야 하지만, 그런 일조차도 어느 정도 직업적 만족을 줄 수 있다.

둘째, 노동은 공동체의 유익을 위한 것이다. 아담은 에덴동산을 경작하여 가족을 먹이고 입혔을 것이다. 성경은 남을 섬기기 위한 생산성을 강조한다. "젖과 꿀이 흐르는 땅"의 소산물은 가난한 사람들과 고아와 과부, 외국인들과 나누어야 했다. 바울은 도둑질하는 사람들에게 다시 도둑질하지 말고 "가난한 자에게 구제할 수 있도록" 일하라고 말했다(엡 4:28).

셋째, 노동은 하나님의 영광을 위한 것이다. 창조주 하나님은 의도적으로 자신을 낮추셔서 인간과 협력하기를 원하셨다. 세상을 창조하셨지만, 인간에게 세상을 다스리는 일을 맡기셨다. 동산을 만드셨지만, 동산을 돌볼 사람을 지정하셨다. 런던 토박이 정원사가 아름다운 꽃들을 보고 하나님을 경건하게 찬양한 사람에게 이렇게 말했다. "하나님이 처음 꽃들을 만드셨을 때 그 동산을 보셨어야 하는데……." 창조와 경작, 자연과 문화, 원재료와 손재주는 사실 하나다. 루터의 표현대로, "하나님은 여러분을 통해 친히 우유를 짜신다."

신인 협업이라는 개념은 모든 일에 적용된다. 하나님은 우리에게 의존하시려고 이 땅의 삶을 그렇게 조직하셨다. 인간 아기는 모든 생물체 중에서도 가장 무력한 존재다. 모든 아기는 진실로 주님의 선물이지만, 하나님은 "자, 이제는 네 차례야"라고 말씀하시면서 아기를 인간의 무릎에 내려놓으신다. 아이들은 여러 해 동안 부모와 교사를 의지한다. 우리는 평생 하나님을 의지하는 존재이지만, 성인이 되어서도 물질생활(의식주와 건강)은 물론이고 사회생활(문명화된 사회를 구성하는 모든 것)에서도 삶의 필수품을 서로 의지한다. 따라서 우리가 무슨 일을 하건, 그 일을 하나님이 인간을 성숙하게 이끄시는 과정에서 우리가—직접적으로나 간접적으로—협력하는 것으로 볼 수 있어야 한다. 이것이 하나님을 영광스럽게 한다. 몇 해 전에, 런던 항의 위생검사관장이 내게 편지를 보내서 자기 목적을 위해서 일하는 것은 만족스럽지 못하다고 했다. "저는 제가 인류 복지를 위해 봉사하고 놀라운 창조주의 뜻에 순종함으로써 더 큰 영역의 일부를 책임지고 있다고 생각하기를 좋아합니다."

그렇다면 하나님의 의도에 따르면, 다음과 같이 일을 정의할 수 있다. "일하는 사람에게는 만족을, 공동체에는 유익을, 하나님께는 영광을 주는 육체 또는 정신 에너지의 지불."

꼼꼼한 독자라면 내가 급여를 언급하지 않았음을 눈치챘을 것이다. 내가 정의하려는 것은 "고용"이 아니라 "노동"이기 때문이다. 모든 고용은 일이지만, 모든 일이 고용은 아니라는 점을 기억해야 한다. 아담은 동산에서 일한 대가로 돈을 받지 않았다. 가정주부는 집안일을 하고 자녀를 양육하는 대가로 돈을 받지 않는다. 수많은 사람이 짬을 내어 교회에서 자원봉사를 한다. 이것은 중요한 구분인데, 다음 달에 현대의 실업 문제에 대해 자세히 설명하면서 다시 다루려고 한다.

실업은 아주 큰 문제다. 영국에서는 전체 노동 인구의 6퍼센트가 실직 상태고, 미국은 7퍼센트, 캐나다는 8퍼센트다. 실업자로 등록되지 않은 사람과 "노동 인구 과잉"에 따른 불완전 고용을 포함하면 실제 비율은 더 높을 것이다. 최악의 타격을 입은 계층은 25세 이하 청년(영국 실업 인구의 44퍼센트에 해당한다), 흑인, 장애인, 비숙련 노동자다. 하지만 개발도상국가의 상황은 훨씬 더 열악하다. 서구의 평균 실업률 5퍼센트(약 1,700만 명)와 비교해 볼 때 개발도상국 노동 인구의 35퍼센트(약 3억 명)가 실직 상태로 추정된다.

John R. W. Stott, "Cornerstone: Reclaiming the Biblical Doctrine of Work," *Christianity Today* 23, no. 15 (May 4, 1979): 36 – 37.

11장

창조적으로 창조된 인간: 사람에게 일이 필요한 이유

—

사람이 중요한 경제 만들기

지난달에는 성경적 노동관에 대해 생각해 보았고, 실직이 증가하는 상황도 살펴보았다. 하지만 실업 문제는 통계가 아니라 사람의 문제다. 제3세계에는 물리적 생존을 위협하는 문제가 있고, 서구에는 심리적 트라우마 문제가 있다. 산업심리학자들은 실직을 사별에 비유하여 세 단계로 설명한다. 첫 번째 단계는 충격이다. "쓸모없다"(끔찍한 단어)는 판단은 자아상에 심대한 타격을 준다. 어떤 사람은 "즉시 모욕감을 느꼈다"라고 말했다. 그는 혼자 이렇게 생각했다고 한다. "나는 숫자로 전락했어. 나는 실업자야." 두 번째 단계는 우울과 비관주의다. 이쯤이면 저축도 거의 바닥나고 새 일을 찾을 수 있다는 전망도 암울하다. 무기력에 빠져든다. 이렇게 말한 사람도 있다. "하루 종일 뭘 하지? 나 혼자 침체되는 것 같아." 세 번째 단계는 체념이다. 장

　　　　　　　　　　　　　2부 그리스도의 제자

기 실업자의 경우에는 희망도 노력도 서서히 사라져 간다. 억울한 마음이 들고 낙담한다. 이런 사람들은 의기소침해지고 인격이 무너지기 쉽다.

전 세계에서 실직 문제가 악화 일로에 있다. 세계은행 총재 로버트 맥나마라^{Robert McNamara}가 "2000년에는 실업자 수가 60억에 이를 것"이라고 언급한 글을 보았다. 이런 급증세의 원인은 무엇일까? 부분적으로는, 개발도상국들이 산업적으로 발전하면서 그들의 철강, 조선, 원자재 산업과 서구의 산업이 경쟁하고, 많은 경우에 서구 산업을 대체하기 때문이다. 또 다른 이유는, 마이크로 전자공학(반도체)이 얼마 안 있어 산업혁명을 종결할 것이기 때문이다. 전문가들은 컴퓨터가 공장 운영을 대체하고, 무인 트랙터로 밭을 경작하며, 질병까지 진단할 것이라고 전망한다. 경제학자들은 인플레이션과 실업 문제를 동시에 해결할 수 있는 방법까지는 알려 주지 못하는 것 같다.

성경적 노동 교리의 관점에서, 그리스도인들은 현대 실업 문제에 어떻게 반응해야 할까? 나는 이 분야의 전문가는 아니지만, 세 가지를 제안하려 한다.

첫째, 실업을 대하는 태도를 바꾸어야 한다. 이른바 개신교 노동 윤리는 근면을 격려하지만, 살아남기 위한 전쟁에서 패한 사람들을 경멸하는 경향도 있다. 물론, 그들 중 일부는 확실히 게으름뱅이지만, 실업자의 대다수는 일하고 싶어 하는, 사회 제도의 피해자일 뿐이다. 그리스도인은 "쓸모없다"라는 트라우마로 괴로워하는 이들에게 더 큰 긍휼을 베풀어야 한다. 나는 최근에 런던에 있는 우리 교회에서 한 교인이 실직한 후에 다른 교인들이 직업을 물어볼까 두려워서 2년간 교회를 떠나 있었다는 사실을 알게 되었다. 아무것도 안 하고 있다는 것을 사람들이 알면 패배자가 된 느낌이 들 것 같았다고 했다. 그가 멸시와 거부감을 느낀 것은 그의 실패 때문이 아니라, 우리 잘못이 아닌가? 실직은 오명이 아니다. "누구든지 일하기 싫어하거든 먹지도 말게 하라"(살후 3:10)는 바울의 격언은 비자발적 실업자가 아니라 자발적 실업자에게 한 말로, 실직이 아니라 게으름을 정죄한 것이다. 따라서 우리는 실직자를 이해하고, 환대하고, 지지하고, 상담해 주어야 한다. 그렇지 않으면, 그리스도의 몸이라는 개념은 말도 안 되는 소리가 되고 만다.

둘째, 더 많은 일자리 창출을 요구해야 한다. 영국 정부는 세금 유인책, 지역 정책, 재훈련, 보조금 등을 통해 많은 일을 해냈다. 하지만 심각한 실업의 경우, 그리스도인은 더 많은 고용 기회를 만들기 위해 국회와 지방 정부, 기업가, 고용주, 노동조합에 주저 없이 압력을 행사해야 한다. 영국의 어떤 교회와 기독교 단체는 직접 일자리 창출에 나서기도 했다. 예를 들어, 영국 북부에 있는 포트랙 워크숍Portrack Workshop이라는 일터를 소개한 기사를 본 적이 있는데, 거기서 근무하는 장애인 45명은 장난감을 만들고 학교 책상을 수리한다.

셋째, 노동과 고용의 차이를 기억하고, 그에 따라 행동해야 한다. 사람을 의기소침하게 만드는 것은 고용 부족(돈을 받는 일자리가 없는 상태)이 아니라, 노동 부족(어떤 형태의 일이든 자신의 에너지를 사용하지 못하는 상태)이다. 물론, 하나님은 우리가 일해서 생계를 꾸리기 원하시고, 월급이 사람들에게 자존감을 주며, 실업 급여를 받는 사람들은 고용보험에 납입한 돈에서 자기 몫을 받고 있음에도 기생충 같다는 느낌을 받을 수 있다. 그럼에도, 다시 한번 내 요점을 강조하려 한다. 자긍심의 수단인 노동의 의미는 노동의 수입보다 훨씬 더 중요하다. 사람을 고용하여 땅을 파고 다시 메꾸는 일을 반복하게 하는 것은 월급은 줄지 몰라도 자긍심은 주기 어렵다. 돈을 못 버는 일일지라도 의미 있는 일을 하게 도와주면 자긍심을 줄 수 있다. 실업자도 얼마든지 시간과 에너지를 창조적으로 사용할 수 있다. 이런 구분은 점점 더 중요해질 텐데, 다가오는 사회 혁명에서 누구라도 예외일 수 없기 때문이다. 많은 사람들이 "일자리 나누기"가 완전 고용에 근접하는 유일한 방법이라고 생각한다. 초과 근무 제한 및 노동 시간 단축(아마도 일주일에 35시간 또는 심지어 30시간), 휴일 늘리기, 조기 은퇴가 더 많은 사람들에게 일자리를 줄 수 있다는 것이다. 그 최종 결과는 모든 사람이 더 여유를 즐기는 것이다. 하지만 사람들은 그 여가를 어떻게 보낼 것인가? 십계명의 넷째 계명은 일주일에 하루를 쉬라고 명령할 뿐 아니라, 나머지 엿새는 일하라고 말한다. 어떻게 해야 일주일에 30시간씩 엿새를 일할 수 있을까?

창조적인 여가 기회를 더 많이 개발해야 한다. 이것이 "노동"(급여를 받지 못한다 해도)의 진정한 형식이고, 끝없는 텔레비전 시청 시간에서 벗어나는 길이기 때문이다. 손수 집 고치기, 자가용 정비, 목공이나 금속 공예, 옷 만들기, 도예, 그림 그리기, 조각이나 글쓰기, 교도소 방문과 환자 방문 같은 사회봉사 활동, 정신장애나 신체장애가 있는 사람들 돕기, 글을 못 읽는 사람들에게 글 가르치기 등은 몇 가지 예에 불과할 뿐이다. 일거리는 무궁무진하다. 이를 실업 문제에 대한 중산층의 대응으로 일축하는 사람도 있을 것이다. 이른바 노동 계층, 특히 도심과 빈민가의 노동 계층에는 적절하지 않은 방식이라는 것이다. 그럴지도 모른다. 하지만 나는 인류는 창조적 존재로 창조되었다는 성경 진리에 호소하고 싶다. 게으른 사람은 자아를 찾을 수도, 하나님을 섬길 수도 없다. 우리의 에너지를 사용할 수 있는 창의적인 배출 수단을 찾아야 한다. 따라서 사람들에게 기술을 배우거나 연마할 만한 시설이 없고 그런 시설을 찾을 수 없다면, 교회가 그들에게 필요한 것을 제공해야 하지 않겠는가?

우리가 가진 에너지를 어떤 형식으로든 계속해서 봉사에 사용할 때에야 비로소 우리 자신에게 만족을, 다른 사람들에게 축복을, 하나님께 영광을 돌릴 수 있다.

John R. W. Stott, "Cornerstone: Creative by Creation: Our Need for Work," *Christianity Today* 23, no. 17 (June 8, 1979): 32-33.

2부 그리스도의 제자

12장

기독교 리더십의 다섯 가지 특징

오늘날 많은 사람들이 세상이 재앙으로 치닫고 있다고 경고하지만, 그 흐름을 막을 방법에 대해 조언하는 사람은 소수에 불과하다. 기술적인 노하우는 풍부하지만, 지혜가 부족하다. 사람들은 혼란과 당혹과 소외를 느낀다. 우리는 "목자 없는 양" 같고, 지도자들은 "맹인이 맹인을 인도하는" 형국일 때가 많다.

명석하고 용감하고 헌신된 지도자가 가정과 교회와 공동체에 절실히 필요하다. 경영서적들은 강한 지성과 성품과 개성을 갖춘 "타고난 리더"를 이야기한다. 하지만 미국의 흑인 교육학자 베니 굿윈 Bennie E. Goodwin에 따르면, "잠재적인 지도자는 타고나지만, 효과적인 지도자는 만들어진다." 또한 오스왈드 샌더스 Oswald Sanders의 표현을 빌리자면, 기독교 리더십은 "타고난 자질과 영적 자질을 합친" 것, 또는 타고난 재능과 영적 은사를 합친 것이다.

그렇다면, 일반적인 의미에서 리더십, 구체적인 의미에서 기독교적 리더십의 특징은 무엇일까? 어떻게 하나님의 은사를 개발하고, 리더십의 잠재력을 키울 수 있을까? 남들이 따를 만한 새로운 길을 개척하려면 무엇이 필요할까?

다섯 가지 핵심 요소를 제안하려 한다.

비전

"꿈"과 "비전", 꿈꾸는 사람들과 비전을 제시하는 사람들, 이 땅의 가혹한 현실과는 동떨어진 비현실적인 이야기로 들린다. 하지만 성경의 이 잠언은 사실이다. "비전이 없으면 백성이 방자히 행한다"(잠 29:18).

물론, 오늘날에는 좀 더 세속적인 표현을 사용한다. 경영 전문가는 장기 목표와 단기 목표를 세우라고 말한다. 정치인은 선거 공약을 발표한다. 군대에서는 군사 전략을 세운다. 하지만 "목표"라 부르건, "선언"이라 부르건, "전략"이라 부르건, 그것은 다 '비전'이다.

그러면 비전이란 무엇인가? 비전은 보는 행위, 통찰과 선견지명을 결합한 창의적인 인식이다. 좀 더 구체적으로는 (그리고 내가 이 단어를 사용하는 의미에서는) '현 상태'에 대한 깊은 불만족과 '얼마나 더 나아질 수 있는지'에 대한 분명한 파악이다. 현 상태에 대한 분노에서 시작하여, 적극적으로 대안을 추구하는 방향으로 발전한다. 둘 다 예수님의 공생애에 확실히 나타난 것들이다. 예수님은 질병과 굶주림,

죽음에 분노하셨는데, 이런 것들이 하나님의 목적에 위배된다고 보셨기 때문이다. 그런 까닭에 그는 긍휼히 여기셨다.

분노와 긍휼은 강력한 결합을 형성하는데, 비전과 리더십에는 없어서는 안 될 요소다. 성경 역사와 세속 역사 모두에서 풍부한 예를 찾을 수 있다. 모세는 이집트에서 동료 이스라엘인들이 가혹하게 억압받는 모습을 보고 깜짝 놀랐다. 그는 하나님이 아브라함과 이삭과 야곱과 세우신 언약을 기억하고, 인생 내내 약속의 땅에 대한 비전을 놓지 않았다. 느헤미야는 페르시아에서 포로로 있을 때 이스라엘 성벽이 무너지고 백성이 큰 고통 가운데 있다는 소식을 들었다. 그 소식이 그의 마음을 사로잡았고, 하나님은 그의 마음에 그가 할 수 있는 일과 해야 할 일을 알려 주셨다. 느헤미야가 "자, 예루살렘 성을 건축하여 다시 수치를 당하지 말자"라고 말하니, 백성이 "일어나 건축하자"라고 응답했다(느 2:17-18).

신약 시대로 건너가서, 초기 그리스도인들은 로마의 힘과 유대인의 적대감을 잘 알고 있었다. 하지만 예수님은 그들에게 "땅끝까지이르러" 그의 증인이 되라고 말씀하셨고, 그 비전이 그들을 변화시켰다. 예를 들어, 다소의 사울은 유대인과 이방인의 필연적이고 심각한 간극을 받아들이도록 교육을 받았다. 하지만 예수님은 그에게 복음을 들고 이방 세계로 가라고 명령하셨고, 바울은 "하늘에서 보이신것을 거스르지 아니했다." 실제로, 화해하고 한 몸이 된 새로운 인류의 비전이 이 사도의 마음과 생각을 온전히 사로잡았고, 그는 그 비전을 위해 수고하고 고난받고 죽음을 맞았다.

오늘날 우리는 마음의 눈으로 복음을 듣지 못한 세계 30억 인구를 본다. 가난한 사람들과 굶주린 사람들, 사회적 약자들, 정치적·경제적·인종적 억압을 당하는 사람들은 복음을 듣거나 그에 반응할 기회가 없었다. 우리는 그런 실상을 목격하지만, 과연 진정한 관심이 있는가? 현 상황은 보고 있지만, 어떻게 나아질 수 있는지도 볼 수 있는가? 복음을 듣지 못한 사람들에게 예수님의 복음을 전하고, 굶주린 사람들에게 먹을 것을 주고, 억압받는 사람들을 해방하고, 소외된 사람들에게 가정을 마련해 주어야 한다. 우리에게는 하나님의 목적과 능력을 볼 수 있는 비전이 필요하다.

근면

세상은 꿈꾸는 사람을 항상 조롱했다. 요셉의 형들은 서로 이렇게 말했다. "꿈꾸는 자가 오는도다! 자, 그를 죽여⋯⋯그의 꿈이 어떻게 되는지를 우리가 볼 것이니라"(창 37:19-20). 밤사이 꾼 꿈은 차가운 아침빛에 온데간데없이 사라져 버리기 쉽다.

그래서 꿈꾸는 사람은 생각하고 계획하고 행동해야 하는데, 그러려면 근면, 곧 고된 노동이 필요하다. 꿈꾸는 사람은 행동하는 사람이 되어야 한다. 19세기 스코틀랜드 작가 토머스 칼라일Thomas Carlyle은 프리드리히 2세 Frederick the Great•를 가리켜 천재는 무엇보다 "수고를 아끼지 않는 초월적 능력"을 의미한다고 말했다. 토머스 에디슨은 천재를 "1퍼센트의 영감과 99퍼센트의 노력"으로 정의하기도 했다.

• 1712-1786. 독일 프로이센 왕국의 국왕. 종교 관용 정책을 펼치고 사법 당국의 고문을 근절한 계몽군주. 플루트 연주의 재능도 겸비했다.

2부 그리스도의 제자

비전에 근면이 더해진 모습은 역사의 위대한 지도자들이 갖추었던 특징이다. 모세는 젖과 꿀이 흐르는 땅을 꿈꾸는 것만으로는 부족했다. 그는 이스라엘 백성을 잘 조직하여 위험하고 험난한 광야 길을 통과하여 약속의 땅에 이르기까지 인도해야 했다. 마찬가지로, 느헤미야도 성벽을 재건하라는 비전을 받았지만, 먼저 성벽을 재건할 재료와 성벽을 지킬 무기를 갖추어야 했다.

따라서 꿈과 현실, 열정과 실현 가능성은 늘 같이 간다. 꿈이 없으면 행동은 방향과 열정을 잃어버리지만, 근면과 실제적인 프로젝트가 없으면 꿈은 흔적도 없이 사라지고 만다.

인내

꿈을 꾸고 비전을 보는 것과 꿈을 행동 계획으로 옮기는 것은 전혀 다른 문제다. 그런데 반대에 부딪혔을 때 버티는 것은 또 다른 문제다. 반대는 늘 있기 마련이다. 행동에 옮기자마자, 반대 세력이 동원된다. 기득권 세력은 더 확고하게 자리 잡고, 경제적 이익에 위협을 느끼면 경고의 종을 울리며, 냉소주의는 "선을 행하는 사람들"의 어리석음을 비웃고, 무관심은 적개심으로 바뀐다.

하지만 하나님의 진정한 사역이라면 반대도 잘 헤쳐 나간다. 사역의 은은 정제되고, 사역의 철은 단단해진다. 물론, 비전 없는 사람들, 운동 가속도에 휩쓸려 가기만 하는 사람들은 곧 굴복할 것이다. 그래서 기성세대에 저항하는 청년층이 다음세대에는 보수적인 기득권층이 된다. 하지만 진정한 지도자는 다르다. 진정한 지도자에게는 시행

착오를 침착하게 받아들이는 탄력, 피로와 낙담을 극복하는 끈기, "걸림돌을 징검다리로 바꾸는" 지혜가 있다. 진정한 지도자는 비전과 근면에 끈기의 은혜를 더한다.

구약의 모세는 이번에도 남다른 본이 된다. 백성은 십여 차례나 그에게 "불평했고" 그가 처리해야 할 반란을 일으켰다. 사람들은 수시로 그의 지도력에 대해 불평하고 그의 권위에 반발했다. 바로의 군대가 이스라엘 백성을 위협했을 때, 마실 물이 없거나 쓴 물밖에 없을 때, 먹을 고기가 없을 때, 정탐꾼들이 돌아와서 막강한 가나안 요새에 대해 부정적으로 보고했을 때, 속 좁은 사람들이 그의 자리를 질투했을 때 그러했다. 얼마든지 더 보탤 수 있다. 지도력이 부족한 사람이라면, 그들을 포기하고 자기들끼리 알아서 하도록 내버려 뒀을 것이다. 하지만 모세는 달랐다. 그는 그들이 '하나님의' 약속으로 그 땅을 물려받을, '하나님의' 언약으로 세워진 '하나님의' 백성임을 절대 잊지 않았다.

신약의 사도 바울은 생의 마지막까지 자신의 이상을 변함없이 유지하고 자신의 기준을 타협하지 않고 지킨 인물이었다. 그도 격렬하고 폭력적인 반대에 부딪혔다. 매를 맞거나 돌에 맞고 옥에 갇히는 극심한 신체적 고통을 견뎌 내야 했다. 그의 가르침에 반대하고 그의 이름을 비방하는 거짓 선지자들이 뒤를 바짝 따라다녔기에 정신적인 고통도 견뎌 내야 했다.

외로움도 컸다. 그는 인생 마지막을 향해 가면서 "내가 처음 변명할 때에……다 나를 버렸다"(딤후 1:15; 4:16)고 썼다. 하지만 바울은 하나님이 구속하신 새로운 세상이라는 비전을 잃지 않았고, 그 비전

2부 그리스도의 제자

을 선포하는 일을 포기하지 않았다. 죽음 외에는 출구가 없는 지하 감옥에서도 이렇게 쓸 수 있었다. "나는 선한 싸움을 싸우고 나의 달려 갈 길을 마치고 믿음을 지켰다"(딤후 4:7). 사도는 끝까지 인내했다.

현대에는 윌리엄 윌버포스William Wilberforce보다 인내의 예를 더 잘 보여준 사람은 없을 것이다. 1833년 7월에 영국 상하 양원에서 노예제 폐지 법안이 통과됨으로써, 이 정치 지도자는 아프리카 노예들 편에서 45년간 매진한 노고의 정점을 목격했다. 레지날드 쿠플랜드 Reginald Coupland 경은 의회의 무관심을 깨뜨리기 위해서 사회개혁가가 되려는 사람은 "우선, 자신은 악덕이 없으면서 광신도의 미덕을 소유해야 한다. 그는 일편단심에, 사심이 없어야 한다. 반대와 조롱에 맞설 만큼 강하고, 방해와 지연을 견딜 만큼 견고해야 한다"고 썼다. 윌버포스는 그런 자질을 풍부하게 소유하고 있었다.

잊어서는 안 된다. 인내와 고집은 동의어가 아니다. 진정한 지도자는 비판에 휘둘리지 않는다. 오히려, 비판에 귀 기울이고, 그 내용을 저울질해 보고, 그에 따라 계획을 수정할 수도 있다. 하지만 그렇다고 해서 하나님이 그에게 명령하신 일에 대한 기본 확신이 흔들리지는 않는다. 어떤 반대나 희생이 따르더라도 굴하지 않는다.

섬김

우리는 그리스도인과 그리스도인이 아닌 사람이 이해하는 리더십이 동일하다고 가정해서는 안 된다. 비판적인 기독교의 눈으로 철저히 검토하지 않고서 세속의 경영 모델을 취해서도 안 된다. 예수님은 전

혀 새로운 형식의 리더십을 세상에 소개하셨고, 다음과 같이 새 리더
십과 옛 리더십의 차이를 표현하셨다.

"이방인의 집권자들이 그들을 임의로 주관하고 그 고관들이 그들
에게 권세를 부리는 줄을 너희가 알거니와 너희 중에는 그렇지 않을지
니 너희 중에 누구든지 크고자 하는 자는 너희를 섬기는 자가 되고 너
희 중에 누구든지 으뜸이 되고자 하는 자는 모든 사람의 종이 되어야
하리라. 인자가 온 것은 섬김을 받으려 함이 아니라 도리어 섬기려 하
고, 자기 목숨을 많은 사람의 대속물로 주려 함이니라"(막 10:42-45).

예수님을 따르는 이들 사이에서는 리더십은 주군의식과 동의어
가 아니다. 우리의 소명은 우두머리가 아니라 종이 되고, 주인이 아니
라 노예가 되는 것이다. 물론, 모든 지도자에게는 특정한 권위가 부여
되고, 그런 권위가 없다면 리더십은 불가능할 것이다. 예를 들어, 사
도들은 예수님이 주신 권위를 받아서, 교회의 가르침과 훈련에 그 권
위를 행사했다. 오늘날의 목사들은 사도가 아니며 사도적 권위를 보
유하고 있지도 않지만, "지도하는" 지위 덕분에 "존경"을 받고(살전
5:12-13) "순종"까지 받는다(히 13:17).

하지만 예수님은 통치하는 지도자의 권위가 아니라 섬기는 지도
자의 겸손을 강조하신다. 그리스도인 지도자는 권력이 아니라 사랑
으로, 힘이 아니라 모범으로, 강압이 아니라 논리정연한 설득으로 권
위를 끌어낸다. 지도자에게는 힘이 있지만, 그 힘은 겸손히 섬기는 이
의 손에서만 안전하다.

예수님이 지도자의 섬김을 강조하신 이유는 무엇일까? 리더십이
라는 직책의 중대한 위험이 교만이기 때문이다. 바리새인의 모델은

예수님이 세우고 계신 새로운 공동체에는 맞지 않다. 바리새인은 "아버지" "선생님" "랍비"라는 호칭을 좋아했지만, 이는 하나님(이런 호칭을 듣기에 합당하신 분)께는 모욕적이고, 기독교 형제에게는 파괴적이었다(마 23:1-12).

하지만 예수님이 섬기는 리더십을 강조하신 주요한 이유는 인간의 본질적인 가치와 관련이 있다. 인간의 본질적 가치는 자기를 희생하신 예수님의 사랑의 섬김 배후에 있는 전제이자, 기독교적 사고에서 핵심 요소다. 인류가 하나님을 닮은 존재라면, 인간을 착취하기보다는 섬기고, 조종하기보다는 존중해야 마땅하다. 오스왈드 샌더스가 말한 대로, "진정한 위대함, 진정한 리더십은 사람들을 자신에게 봉사하는 존재로 축소하는 것이 아니라, 그들을 위해 이타적으로 봉사하는 데서 성취된다."

리더십을 프로젝트와 프로그램의 관점에서 보는 위험도 있다. 프로젝트보다 사람이 우선이다. 사람은 "조종"이나 심지어 "관리"의 대상이어서는 안 된다. 관리는 조종보다는 덜 모욕적이지만, 두 단어 모두 '매누스'*manus*에서 파생했다. "손"을 뜻하는 이 단어에는 사람을 인격체보다는 재화로 "다룬다"는 뜻이 들어 있다.

섬김에 대한 이 모든 강조에서 제자는 오로지 선생을 따르고 본받아야 한다. 예수님은 만물의 주인이시지만, 만인의 종이 되셨기 때문이다. 그는 종의 앞치마를 두르고 무릎을 꿇고 앉아 사도들의 발을 씻겨 주셨다. 예수님께는 섬김 자체가 목적이었다.

이제 그리스도께서 당신처럼 하라고 우리에게 말씀하신다. 겸손으로 옷 입고, 서로 사랑으로 섬기라고 말씀하신다. 겸손과 즐거운 섬김이 드러나지 않는 리더십은 그리스도를 닮은 진정한 리더십이 아니다.

훈련

모든 비전은 사그라지는 경향이 있고, 비전을 품은 모든 사람은 낙담하기 쉽다. 겸손한 섬김이라는 기독교의 이상은 이론상으로는 아무 문제가 없지만, 현실에서는 불가능해 보인다. 그래서 이렇게 혼잣말을 하는 지도자도 있을지 모른다. "다른 사람들을 함부로 다루는 편이 훨씬 간편하겠어. 그렇게 하면 일을 처리할 수 있지. 목적이 선하다면, 어떤 수단을 채택하느냐는 것은 별로 중요하지 않잖아? 때로는 신중한 타협도 정당화될 수 있잖아, 그렇지?"

　지도자도 회반죽이나 대리석, 스테인드글라스로 된 존재가 아니라 평범한 인간이다. 성경에 나오는 위대한 지도자들에게도 치명적인 약점은 있었다. 그래서 타락하기도 했고 실수하기도 했다. 의로운 노아는 술에 취했고, 신실한 아브라함은 자신의 안위를 위해 아내의 순결을 위험에 빠뜨릴 만큼 비열했다. 모세는 분노를 표출했고, 다윗은 밧세바를 범한 한 차례의 도덕적 실수로 무려 다섯 계명(간음, 살인, 도둑질, 위증, 탐욕)을 어겼다. 예레미야의 자기연민은 그의 용기를 망가뜨렸다. 예수님이 이 세상에서 가장 위대한 사람으로 묘사하신 세례 요한은 의심에 사로잡혔다. 베드로의 성급함은 의심할 여지없이 그의 심각한 개인적 불안감을 가려 주는 은폐물이었다. 이처럼 성경의 위인도 다들 실패했는데, 우리에게 무슨 희망이 있을까?

그러므로 훈련을 받아야 한다. 훈련은 그리스도인 지도자의 마지막 특징이다. 일반적인 의미에서 자기훈련(열정과 시간, 힘 조절)뿐 아니라, 구체적으로 하나님을 기다리는 훈련 말이다. 지도자는 자신의 약함을 안다. 자신의 임무가 얼마나 중요하고, 반대가 얼마나 강력한지 안다. 하지만 하나님의 은혜가 얼마나 풍성한지도 안다.

성경에서 많은 예를 찾아볼 수 있다. 모세는 하나님을 찾았고, "사람이 자기의 친구와 이야기함같이 여호와께서는 모세와 대면하여 말씀하셨다." 다윗은 하나님을 자신의 목자요, 빛과 구원, 반석, 삶의 요새라고 고백했고, 고통의 시기에는 "하나님 여호와를 힘입고 용기를 얻었다." 사도 바울은 "육체에 [주신] 가시" 때문에 힘들었지만, 예수님이 "내 은혜가 네게 족하도다"라고 말씀하시는 것을 듣고는 약할 때 비로소 강해지는 것을 깨달았다.

하지만 역시 우리의 최고 모델은 주 예수님이시다. 예수님은 늘 사람들에게 곁을 내주신 것으로 알려져 있지만, 사실은 그렇지 않다. 무리를 멀리하신 적도 있었다. 급한 일이 중요한 일을 대체하도록 허용하지 않으셨다. 공생애의 분주함과 압박에서 주기적으로 물러나서 홀로 아버지와 만나시고 힘을 재충전하셨다.

하나님만이 "피곤한 자에게는 능력을 주시며 무능한 자에게는 힘을 더하시나니", "여호와를 앙망하고" 끈질기게 그를 기다리는 자는 "새 힘을 얻으리니 독수리가 날개 치며 올라감 같을 것이요. 달음박질하여도 곤비하지 아니하겠고, 걸어가도 피곤하지 아니하리로다"(사 40:29-31). 하나님의 얼굴을 찾는 훈련을 하는 사람들의 눈만이 늘 밝을 것이다. 그리스도의 십자가 앞에서 사는 사람들만이 내면의 불꽃이 끊임없이 타오를 것이다. 자기 힘이 강하다고 생각하는 지도자는 가장 불쌍한 약자요, 자신의 약함을 알고 인정하는 사람만이 그리스도의 힘으로 강해질 수 있다.

마지막 경고

리더십의 자질을 갖추고 있으려면 특히 두 가지 죄를 뉘우쳐야 한다. 첫째는 하나님의 명예를 훼손하는, 기독교 신앙과 양립할 수 없는 '비관주의'다. 우리는 타락, 그 가운데서도 특히 인간의 타락을 잊지 않는다. 우리는 악이 만연한 현실을 잘 알고 있다. 그리스도가 오셔서 온전한 통치를 세우시기 전에 이 사회가 완전해질 것이라고 상상할 만큼 우리는 어리석지 않다. 그럼에도, 우리는 하나님의 능력, 곧 개인을 변화시키는 복음의 능력과 사회를 변화시키는 (소금과 빛처럼 일하는) 하나님 백성의 능력도 믿는다. 그렇다면 우리는 순진한 낙관주의나 냉소적인 비관주의를 모두 버리고, 진지하지만 확실한 성경의 현실주의로 대체해야 한다.

우리가 회개해야 하는 두 번째 죄는 틀에 박힌 '평범함'과 그것을 받아들이는 행태다. 나는 특히 젊은이들에게 이렇게 말하고 싶다. "평범함에 만족하지 마십시오! 하나님이 당신에게 주신 온전한 잠재력에 미치지 못하는 것에 만족하지 마십시오! 하나님을 위해 야망을 품고 모험을 하십시오! 하나님은 여러분을 독특한 개인으로 만드셨습니다. 하나님이 친히 여러분을 창조하셨고, 당신의 작품을 낭비하는 것을 원치 않으십니다. 하나님은 여러분이 좌절하지 않고, 여러분 자신을 온전히 실현하기를 원하십니다. 여러분이 자신의 모든 존재와 소유를 하나님과 다른 사람들을 섬기는 일에 온전히 사용하는 것, 그것이 하나님의 목적입니다."

이 말은 하나님이 우리 각자 모두에게 어느 정도의 리더십을 부여하셨다는 뜻이다. 그렇다면 우리는 전심으로 하나님의 뜻을 찾고, 하나님이 우리 인생에 원하시는 것이 무엇인지 보여 달라고 간구하며, 천상의 비전에 신실하게 순종할 수 있는 은혜를 달라고—꼭 성공해야 할 필요는 없다—기도해야 한다.

그때에야 우리는 바울과 함께 "나는 선한 싸움을 싸우고 나의 달려갈 길을 마치고 믿음을 지켰으니"라고 고백할 수 있을 것이며, 모든 사람이 듣고 싶은 말씀을 그리스도의 입에서 들을 수 있을 것이다. "잘하였도다. 착하고 충성된 종아!"

John R. W. Stott, "What Makes Leadership Christian?,"
Christianity Today 29, no. 11 (August 9, 1985): 24 – 27.

13장

금하지 않으신 열매

—

권력, 지식, 정통, 신앙, 섬김이 진정한 그리스도인의 표지가 아닌 이유

지난 수년간 내게 특별히 의미가 있는 성경 본문이 있다. 약 20년 동안 이 본문을 날마다 기도 시간에 인용했다. 나는 이 말씀이 거룩함에 관심 있는 사람이라면 누구에게라도 가장 중요한 본문일 것이라고 생각하게 되었다. 내가 말하는 본문은 성령의 열매를 이야기하는 갈라디아서 5:22-23이다. "오직 성령의 열매는 사랑과 희락과 화평과 오래 참음과 자비와 양선과 충성과 온유와 절제니 이 같은 것을 금지할 법이 없느니라." 이 본문에서 사랑에 대해 다섯 가지를 확인할 수 있다.

첫째, 사랑은 기독교 최고의 은혜다. 바울 사도는 여기서 아홉 가지 성령의 열매를 명시하지만, 사랑이 가장 중요한 자리를 차지한다. 성령의 첫 번째 열매인 셈이다.

요즘 사람들은 성령에 대해 많이 이야기한다. 성령이 더는 삼위일체에서 소홀히 여겨지지 않는다. 많은 사람들이 성령의 극적인 임재를 주장한다. 오늘날 이렇게 쏟아지는 관심 때문에 성령님이 오히려 당황하시지 않을까 하는 생각이 들 정도다. 하지만 성령의 첫 번째 열매는 능력이 아니라, 사랑이다.

사람들은 그리스도를 따르는 사람들의 특징에 대해 다른 생각도 갖고 있다. 하나님의 자녀에게만 해당하는 독특한 특징을 물어보면, 어떤 사람들은 "진리, 정통, 바른 믿음, 성경 교리에 대한 충성, 보편적 신경들, 종교개혁 신앙고백들"이라고 대답한다.

물론, 어느 정도는 맞는 말이다. 계시된 진리는 거룩하고, 성경 교리는 반드시 필요하다. 우리는 [그리스도의 대속의 죽으심으로] 단 한 번에 성도들이 얻은 신앙을 지키기 위해 치열하게 싸워야 한다. 이 모두가 사실이지만, 그럼에도 바울은 다른 곳에서 이렇게 말한다. "내가……모든 비밀과 모든 지식을 알고……사랑이 없으면 내가 아무것도 아니요"(고전 13:2). 사랑은 지식보다 훨씬 크다.

참된 신자의 진정한 특징은 믿음이라고 대답하는 사람들도 있는데, 믿음으로만 우리가 의로워지기 때문이라고 한다. 루터가 이신칭의가 모든 기독교 교리의 주요 조항이라고 한 말은 옳았다. 16세기 영국의 종교개혁가 토머스 크랜머^{Thomas Cranmer}는 "이 교리를 부인하는 사람은 진정한 그리스도인으로 간주해서는 안 된다"고 말했다. 성공회 교인치고는 괜찮지 않은가! 현대 복음주의 진술도 인용할 수 있다. "믿음으로 인한 칭의는 하나님의 구원하시는 은혜라는 전체 성경의 핵심과 패러다임, 정수다." 맞는 말이다. '솔라 피데'^{sola fide}, 오직 은혜로, 오직 믿음으로. 종교개혁의 좌우명이 우리의 좌우명이 되어야 한다.

그럼에도, "산을 옮길 만한 모든 믿음이 있을지라도 사랑이 없으면 내가 아무것도 아니요"(고전 13:2). 은혜와 믿음의 대변자 바울은 사랑이 믿음보다 크다고 말한다.

"아니, 참된 신자의 진정한 특징은 종교적 체험에 달려 있다"고 말하는 사람도 있다. 이런 체험이 구체적이고 생생한 경우도 자주 있는데, 그런 체험이 모든 사람에게 나타난다고 주장하기도 한다.

어느 정도는 맞는 말이다. 종교적 체험은 매우 중요하다. 성령의 도우심으로 예수 그리스도를 통한 하나님 아버지와의 직접적이고 인격적인 관계는 진정한 그리스도인에게는 꼭 필요한 일부다. 성령은 우리가 하나님의 자녀임을 우리 영에 증언하신다. 말할 수 없는 기쁨과 충만한 영광 같은 것이 분명히 존재한다. 그럼에도, "내가 예언하는 능력(하나님의 직접 계시에 대한 주장)이 있어 모든 비밀과 모든 지식을 알고……사랑이 없으면 내가 아무것도 아니다"(고전 13:2). 사랑은 종교적 체험보다 크다.

아주 실용적인 사람들은 참된 신자의 진정한 특징은 섬김, 특히 가난하고 궁핍한 사람들에 대한 봉사라고 말한다. 이번에도, 이들의 확신은 옳다. 사랑과 섬김, 자선 활동 같은 선행이 없으면 믿음은 죽은 것이기 때문이다. 예수님은 섬김을 받으러 오신 것이 아니라 섬기러 오셨기에 예수님의 진정한 제자라면 우리도 섬겨야 마땅하다. 예수님이 가난한 사람들을 위해 싸우셨으니 우리도 가난한 사람들을 위해 싸워야 한다. 우리는 최근에 복음주의자들이 잠시 잃어버렸던

2부 그리스도의 제자

사회적 양심을 회복한 것에 하나님께 감사해야 한다.

그럼에도, "내가 내게 있는 모든 것으로 구제하고 또 내 몸을 불사르게 내줄지라도 사랑이 없으면 내게 아무 유익이 없다"(고전 13:3).

바울의 우선순위는 분명하다. 사랑이 세상에서 가장 크다. 가장 큰 두 계명이 주 우리 하나님을 온몸으로 사랑하고, 이웃을 우리 자신과 같이 사랑하라는 말씀인 것은 우연이 아니다. 하나님의 가장 내밀한 존재는 사랑이시기 때문이다. 성부, 성자, 성령은 자기를 희생하는 호혜적인 사랑 가운데 영원히 하나이시다.

나아가, 하나님은 우리에게 그 사랑을 부어 주시고, 아들의 모습으로 오셔서 십자가에 죽기까지 사랑하셔서 자신을 내어 주셨다. 성령은 하나님의 사랑을 우리 마음에 쏟아부어 주신다. 우리를 사랑하시는 그분께서 우리에게도 사랑하라고 말씀하신다. 사랑 없이는 거룩도 없다. 이것이 우리가 이 본문에서 배워야 할 첫 번째 요점이다.

둘째, 사랑은 기쁨과 평안을 가져다준다. 성령의 열매는 사랑과 희락과 화평인데, 그 순서가 매우 의미심장하다.

인간은 늘 행복과 기쁨과 평안을 추구한다. 토머스 제퍼슨Thomas Jefferson은 행복 추구가 양도할 수 없는 인권이라고 확신하여 그 내용을 미국독립선언에 넣고 그것을 자명한 진리라고 명했다.

하지만 그리스도인이 추가할 내용이 더 있는데, 행복을 추구하는 사람은 절대 그것을 찾을 수 없다는 것이다. 기쁨과 평안은 규정하기가 굉장히 힘들고 행복은 환상과 유령 같은 것이어서, 잡으려고 손을 내밀어도 이슬처럼 사라지고 만다. 하나님은 기쁨과 평안을 추구하는 사람들이 아니라, 그분을 추구하고 힘써 사랑하는 사람들에게 기쁨과 평안을 주신다. 기쁨과 평안은 다른 어디에서도 아니고, 사랑할 때만 찾을 수 있다.

우리는 이 사실을 자아실현이 유행하고 인간 잠재력 운동이 탄력을 받고 있는 오늘날 증언해야 한다. 미국심리학회 전 대표로 영향력을 미치고 있는 칼 로저스Carl Rogers가 그 시조라 할 수 있다. 그의 메시지는 대부분 자아의 잠재력을 실현하고, 무조건적인 자존감을 가지고 살아가야 할 필요에 초점을 맞추었다. 토머스 해리스Thomas Harris의 『마음의 해부학』I'm O.K., You're O.K. 같은 책이 그 강조점을 이어 갔다. 이런 관점이 예수님이 '우리 자신'을 사랑하라고 가르치셨고, 네 이웃을 네 몸과 같이 사랑하라는 둘째 계명은 자기를 사랑하라는 '명령'이라고 생각하도록 했다.

하지만 잠시 멈춰서 곰곰이 생각해 보면, 그렇지 않다. 성경에서 자기애는 죄와 동의어다. 자유로 가는 길이 아니다. 더군다나, 네 이웃을 사랑하는 것은 '아가페' 사랑이다. '아가페'는 하나님이든 사람이든 타인을 섬기기 위해 자신을 희생하는 것이다. '아가페'가 자기를 희생하는 것이라면, 어떻게 자아를 향할 수 있단 말인가? 나를 섬기기 위해 나를 희생할 수 있다는 말인가? 개념 자체가 잘못되었다.

그렇다. 예수님은 우리가 자신을 잃어버릴 때 비로소 자신을 찾을 수 있다고 말씀하셨다. 우리의 자기중심성이 죽을 때 우리는 살 수 있다. 섬길 때 자유를 얻는다. 사랑할 때 자연스러운 결과로 기쁨과 평

안이 따라온다. 사랑은 기독교 최고의 은혜요, 그 뒤에 기쁨과 평안이
따른다.

❖

셋째, 바울에 따르면, 사랑은 오래 참음과 자비와 양선을 낳는다.
다시 말해, 사랑은 로맨스도 에로티시즘도 아니다. 심지어, 순수한 감
정이나 느낌도 아니다. 사랑은 자기를 희생하는 섬김이다. 도스토옙
스키가 말한 대로, "행동하는 사랑은 꿈속의 사랑보다 훨씬 더 위대
하다."

사랑은 적극적이고 건설적이며 섬기고 희생한다. '사랑'이라는 단
어는 매우 추상적으로 들리지만, 구체적인 태도와 행동을 드러낸다.
소극적으로, 사랑의 특징은 화를 불러일으키고 까다로운 사람들을
오래 참고 인내하고 견디는 것이다. 오래 참음은 사랑의 본질적인 특
징이다. 교회에는 사사건건 요구하고 공격하는 사람들이 많다.

인내가 소극적인 자질이라면, 자비와 양선은 적극적인 요소다. 자
비는 사람들이 잘 되기를 바라는 것이고, 양선은 사람들에게 선행을
베푸는 것이다. 바울이 다른 곳에서 쓴 것처럼, 이 셋이 모두 사랑의
작용인데, 사랑은 오래 참고 온유하며, 우리가 사랑으로 서로 섬기기
때문이다.

인류를 사랑해야 한다고 주장하는 것은 아무 의미가 없다. 사람들
속으로 실제로 들어가 오래 참음과 자비와 양선을 베풀어야 한다.

넷째, 사랑은 자기제어로 균형을 맞추어야 한다. 마지막 세 가지 성령의 열매는 충성과 온유와 절제다. 이 셋에 자기제어의 다양한 표현이 담겨 있다. 충성은 우리가 한 약속을 지키고, 우리의 책임을 다하는 것이다. 온유는 약함과는 다르다. 힘을 길들이고 에너지를 조절하는 것이다. 절제는 충동을 훈련하고 열정을 다스리는 것이다.

부처는 "싸움터에서 백만 군대를 이긴다고 해도 자기 자신을 정복한 사람이 가장 위대한 정복자"라고 말했다. 하지만 우리는 자기억제, 자기극복, 자기제어에 대해 얼마나 아는가?

자기를 제어하는 법을 배우지 못하고서는 사랑한다고 제대로 말할 수 없다. 자아가 다른 사람을 섬길 수 있으려면, 먼저 그 자아를 정복해야 한다. 그래서 나는 성령의 열매가 자기희생으로 시작해서 자기제어로 끝나는 것이 의미가 있다고 생각한다.

❖

마지막으로, 사랑은 내주하시는 성령의 초자연적 사역의 자연스러운 결과—열매—다.

성령의 열매는 바울이 갈라디아서에서 육체와 성령을 대조하는 맥락의 중간에 등장한다. 육체의 일은 음행과 분냄과 자기중심성인 반면, 성령의 열매는 사랑과 희락과 화평 등이다.

바울이 말한 '육체'는 뼈대를 둘러싸고 있는 부드러운 근육 조직

2부 그리스도의 제자

이 아니라, 자기중심성으로 부패하고 더럽혀지고 왜곡된 타락한 인간 본성을 뜻한다. 그가 말한 '영'은 거듭날 때 우리 내면에 오셔서 거하시는 성령, 그 내주하심과 능력으로 타락한 인간 본성을 다스리시고 그 자리에 성령의 열매, 곧 사랑과 희락과 화평을 맺게 하시는 영을 뜻한다.

인간의 경험과 성경에서 알 수 있듯이, 우리 내면에는 양립할 수 없는 두 세력이 존재한다. 이 둘이 우리 안에 다툼을 일으킨다. 육체는 우리를 무너뜨리고, 성령은 우리를 일으켜 세우신다.

이 싸움에서 누가 주도권을 잡느냐는 우리가 양쪽을 대하는 태도에 달려 있다. 갈라디아서 5:24에 따르면, 우리는 육체와 함께 그 정욕과 탐심을 십자가에 못 박았다. 물론, 바울은 여기서 문자적인 의미를 의도하지는 않고, 우리를 다스리려는 타락한 본성의 주장을 가차 없이 거부해야 한다는 뜻으로 말하고 있다. 다음 절에 따르면, 우리는 성령으로 행하고, 성령과 동행하며, 성령의 내주하시는 능력과 통제에 날마다 복종해야 한다. 바울은 육체를 십자가에 못 박고 성령과 동행하라고 말한다.

양치기 개를 두어 마리 둔 캘리포니아 어느 목동 이야기를 읽은 적이 있다. 근처 산맥을 등산하던 사람이 우연히 그 목동과 어울리게 되었는데, 양치기 개 두 마리가 늘 싸우는 것을 발견했다. 그가 목동에게 물었다. "대개 두 마리 중에 어느 쪽이 이기나요?" 목동이 대답했다. "잘 먹이는 쪽이죠."

우리가 새 본성을 잘 먹이고 옛 본성을 굶기면, 새 본성이 옛 본성에 우위를 차지할 것이다. 바울이 여기서 사용한 비유는 이것이 아니다. 그는 농사의 비유를 선호한다. 실제로, 그가 갈라디아서 5:22에서 성령의 열매를 언급하면서, 6:8에는 우리가 성령을 위해 '심으면' '심은' 대로 거둘 것이라고 말한다. 우리가 성령의 열매를 맺을지 말지는 성령을 위해 심느냐에 달려 있다.

❖

우리가 성령을 위해 심어 열매를 맺게 되는 씨앗을 청교도들은 은혜의 수단을 훈련하여 잘 사용하는 것이라고 했다. 곧 날마다 기도하고, 성경을 묵상하고, 정기적으로 회중 예배와 성찬에 참여하고, 기독교 서적을 읽고, 그리스도인 친구를 사귀고, 기독교 봉사에 참여하는 것이다. 이런 은혜의 수단을 활용함으로써 우리는 은혜 가운데 성장하고, 우리 안에 계신 성령이 아름다운 거룩함의 열매를 맺으실 수 있다.

내가 존경하는 한 사람인 찰스 시므온Charles Simeon은 이런 면에서 내게 가르침을 주었다. 시므온은 54년 동안 케임브리지 성삼위 교회 Holy Trinity Church 목사로 있었다. 그는 케임브리지 대학교 학생들에게 여러 세대에 걸쳐 막대한 영향을 끼쳤고, 영국성공회의 면모를 바꿔 놓았다.

사역을 시작할 무렵, 그는 천성이나 기질이 몹시 모난 신사였다. 화를 잘 내고, 자존심이 강하고, 성미가 급했다. 그의 전기 작가들 중 한 사람은, 그가 영국 선교의 지도자 헨리 벤Henry Venn을 처음 방문했을 때 그의 장녀 넬리가 이렇게 썼다고 기록한다. "시므온 씨의 표정

2부 그리스도의 제자

과 태도보다 더 우스꽝스러운 것은 생각할 수 없다. 그의 찡그린 표정은 상상할 수 있는 그 어떤 것도 초월했다. 그가 떠나자마자, 우리는 모두 서재에 모여 큰 웃음을 터뜨렸다."

하지만 아버지는 딸들을 정원으로 불러 모았다. 아직 초여름이었지만, 그는 딸들에게 덜 익은 복숭아를 하나씩 따 오라고 시켰다. 딸들이 놀란 기색을 하자 그가 말했다. "얘들아, 아직 복숭아가 덜 익었으니 기다려야겠지. 하지만 햇볕을 조금 더 쬐고 비가 몇 번 더 오면, 복숭아가 잘 익어서 단맛을 낼 거야. 시므온 씨도 마찬가지란다." 성령이 그의 내면에서 일하기 시작하면서, 그의 성품과 행동은 아름답게 단련되고 변화되었다.

물론, 길고 변화무쌍한 세계 역사에서 성령의 열매를 완벽하게 맺은 이는 나사렛 예수, 한분뿐이다. 성령의 열매가 사랑이라면, 그는 인류 역사를 전무후무하게 사랑하셨다.

사랑과 희락과 화평은 예수님의 삶의 특징이었다. 예수님은 오래 참으시고, 자비로우시며, 선행을 많이 베푸셨다. 미쁘시고, 온유하며, 완벽한 절제를 보여주셨다. 모욕을 당해도 보복하지 않으셨다. 자신을 철저하게 제어하셨다.

진정한 의미에서, 성령의 열매는 그리스도를 닮는 것Christlikeness이다. 바울은 고린도후서 3:18에서 이렇게 썼다. "우리가……그와 같은 형상으로 변화하여 영광에서 영광에 이르니 곧 주의 영으로 말미

암음이니라." 그리스도를 닮은 거룩함이야말로 여러분과 나를 위한 하나님의 목적이다. 이것이 오랜 세월 나의 개인적인 목표였고, 죽을 때까지 내 목표로 남기를 바란다. 바울은 우리 모두가 성령으로 충만하기를 기도하는데, 성령이 충만하면 성령의 열매를 맺기 때문이다.

John Stott, "Meditation: The Unforbidden Fruit,"
Christianity Today 36, no. 9 (August 17, 1992): 34 - 36.

3

교회의 선교

14장

그리스도인과 무슬림

—

신학적 장벽도 있지만 문화적 장벽도 많다.

세계 무슬림 인구는 6억에서 7억 사이로* 이슬람은 다른 어떤 종교보다도 복음에 반대한다. 무슬림들은 이슬람을 기독교보다 우월하다고 생각한다. "기독교가 유대교를 대체했듯이, 이슬람이 기독교를 대체했다"고 그들은 말한다. 이제는 서구에서도 이슬람 신앙이 부상하고 있다. 예를 들어, 미국 무슬림 학생 연합Muslim Students' Association은 117개 캠퍼스 그룹이 있다고 주장하고, 영국 아마디야Ahmadiyya*공동체는 "헌신된 그리스도인들"을 포함하여 영국을 "전도하는" 프로그램에 200만 달러를 투자하고 있다.

동시에, 사회 변화의 시기에는, 무슬림들 사이에서 복음에 새로이

- 2020년 현재는 약 20억 명이다.
- 19세기에 영국령 인도(펀자브)에서 시작된 이슬람 개혁운동

마음을 여는 경우도 있다. 그래서 우리는 지난 10월 15-21일에 콜로라도스프링스에서 열린 무슬림 복음화 북미 회의North American Conference on Muslim Evangelization의 결과물이 굉장히 기대된다. 북미 로잔 위원회North American Lausanne Committee와 국제월드비전World Vision International이 공동후원하고 도널드 매커리Donald McCurry*가 주관한 이 회의에는 무슬림 세계 복음전도에 관심 있는 핵심 인물 150명이 모였다.

중동에서 무슬림과 가장 큰 접촉점을 가진 기독교는 그곳에서 유구한 역사를 가지고 있는 정교회 교회들이라 할 수 있다. 하지만 일반적으로 이 교회들은 전도를 자신들의 임무로 여기지 않는다. 두어 달 전에 이 지역의 한 정교회 대주교가 내게 "우리는 1,300년 동안 이슬람과 아름답게 공존하고 있다"고 말했다. 그는 그런 평화로운 공존이 계속되기를 바랐다. 하지만 그 공존이 마을마다 전도지를 뿌리고 있는 "개신교인들"(여호와의 증인까지 포함할 만큼 매우 폭이 넓다) 때문에 흔들리고 있다. 그래서 그의 교회는 그들이 "다른 편(이스라엘) 운동원"이라고 자기네 내부부에 설명해야 했다. 중동의 정교회 교회들은 빛은 비추지만, 전도는 하지 않았다. "그 빛을 통해 그리스도께 온 무슬림이 있습니까?" 내가 물었다.

"많은 사람들이 성경을 사서 읽고, 그리스도인이 되기를 원합니다. 그렇지만 금지되어 있습니다."

"세례가 금지되어 있다는 말씀이신가요? 비밀 개종도 없습니까?"

"그렇지요. 개종 자체가 없습니다. 정부에서 개종을 허락하지 않

* 18년 동안 파키스탄에서 무슬림을 대상으로 선교를 한 선교사이자 이슬람 선교 전문가. 이슬람 선교 및 연구기관, The Zwemer Institute of Muslim Studies(1979), Ministries to Muslims(1988)를 설립했다.

으니까요."

"대주교님 말씀은 정부가 공개적인 개종을 허락하지 않는다는 뜻으로 알겠습니다. 하지만 정부가 성령의 사역을 법으로 규제할 수는 없지 않습니까?" 하지만 그는 내 주장을 인정하지 않았다.

무슬림 복음화를 전혀 기대할 수 없는 정교회에도 예외적인 인물이 있다. 찰스 말리크Charles Malik 박사가 그렇다. 그는 『크리스채너티 투데이』 독자들에게는 기고자로, 또 유엔 총회 전 의장으로 잘 알려져 있다. 그는 최근에 베이루트 아메리칸 대학교American University of Beirut 철학 학과장에서 은퇴했다. 그는 자신의 집을 설계한 건축가에게 "나는 삼위일체를 믿는 그리스도인이니, 이 점을 건물에 반영해 주기를 바란다"고 말했다고 한다. 그는 칼케돈 신경도 믿었다. 그래서 그의 집 한쪽 벽에는 창문 셋을 냈고, 각 창문에는 세 개의 틀을 짜 넣었다. 그리고 다른 쪽 벽에 낸 창문들에는 돌 두 개(그리스도의 두 본성을 상징한다)가 가운데 십자가를 떠받치는 디자인을 했다.

우리는 뜨거운 태양이 내리쬐는 테라스에 앉아서 멀리서 간간이 들리는 불안한 총소리에 귀를 연 채 터키 커피를 마시고 있었다. 그 칼케돈 창문들 아래에서 말리크는 레바논에서 기독교를 전해야 할 필요성에 대해 열정적으로 말했다. "아프리카나 아시아 어디에도 이런 곳은 없습니다. 우리 레바논 도시들의 토양에는 오랜 기독교 전통이 깊이 뿌리내리고 있습니다. 서방 정부들은 아랍 석유 때문에 기독교 문화가 파괴되는 것을 방관할 정도로 지혜가 바닥난 것은 아니겠지요?" 나는 그에게 어떻게 하면 예수 그리스도가 무슬림 세계에 스며들 수 있을지 물었다. "고난을 감내하는 겸손한 선교사들이 필요합니다. 거기서 살면서 증언하고 함께 고난받고 죽을 수 있는 선교사들이지요. 그 방법밖에는 없습니다." 그가 대답했다.

나는 무슬림 복음전도에 대한 복음주의자들의 자세에서 신학적, 문화적으로 새로운 정서를 감지할 수 있다. 내 생각에 무함마드와 이슬람에 격렬하게 반대하던 옛 시대는 끝난 듯하다. 성경과 코란, 예수와 무함마드의 정면 대결도 가장 실효성 있는 접근법은 아닐 것 같다. 오히려, 둘 사이에 다리를 놓으려는 겸손한 마음이 있다. 케네스 크래그Kenneth Cragg 주교는 "코란의 기독교적 가능성"과 복음과 양립할 수 있는 이슬람 요소들의 "전환 가능성"을 이야기한다. 그는 무슬림들에게 "그리스도야말로 그들의 논리적 귀결"이라고 설득하기 원한다. 중동 국적의 또 다른 한 형제는 성경의 핵심은 어떤 것도 타협하고 싶지 않지만, 그는 자신이 보기에 유대교와 기독교와 이슬람이 공유한다고 생각하는 "일곱 가지 근본 원리"를 개발했다. 하나님이 인간을 창조하시고 사랑하신다, 인간은 죄로 인해 하나님과 멀어졌다, 행위가 아니라 믿음으로만 죄를 없앨 수 있다, 예수님은 우리를 구속하기 위해 죽으시고 부활하신 구주다 같은 진리가 그 원리에 포함되어 있다. 그리고 그는 이 일곱 가지 명제들을 토라(율법), 자부르(시편), 인질(신약), 코란•에서 가져온 적절한 인용 구절들로 뒷받침한다.

• 이슬람은 유대교의 토라와 시편, 기독교의 신약을 자기네 경전으로 인정한다.

❖

그렇지만, 무슬림이 예수님을 믿지 못하게 가로막는 가장 큰 장벽은 신학의 장벽보다는 문화의 장벽이다. "사람들은 복음이 가짜라서가 아니라, 복음을 낯설게 느끼기 때문에 거부한다. 그들은 그리스도인이 되려면 자기 문화를 포기하고, 자기 정체성을 잃어버리고, 자기 민족을 배신해야 한다고 생각한다"(파사데나 선언Pasadena Statement, 1977). •
무슬림들에게 "그리스도인"이라는 단어는 그들이 가장 혐오하는 것들—잔인한 십자군 원정들에 대한 기억, 서구의 물질주의와 도덕적 부패, 시온주의 제국주의에 대한 옹호—을 연상시킨다. 그들에게 이슬람 유산을 배신하는 것은 상상할 수도 없는 일이다. 그리스도인이 되는 것은 배신일 뿐 아니라 반역이다. 사형받아 마땅한 일이다. 따라서 문제는 복음을 제시하는 전혀 새로운 방법을 개발할 수 있느냐 하는 것이다. 우리는 "새로운 개종자들이 그리스도 때문에 포기해야 할 것이 아무리 많다 하더라도, 그들은 여전히 똑같은 유산과 똑같은 가족이 있는 똑같은 사람이다"(윌로우뱅크 보고서Willowbank Report)라는 사실과, "개종은 파괴가 아니라 재건"(케네스 크래그)이라는 사실을 보여줄 수 있는가? 개종자가 자신의 이슬람 문화를 포기하지 않고 스스로 배신자라고 느끼지 않고도 예수의 제자가 되는 것이 가능한가? 우

- 1977년 5월 31일부터 6월 2일까지 캘리포니아 파사데나에서 열린 콜로키움(The Colloquium on the Homogeneous Unity Principle)에서 발표되었다. 복음과 문화의 관계에 관한 네 가지 원칙—문화의 다양성 인정, 복음은 문화의 다양성을 파괴하면 안 되며 오히려 보존해야 한다, 지역 문화의 "토양에 뿌리내리고 있는" 존재로서의 교회의 타당성과 중요성, 타락(창세기 3장)이 문화에 끼친 영향—을 이 선언에 담았다. Alister Chapman, *Godly Ambition: John Stott and the Evangelical Movement* 참고.

리는 교회 대신 예수 모스크Jesus mosques, 그리스도인 대신 예수 무슬림 Jesus Muslims을 생각할 수 있는가? 파사데나 선언에도, 지난 10월에 열린 대회에서 씨름해야 했던 것들과 같은 이러한 근본적인 질문들이 들어 있다.

하지만 신학적 가교도, 문화적 감수성도 그 자체로는 무슬림을 예수 그리스도께 인도할 수 없다. 무슬림의 마음을 얻는 유일한 길은 사랑이다. 어느 이집트 그리스도인이 조금은 엉성한 영어로 내게 말했다. "우리 그리스도인들은 1,000년 넘게 이 나라에서 무슬림과 함께 살아왔지만, 여전히 그들의 종교를 혐오하고 경멸합니다. 우리는 적극적인 사랑으로 우리의 기독교 정신Christianship을 보여주어야 합니다."

이슬람에서 기독교로 개종하여 지금은 이란 성공회 주교인 하산 데카니-타프티Hassan Dehqani-Tafti는 그의 자서전 『내 세계의 설계』Design of My World, 1959에서 이 점을 훌륭하게 표현했다. "말만 가지고는 무슬림을 십자가 아래로 데려올 수 없다.……그리스도인들은 자기 삶에서 어떻게 기독교가 하나님의 사랑을 구현하는지를 보여주어야 한다. 그리스도를 따르게 된, 내가 아는 대부분의 무슬림은 그리스도인 친구의 희생적인 삶과 사랑 덕분에 개종하게 되었다. 당신이 무슬림을 개인적으로 사랑하지 않는 한, 그들을 그리스도께 인도할 수 없다."

John R. W. Stott, "Cornerstone: Christians and Muslims,"
Christianity Today 23, no. 5 (December 1, 1978): 34-35.

3부 교회의 선교

15장

세계 복음화 전쟁

친애하는 아서 존스톤Arthur Johnston 형제에게

그리스도의 이름으로 문안드립니다. 우리는 많은 관심사를 공유하는 좋은 친구 사이입니다.

귀하가 최근에 펴낸 『세계 복음화 전쟁』Battle for World Evangelism, Tyndale 에서 전반적으로는 로잔 언약을, 구체적으로는 저를 일부 비판하셨습니다. 이 공개적인 반응이 이 문제를 좀 더 자세히 표명하는 데 도움이 되기를 기대합니다. 귀하는 내가 로잔 언약이 아니라, 나를 위해서만 글을 쓴다고 생각하겠지만 말입니다.

귀하의 책에 두 가지 목적이 있다는 것을 잘 압니다. (1) 슬프게도, 이 시기의 기독교 운동 전반에 복음전도에 대한 헌신이 쇠락하는 양상을 추적하는 것. (2) 로잔 운동에도 그 비슷한 과정이 나타나지 않

도록 경고하는 것 말입니다. 중요한 주제입니다. 성경적 진리와 세계 복음화를 위한 귀하의 헌신에 진심으로 박수를 보냅니다. 우선, 제가 결국 귀하의 책의 출판을 반기는 이유를 자세히 설명해 보겠습니다.

첫째, 귀하는 기독교 전체가 복음을 듣지 못한 수많은 사람을 배신했다고 개탄하고, 그 이유를 성경적 권위의 상실과 그로 인한 보편주의와 혼합주의의 성장이라고 봅니다. 전적으로 옳습니다. 희한하게도, 저도 훨씬 간략하긴 하지만 1974년에 비슷한 생각을 썼습니다. 구세군 대장 에릭 윅버그Erik Wickberg를 기념하는 논문집 『소명과 승리』Vocation and Victory에 수록된 "1910-1973년 세계 기독교 운동에서 선교적 관심의 부침"이라는 글이었습니다. 그리고 웁살라와 나이로비에서 열린 4차 및 5차 세계교회협의회WCC 총회에서 제가 공개적으로 성경적 복음전도로 돌아가자고 요청한 사실을 귀하도 알 것이라 생각합니다.

둘째, 가정에서처럼 교회에서도 지킴이는 소중합니다. 닥쳐올 위험을 우리에게 경고해 줄 이들이 필요한데, 그 경고를 무시하는 것은 굉장히 어리석은 일이 될 것입니다. 로잔 언약도 "성경적 복음을 보호해 줄 주의와 분별"을 요청합니다.

셋째, 귀하의 가장 큰 관심사는 복음전도자들이 계속해서 성경에 순종하는 것입니다. 귀하는 이렇게 썼지요. "성경의 온전한 진실성과 최종 권위는 복음전도자들에게 꼭 필요한 한도를 제공한다." 물론, 로잔 위원회도 이런 면에서 귀하에게 전적으로 동의합니다.

넷째, 귀하의 솔직함을 환영합니다. 사실, 저는 복음주의자들이 더 열린 태도를 가져야 한다고 계속 기대하고 있습니다. 솔직하고 너

그러운 대화에는 어떤 손해도 없습니다. 유익만 있습니다.

동시에, 우리에게는 정확성과 회개도 필요하다는 것이 저의 생각입니다. 고백하자면, 저는 "복음주의 좌파", "로잔 위원회 내의 공의회적 요소", 성경 영감설로부터의 이탈 의혹, 그리고 비성경적 전통에 대한 지지를 거론하면서 빈정거리는 것 같은 귀하에게 화가 났습니다. 이런 식의 모호한 비판은 의구심만 낳을 뿐입니다.

다음으로, 귀하는 로잔 언약에 들어 있는 참회의 언급을 못마땅하게 여깁니다. 그런데 전 그 이유를 모르겠습니다. 솔직히, 귀하의 책에 이런 것이 없어서 저는 아쉽습니다. 귀하는 책에 마치 교회일치주의자ecumenicals는 항상 틀리고 복음주의자evangelicals는 항상 옳다는 듯이, 제네바에서 나오는 생각은 사실상 죄다 틀렸다는 듯이 썼습니다. 그렇지만 우리 복음주의자들에게도 맹점(예를 들어, 노예제나 인종차별)이 있음을 분명히 인정해야 합니다. 귀하는 자유주의를 경계하라고 바르게 촉구했습니다. 저는 편견을 경계하라고 촉구하고 싶습니다. 귀하는 제가 제네바를 너무 긍정적으로 본다고 생각합니다. 저는 귀하가 제네바를 너무 부정적으로 본다고 생각합니다. 우리와 대화하고 싶어 하는 사람들에게 귀를 기울이지 말아야 할까요? 그들이 성경에 동의할 때만 그들에게 동의해야 할까요?

성경이라는 이 핵심적인 질문에 대해서는 좀 더 길게 말씀드리겠습니다. 귀하는 로잔 언약 두 번째 단락을 평가하면서, 제가 보기에는, 이랬다저랬다 하는 것 같습니다. 귀하는 로잔 언약이 "성경의 권위와 영감을 재확인했다"라는 말로 시작하면서, 그 내용을 "아름답고, 강력하고, 적실성 있다"며 후하게 묘사하고, "복음주의자들은 이를 변명하거나 부끄러워할 필요가 없다"라고 말합니다. 로잔 언약을 그 내용만 따로 떼어 내서가 아니라, 회의 전체의 관점에서 해석해야 한다는 말도 옳습니다. 그런데 그다음에 두 가지를 비판합니다. 첫째 는, 로잔 언약이 성경이 전통보다 우월하다는 점에 대해 말하지 않는 다는 것입니다. 인정합니다. 그런 내용을 추가했다면 로잔 언약이 더 강화되었을 것이라고 생각합니다. 실제로, 귀하도 거기에 참가자로 계셨으니 그 자리에서 직접 그렇게 제안해 주셨더라면 좋았을 것 같 습니다. 둘째로, 귀하는 "그 모든 가르치는 바에 전혀 착오가 없으며" 라는 문구에서 불편한 마음을 표했습니다. 그러나 이것은 빠져나갈 구멍이 아니라 분명하게 밝히기 위해서 넣은 문구로, 귀하가 "복음주 의 우파"라고 표현할 만한 존경받는 신학자 그룹이 초안 위원회에 제 출한 수정 문구였습니다.

이제 귀하가 집중한 기독교의 사회적 책임에 대한 질문으로 옮겨 가 보겠습니다. 귀하는 "성경이 복음전도와 사회정치적 책임을 둘 다 분명히 가르치기" 때문에 이 문제가 "복음주의자들 사이에서 늘 관 심사"였다고 썼습니다. 좋습니다. 그리고 계속하여 귀하는 복음전도 의 일차적 중요성을 강조합니다. 귀하는 로잔 언약이 "교회가 희생적 으로 해야 할 일 중에서 전도는 최우선적이다"라는 말로 이를 확인한 다고 정확하게 지적합니다. 그래서 로잔 위원회는 첫 회의에서 "복음 을 듣지 못한 전 세계 27억에 대한 복음전도가 우리의 구체적인 관심 사여야 한다"는 문구를 추가하여, 위원회의 목적을 정의할 때 이러한 표현을 충실하게 반영했습니다. 이 점에서 우리를 불성실하다고 비 판하는 것은 부당하고 부정확합니다. 로잔 위원회와 이사회에 속해 있는 저는 우리가 세계 복음화에 대한 최고의 헌신을 반영하는 의제를 발전시키려고 꾸준히 노력해 왔다고 말할 수 있습니다.

동시에, 저의 의견을 말씀드리자면, 복음전도와 사회적 행동의 구분이 때로는 인위적이라는 생각이 듭니다. 일부 그리스도인이 (복음전도자와 사회복지사 등) 특별한 사역으로 부름받기는 하지만, 기독교 공동체 전체는 예수님이 그러하셨듯이 둘 중에서 굳이 하나를 선택할 필요가 없습니다. 다양한 선교 상황에서 그런 선택은 상상하기 어려울 것입니다. 복음전도자가 홍수나 기근 피해자들의 물리적 고통을 무시한 채 진실하게 복음을 선포할 수는 없고, 남미 원주민이나 필리핀 소작농, 빈민가 흑인들의 착취나 결핍을 무시한 채 복음을 선포할 수는 없습니다.

그렇다면 복음전도와 사회적 행동의 적절한 관계는 무엇일까요? 이것은, 로잔이 해결하지 못했지만, 여전히 해답이 필요한 신학적 질문입니다. 귀하는 사회적 행동이 복음전도의 '결과'라고 반복해서 주장합니다. 잠시 그 말을 인정해 보겠습니다. 이 말이 함의하는 바는 무엇입니까? 우리가 복음전도만 한다면, 하나님의 복 아래 개종자들을 얻을 것이다, 복음전도의 "결과"인 그들은 이제 자유로이 사회복지에 참여하게 될 것이다. 이런 의미일 것입니다. 그렇다면 우리 역시 다른 사람들의 복음전도의 결과이기에, 우리도 이 개종자의 위치에 있습니다. 귀하의 전제에 따르면, 우리는 왜 사회적 행동에 참여해서는 안 됩니까? 귀하가 주장하는 논리에 따르면, 귀하가 생각하는 것보다 훨씬 더 우리는 서로 가까워진다고 생각합니다.

귀하는 봉사는 복음전도의 "수단"이나 "가교"(곧 봉사는 사람들이 복음을 만날 수 있게 도와주기 때문에 유용하다)요 복음전도의 "열매"(곧 회심하면 자연스럽게 봉사가 흘러나온다)라는 취지로 다른 복음주의 지도자들을 인용합니다. 이렇게 설명된다면, 봉사는 복음전도'에 이르기도' 하고 복음전도'로부터 나오기도' 합니다. 나는 이 두 가지 사실을 모두 인정하지만, 여기서 멈춰서는 안 된다고 생각합니다. 제 생각에는, 성경은 여기서 더 나아가, 복음전도와 봉사 사이에 일종의 '동역관계'를 암시합니다. 귀하는 인정할 수 없다고 말씀하셨지만 말입니다. 확실히 예수님의 "말씀"과 "사역"은 서로 불가분의 관계입니다. 어떤 의미에서, 예수님의 사역은 그의 말씀을 가시화했고, 하나님 나라 복음을 시각적으로 선포했으며, 믿음을 불러일으켰습니다. 귀하는 복음은 스스로 그 진정성을 증명한다고 말하는데, 무슨 뜻인지 잘 압니다. 저도 진리를 증언하시는 성령의 사역을 믿습니다. 하지만 그리스도인들이 자기 삶으로 복음을 부인할 때마다 복음의 신뢰성은 떨어지지 않을까요?

또 다른 의미에서, 예수님의 사역은 그 가치의 입증 여부와는 상관없이 순전한 긍휼이었습니다. 우리는 예수님의 본을 따라야 하지 않을까요? 귀하가 은연중에 내비쳤듯이, 저는 요한복음 20:21에만 전적으로 근거하지 않습니다. 저는 귀하가 언급하지 않은 이웃 사랑이라는 "큰 계명"에도 근거하여 주장합니다.

아서 형제님, 귀하는 제가 "복음전도를 권좌에서 끌어내려 선교라는 역사적 목표로 격하했다"고 말합니다. 저는 "사랑을 선교의 필수적인 역사적 동기로 권좌에 앉히기 위해" 노력했다고 말하겠습니다. 우리가 (영적인 또는 사회적인) 곤경에 빠진 형제나 자매를 보고 그 필요를 채울 수단이 있는데도 그리하지 못한다면, 어떻게 하나님의 사랑이 우리 안에 거한다고 주장할 수 있겠습니까?

그리스도 안에서 귀하에게 신실한 사랑을 표합니다. 이 대화가 계속해서 이어지기를 진심으로 바랍니다.

귀하의 친구요 형제인

존 스토트

John R. W. Stott, "Cornerstone: The Battle for World Evangelism,"
Christianity Today 23, no. 7 (January 5, 1979): 34–35.

16장

초월성

—

이제는 교회 밖에서 추구하고 있다.

예전에는 "초월성"이라는 주제가 다소 현학적으로 보였다. "초월성"과 "내재성"을 주의 깊게 구분하는 신학자들의 학술 강의에나 등장할 법한 단어였다. 하지만 요즘에는, 특히 초월 명상이 대유행한 이후로 "초월성"은 누구나 사용하는 단어가 되었다.

낡은 물질주의는 더는 사람들을 만족시키지 못한다. 너무 오랫동안 세상을 장악했다. 런던 대학교 생물학 교수 우저J. H. Woodger, 1947-1959는 매우 똑똑해서 친구들이 그를 항상 "소크라테스"라고 부르곤 했는데, 언젠가 그가 나에게 이렇게 말한 적이 있다. "저는 '메틸레이티드 스피릿'methylated spirit [변성알코올]을 빼고는 '스피릿'spirit이라는 단어는 입 밖으로 꺼내지도 않는 굉장히 물질주의적인 분위기에서 일합니다!" 이러한 물질주의적 세속주의에 오늘날 많은 젊은이가 저항하고 있다. 시어도어 로작Theodore Roszak은 과학기술이 지배하는 사회 technocracy에 맞선 젊은이들의 반란을 그린 훌륭한 저술『대항문화의 형성』The Making of a Counter Culture, 1969을 남겼다. 그는 자신이 그리스도인 이라고 주장하지 않는다. 그래서 나는 그가 과학기술이 인류를 만족 시킬 수 있다고 생각하는 어리석음을 표현하면서 예수님의 이 말씀 을 인용하였다는 데 더 충격을 받았다. "사람이 만일 온 천하를 얻고 도 제 목숨을 잃으면 무엇이 유익하리요?"

지난 몇 년 사이에 과학기술 학부를 포기하고 철학·역사·문학 학 부에 등록한 대학생들이 많이 증가했다. 그들은 실재를 시험관에 제 한하거나, 현미경 검사용 슬라이드에 올려놓거나, 냉정한 과학적 객 관성으로 파악할 수 없다는 것을 잘 안다. 인간 경험에는 그들이 "초 월성"이라고 부르는 또 다른 차원이 있는데, 그 실재는 "놀랍도록 방 대하다"(로작의 표현)고 확신한다. 그래서 그들은 종종 환각제를 통해, 요가·초월 명상·"더 높은 의식"higher consciousness을 통해, 성적 모험을 통해, 예술·음악·공상과학소설을 통해, 그리고 신비주의 종파를 통 해 낯설고 위험한 곳에서 초월성을 찾으려 한다.

이 가운데 어떤 것도 우리를 놀라게 할 수 없다. 우리는 성경을 통 해 인생을 이해하려고 노력하는 사람들이요, 하나님 안에서 안식을 얻을 때까지 인간의 마음은 쉼을 얻지 못한다는 아우구스티누스의 주장을 즐겨 인용하기 때문이다. 에덴동산에서 인류의 첫 번째 불순 종 이후로 줄곧 타락한 인간은 하나님에게서 계속해서 도망치려 한 다는 것은 주지의 사실이다. 사실 우리는 도망자보다 더 심각한 상태 다. 우리는 하나님의 권위를 거역하고 하나님의 사랑을 거부하는 반항자인 것이다. 그렇게 반항하면서도 우리는 불안에서 벗어나지 못한다. 우리가 그렇게 피하고 싶은 하나님이 우리의 유일한 본향임을 본능적으로 안다. 그래서 가끔은 "하나님을 더듬어 찾는다." 그렇게도 벗어나려고 애쓰면서도 동시에 하나님을 찾고 있다. 이것이 인간 타락의 역설이다.

그러한 탐구 중에서 가장 인기 있는 분야가 심령 현상이나 점성술, UFO 같은 초자연적 현상이다. 그리고 공상과학소설이 이런 사람들의 심리를 이용해 돈을 번다. 내가 알기로는, 『신들의 전차』*The Chariots of the Gods*의 작가 에리히 폰 데니켄Erich von Daniken이 스포크 박사Dr. Spock보다 더 많이 팔렸다. 스포크의 책*도 35개 언어로 3,400만 부가 넘게 팔렸는데 말이다.

내가 공상과학소설의 예로 들려는 작품은 스티븐 스필버그Steven Spielberg의 영화 「미지와의 조우」*Close Encounters of the Third Kind*, 1977다. 영화 평론가들은 이 작품을 별다른 숨은 의미가 없는 단순한 오락물로 다루었다. 하지만 나는 이 영화가 흥행한 배후에는 초월성에 대한 세속적 경험이 자리하고 있다고 생각한다. 이 영화의 메시지는 다음과 같이 요약할 수 있을 것이다.

1. "우주에는 우리만 있지 않다." 우리는 버트런드 러셀Bertrand Russell이 말한 "우주적 외로움"cosmic loneliness 가운데 살 필요가 없다. 우주에는 다른 우월한 존재들이 있기 때문이다.
2. 그 다른 존재들은 우호적이다. 놀라운 능력이 있으면서도, 그렇

* 1946년에 출간한 육아서 *The Common Sense Book of Baby and Child Care*

다. 심지어 우리와 접촉하려고 먼저 다가온다("은혜"에 해당하는 세속적 표현이다).

3. 물질적인 안락에 빠져 있는 중산층은 다른 존재들이 있다고 믿는 사람들을 미쳤다고 치부한다. 이런 의심 때문에 그런 중산층은 그 초월적 존재에서 배제된다.

4. 군대가 상징하는 기성세대도 이들을 불신한다. 뿐만 아니라, 다른 사람들까지 믿지 못하게 하려고 전력을 다한다.

5. 하지만 네 살짜리 배리 같은 어린아이들은 초월적 존재를 이해하고 꾸밈없이 기뻐한다. "초월적 존재는 [자신을 알아보는] 어린아이들에게 나타나기" 때문이다. 어린아이들은 초월적 존재에게 기쁨과 열망으로 반응하고, 어떤 두려움도 느끼지 않는다.

6. 이 영화의 주인공인 로이 니리 같은 평범한 추종자들 역시 초월적 존재에게 다가가는 것이 가로막히는 것을 거부한다. 로이는 자신이 "거룩한 산"에서 초월적 존재와의 만남에 "초대받았다"고, 심지어 "초대받을 수밖에 없었다"고까지 느낀다. 그 무엇도 그가 거기에 가는 것을 막지 못한다.

7. 과학자들도 편견 없는 조사를 통해 진실을 발견한다. 그들은 숭배에 가까운 경외감을 느끼고 무릎 꿇는다.

8. 드디어 우주선이 내려온다. 이 다른 실재와의 "근접 조우"는 마치 "천상"을 이 땅에서 경험하는 황홀경과도 같은 압도적인 경험이다. 스필버그는 자신의 책 마지막 페이지에 그 경험을 이렇게 묘사한다. "니리는······불타는 듯한 신비의 깊은 곳을 향해 앞으로 걸어갔다." 그러자 서서히 "그 거대한 환상의 우주

선이……층층 구름을 뚫고 이륙하기 시작했다. 하늘에 떠 있는 이 거대한 도시가 가장 빛나는 별이 될 때까지." 이 책은 "부인할 수 없는 증거"라는 말로 끝을 맺는다.

세속적 초월 경험이 가능하다는 이러한 주장은 기독교의 회중 예배의 위상에 강력한 도전이 된다. 회중 예배는 사람들이 추구하고 있는 것—신비, 초자연, 성경의 언어로 "주님에 대한 경외심"과 현대식 언어로 "초월성"—을 주고 있는가? 그래서 우리로 하여금 경외와 경이와 기쁨 가운데서 무한하신 하나님 앞에 머리를 숙이게 하는가?

"별로 그렇지 않다." 안타깝지만 이렇게 대답해야 할 것 같다. 우리 복음주의자들은 예배에 관해서 아는 게 별로 많지 않다. 우리의 특기는 복음전도다. 예배가 아니다. 전능하신 하나님의 위대하심을 우리는 잘 못 느낀다. 우리는 거만하고, 건방지고, 교만하다. 그리고 우리의 예배는 준비가 부족하고, 어설프고, 기계적이고, 형식적이고, 지루할 때가 많다.

우리는 성경에서 종교를 비판한 내용에 다시 귀를 기울여야 한다. 구약의 선지자들은 형식주의와 위선을 맹렬히 비난했다. 예수님은 구약 선지자들의 그 비판을 당대의 바리새인들에게 다시 적용하셨다. "이 백성이 입술로는 나를 공경하되 마음은 내게서 멀도다." 주님과 선지자들의 이러한 고발은 거북하지만 우리에게도 해당된다. 우리의 회중 예배는 많은 곳에서 실체 없는 의식이요, 능력 없는 형식이요, 하나님 없는 종교다.

그렇다면 어떻게 해야 할까? 적어도 세 가지가 필요하다. (1) 하나님의 말씀을 겸손하고 신실하게 읽고 가르쳐야 한다. 그래서 인간 선생들과 설교자들은 잊고, 살아 계신 하나님의 목소리만 듣고, 하나님께서 당신의 백성에게 말씀하셔야 한다. (2) 경건하고 믿음 있는 성찬을 행해야 한다. 그 성찬에는 예수 그리스도의 "실제 임재"가 있어야 한다. 그 성찬은 부활하신 주님이 실제로 그리고 객관적으로 임하시는, 약속하신 대로 당신의 백성을 만나러 오시는, 사람들로 하여금 당신을 알게 하시는, 당신을 그들에게 주시는, 그래서 그들이 "믿음으로 주님을 그들의 가슴속으로 삼킬 수 있는" 그런 성찬이어야 한다. (3) 진실한 기도와 찬양이 있어야 한다. 그래서 신자들은 벧엘에서 야곱이 한 것처럼 "여호와께서 과연 여기 계시거늘……이것은 다름 아닌 하나님의 집이요 이는 하늘의 문이로다"라고 고백하고, 불신자들은 하나님 앞에 엎드려 경배하며 "하나님이 참으로 너희 가운데 계신다"고 인정하며 외쳐야 한다(창 28:16, 17; 고전 14:25).

간단히 말해, 현대 사회에서 기독교의 가장 큰 비극은 사람들이 물질주의의 환상에 환멸을 느끼고 인생의 영적 차원을 찾기 시작했는데도 우리가 그들의 갈증을 채워 주지 못하고 있다는 것이다. 그러니 그들은 약물과 섹스, 요가, 신비주의, 점성술, 공상과학소설로 눈길을 돌리는 것이다. 그 예배에서 항상 진정한 초월의 경험이 있어야 마땅한 기독교 교회 대신에 말이다.

John R. W. Stott, "Cornerstone: Transcendence: Now a Secular Quest," *Christianity Today* 23, no. 12 (March 23, 1979): 36 – 37.

17장

운명론을 떨쳐 낸 용맹한 민족

—

종교는 에스키모의 신념 체제를 설명하기에는 적절한 단어가 아니다.
그들에게는 하나님을 예배한다는 개념이 없다.

유럽인들이 캐나다령 북극의 설원 지대에 처음 눈을 돌린 것은 상업적인 이해 때문이었다. 아프리카 남단과 아메리카 대륙을 배로 이어 주는 유럽-아시아 교역로는 멀고 위험했다. 캐나다 위쪽으로 북서항로를 찾는다면, 거리를 거의 절반으로 줄일 수 있었다. 1492년에 크리스토퍼 콜럼버스Christopher Columbus가, 1497년에는 존 캐벗John Cabot이 실패한 이후로, 일련의 원정이 시작되었다.

20세기 후반에 이른 지금, 북서항로의 상업적 활용 가능성이 다시 제기되고 있다. 알래스카에서 석유를 발견한 것을 계기로 맨해튼호를 15만 톤의 거대 쇄빙 유조선으로 개조하게 되었는데, 이 유조선은 매우 정교하고 전산화된 장비를 갖추었다. 현재는 막대한 건조 비용과 오염 방지 보험료 때문에, 이 배를 대체하여 파이프라인이 석유와 가스를 남쪽으로 운반하고 있다. 그러나 20세기가 가기 전에 북서 항로에 대해 더 많이 듣게 될지도 모른다.

하지만 그리스도인들이 북극에 관심을 가지는 이유는 화석연료나 천연자원보다는 오랫동안 추위와 기아에 맞서 용감하게 싸우며 생존해 온 사람들 때문이다. 우리는 그들을 "에스키모"("날고기를 먹는 사람들"이라는 뜻의 경멸적인 인디언 말이 변질된 것이다)라고 부르지만, 그들은 스스로를 "사람들"이라는 뜻의 "이누이트"("사람"을 뜻하는 "이누크"의 복수형이다)라고 부른다. 이들은 수많은 하위문화로 나뉘어 있고, 다양한 방언을 사용하며, "사향소 사람들" "황금어장 사람들" "지구의 등 사람들" 같은 아름다운 그림 같은 이름으로 서로를 부르지만, 엄연히 한 민족이다. 대다수 학자가 이들의 조상이 중국 북부에서 왔다는 데 동의하는 것 같다. 그들 가운데 일부는 몽골을 거쳐 시베리아와 라플란드까지 북서쪽으로 이주했고, 다른 일부는 베링 해협을 건너 알래스카와 북극 캐나다, 그린란드까지 북동쪽으로 이주했다는 것이다. 오늘날 에스키모 인구는 8만 5,000명으로 추정되는데, 그린란드에 4만 명, 알래스카에 2만 5,000명, 캐나다에 1만 8,000명, 시베리아에 2,000명이 거주한다.

에스키모의 전통 종교는 정령신앙animism 형식을 띠었다. 15년간 에스키모에게 복음을 전한 로마가톨릭 선교사 로저 불리아드Roger P. Buliard에 따르면, 이들의 고대 신앙은 "신을 중요하게 여겼지만" 그 신은 인간사에 무관심하고 냉담하여 "일상적인 문제는 전적으로 더 낮은 권위들, 다른 말로, 정령들에게 맡겼다"*Inuk, 1950, 273쪽*. 하지만 "종교"는 이들의 신앙 및 실천 체계에 사용하기에 적절한 단어가 아니다. 이들의 신앙에는 신에 대한 숭배는 없고, 정령들을 달래는 의식만 있기 때문이다. 사람들은 정령들이 만사를 통제한다고 생각한다. 새와 짐승, 물고기 안에 정령들이 있다. 정령들은 돌과 얼음 같은 무생물에도 생기를 불어넣는다. 날씨를 관장하고, 모든 인간사, 그중에서도 특히 생사에 영향을 끼친다. 더하여, 정령들은 대개 심술궂다.

그래서 이들은 앙가쿠크*angakuk*(치료사 또는 샤먼)가 필요하다고 생각한다. 실제로, 에스키모 정령신앙은 (주술로 영들을 달래는) 샤머니즘과 (부적이나 호신부 같은 주물을 지니는) 주물신앙*fetishism*이 일련의 사회적 금기와 결합한 것이다. 하지만 정령들을 달래려고 세심한 공을 들임에도 불구하고 결국 이누이트는 무력감을 느끼고 만다. 또 다른 로마가톨릭 선교사 레이먼드 드 코콜라*Raymond de Coccola*는 이누이트는 "현실을 있는 그대로 받아들인다"고 설명한다. "그냥 체념하고 만다. 어떤 상황이 자기 뜻대로 되지 않으면, '아요라마'*ayorama*라는 말로 그저 운이 없었다고 치부하고 말 것이다. '그게 운명이고, 인생이지. 내가 할 수 있는 일은 아무것도 없어.'"

나는 그린란드 사람들에게 복음을 전하라는 그레고리우스 교황 *Pope Gregory*의 주후 835년의 교서에서 에스키모에 대한 기독교 초기의 관심을 발견했다. 이 교서가 발표되고 얼마 안 있어 노르웨이의 선교가 시작되었고, 주후 999년에 붉은 에이리크*Eric the Red*의 아들 레이프 *Lief*가 그린란드에 도착하여 복음을 선포하고 왕을 비롯한 지도자들에게 세례를 주었다. 1121년에는 최초의 주교가 세워졌다. 1718년에 덴마크 루터교 목사 한스 에게데Hans Egede가, 그리고 1733년에 모라비아 선교단이 그린란드에 들어왔다.

성공회가 북극 지방에 들어간 것은 1578년 8월로 거슬러 올라가는데, 마틴 프로비셔Martin Frobisher 장군의 3차 원정대에 군목으로 참여한 로버트 울폴Robert Wolfall이 배핀 섬Baffin Island에서 성찬을 집전했다. 북미 대륙 최초의 성공회 성례였다. 작년에는 성공회 북극 교구Diocese of the Artic 특별 주교회의에서 그 400주년을 기념하기도 했다. 하지만 성공회의 첫 선교사는 허드슨 베이 컴퍼니Hudson's Bay Company, 1820의 사목이자 존 웨슬리John Wesley를 회심시킨 존 웨스트John West였다. 1876년, 영국에서 도착한 "에스키모의 사도" 펙 목사Rev. E. J. Peck는 48년간 허드슨 만 일대의 동부 극지방에서 기독교 선교 운동을 개척했다. 토착민 중심의 선교 원리를 믿은 그는 에스키모 교회들을 격려하여 자립할 수 있게 도왔다. 오늘날 매켄지 강 삼각주의 이누빅Inuvik에서 북부 퀘벡까지 3,000킬로미터 넘게 펼쳐져 있는 성공회 북극 교구에는 성직자가 30명인데, 그 가운데 12명이 이누이트다.

나는 북극권 북쪽, 특히 배서스트 인릿Bathurst Inlet을 여행할 기회가 네 차례 있었다. 그곳에 전직 기마경찰대 글렌 워너Glenn Warner와 그의 아내 트리시Trish가 번사이드Burnside 강 입구에 산장을 지었다. 나는 거기 도착하고 나서야, 스스로를 "크링가운미우트" "코산 사람"(마을 뒤쪽 바위산이 코 모양이라서)이라고 부르는 이 작은 이누이트 공동체의 전원이 성공회 교인이라는 사실을 알고는 깜짝 놀랐다! 그 뒤에 나는 이들의 '명예 목사'로 임명되었고, 지금까지 이들에게 말씀 선포와 성례로 복음을 가르치는 특권을 누리고 있다. 지난 7월에 나는 다시 이곳을 찾았다. 1976년에 다녀간 이후로, 건강한 에스키모 아기가 둘이나 태어나 세례를 받았고, 결혼을 기다리는 예비부부가 있었다.

하나님께서 이 멋진 이누이트 사람들에게 복을 주시기를, 북극의 맹렬한 추위에 맞서 용맹하게 싸우듯이, 이들이 그리스도의 깃발 아래서 죄와 세상과 마귀에 맞서 싸울 수 있기를.

John R. W. Stott, "Cornerstone: Freeing a Stalwart People from Fatalism,"
Christianity Today 23, no. 23 (October 5, 1979): 42–43.

18장

기독교 선교의 성경적 범위

—

우리는 성경에서 불편한 메시지를 있는 그대로 보지 않고
우리 자신의 편견을 반영하곤 한다.

성경이 없는 기독교 선교는 상상할 수도 없다. 성경은 우리가 세상에서 증언하고 섬길 수 있도록 명령하고 자극하고 인도하고 능력을 준다. 성경이 없다면, 우리에게는 기독교 선교에 참여할 권위도, 의지도 없을 것이다. 반대로, 성경이 있기 때문에 선교에서 손을 떼려는 변명이 사라진다.

무엇보다도, 우리에게는 온전한 성경적 관점이 필요하다. 성경만이 우리의 왜곡된 관점을 교정하고, 불균형을 바로잡고, 편협한 관심을 넓혀 주고, 우리 스스로 갇혀 버린 하찮은 집착들에서 우리를 해방시킨다. 성경적 선교의 범위를 생각해 보자.

첫째, 성경은 '온 세상'을 다룬다. 성경이 하나님의 은혜의 언약과 언약 백성을 향한 변함없는 사랑을 강조하는 것은 사실이다. 하지

만 이스라엘의 하나님 여호와는 모압 족속의 신 그모스나 암몬 족속의 신 밀곰과 달리, 특정 민족의 신이 아니다. 그는 살아 계신 하나님, 우주의 창조주요 섭리자, 열방의 통치자, 역사의 주인이시다. 그래서 열방에 대한 하나님의 심판을 선언하는 구약은 열방의 구원도 약속한다. 요하네스 블라우Johannes Blauw가 『교회의 선교적 본질』The Missionary Nature of Church, 1962에서 구약의 관점이 (이스라엘이 열방을 이기려고 나가는) '선교'가 아니라 (열방이 언젠가는 포함되는) '보편주의'라고 말한 것은 옳았다. 그는 부활하신 주 예수님께 하늘과 땅의 "모든 권세"가 주어지는 부활 이후에야 비로소 (제자들이 열방으로 나가는) "원심적 선교 의식"이 (열방이 예루살렘으로 들어오는) "구심적 선교 의식"을 대체했다고 덧붙였다.

성경의 이런 강조점을 이해한다면, 우리는 안락하고 좁다란 기독교의 둥지에서 머물 수 없을 것이다. 성경은 편협한 교구주의에 반대한다. 성경은 우리를 하나님의 세상으로 내보낸다. 우리에게 새로운 세계의식을 제공한다.

둘째, 성경은 '온전한 복음'을 제시한다. 따라서 우리는 성경으로 복음주의적 환원주의를 바로잡아야 한다. 내가 특별히 염두에 두고 있는 성향 두 가지가 있다. 첫째는 이른바 "더 이상은 축소할 수 없는 복음의 최소치"라는 것을 계속해서 찾는 성향이다. 물론, 우리에게는 복음을 최대한 단순하고 간결하게 제시할 책임이 있다. 성령은 혼란하고 복잡하게 만드시는 분이 아니다. "아무나 천국 말씀을 듣고 '깨닫지 못하는'" 바로 그때 악한 자가 와서 그 마음에 뿌려진 것을 빼앗는다(마 13:19). 하지만 복음을 단순하게 제시하는 것과 축소하는 것은 전혀 다른 과정이다. 사도 바울이 "하나님의 뜻을 다" 선포하고 그 덕에 모든 사람의 피에 대하여 자신이 깨끗하다고 확인해 주었는데 (행 20:26, 27), 누가 "더는 축소할 수 없을 정도로 작은 복음"을 원하 겠는가? 우리는 창조부터 완성까지 온전한 성경적 복음에 푹 잠겨야 한다.

또 다른 성향은 우리 문화에 맞는 관점으로 복음을 고치고, 똑같 은 성경적 복음을 자신의 문화에 더 유의미한 관점으로 재해석하려 는 다른 그리스도인들의 욕구를 거부하는 것이다. 우리는 복음을 환 원주의와 문화적 속박에서 모두 해방시켜야 한다. 복음, 곧 영광스러 운 성경의 좋은 소식 그 자체가 모든 믿는 자에게 구원을 주시는 하 나님의 능력이기 때문이다. 복음을 축소하거나 뭔가를 더하여 거기 에 손을 대는 것은 복음의 구원하는 능력을 약하게 만든다.

셋째, 성경은 우리에게 '온전한 선교'를 요청한다. 이런 개념에 해 당하는 요즘 표현으로 "전인적"holistic이라는 말이 인기가 있다. 솔직 히 나는 늘 이 용어의 발음이나 관점이 거슬리지만, 의미는 정확하다 고 본다. "원자론적"이라는 말이 전체를 일부분으로 축소하려는 성 향이라면, "전인적"이라는 말은 각 부분을 전체로 통합하려는 성향 이다.

하나님이 성경에서 우리에게 명령하신 온전한 선교를 진술하고 변호하는 방법에는 여러 가지가 있다. 첫째는 하나님의 성품(하나님 은 각 사람을 구원하시고, 사회 정의를 구현하신다)에서 비롯된 방법이고, 둘째는 하나님이 만드신 인간의 본성(우리가 사랑하고 섬겨야 할 이웃 은 영적인 존재일 뿐 아니라, 육체적이고 사회적인 존재다)에서 나온 방법,

셋째는 구원이나 하나님 나라라는 개념(전적 축복과 전적 요구를 결합하고, 구원하는 믿음이 늘 그 자체로 섬기는 사랑을 표현한다고 주장한다)에서 나온 방법, 넷째는 그리스도의 선교 모델(주님은 공생애에서 말씀과 사역을 결합하셨는데, 사역은 말씀을 구체화하고, 말씀은 사역을 해석한다)에서 나온 방법, 다섯째는 교회의 책임(세상의 소금과 빛이 되어야 한다)에서 비롯된 방법이다. 하나님이나 그리스도, 인간, 구원, 교회 어느 것을 보더라도, 우리는 영혼과 몸, 말씀과 행동, 믿음과 사역, 증언과 섬김, 소금과 빛, 개인과 공동체, 복음전도와 사회적 행동의 건강한 일치를 볼 수 있다. 하나님이 합쳐 놓으신 것을 우리가 갈라놓아서는 안 된다.

넷째, 성경은 '온전한 교회', 온전한 교회를 구체적으로 드러내는 각 지역 교회, 그리고 온전한 교회에 속한 각 지체를 이야기한다. 신약에 따르면, 지역 교회가 선교 공동체가 되어야 한다는 사실은 명백하다. 데살로니가 교회가 좋은 예다. 바울이 데살로니가전서 1장에서 보여주는 일련의 사건들을 살펴보라. "우리 복음이……이르러서"(5절) "너희가……말씀을 받아"(6절) "주의 말씀이 너희에게로부터……들렸다"(8절). 곧 복음이 너희에게 이르러, 너희가 받고, 그것을 전했다. 그 결과, 복음이 다른 사람들에게 이르러도 그들이 받고, 그것을 전했다. 교회에서 교회로, 이것이 하나님이 의도하신 복음의 전파 방식이다.

나아가, 복음은 "믿는 자 가운데에서 역사한다"(2:13). 복음이 그들의 삶을 바꾸었다. 죽은 우상에서 돌이켜 살아 계신 하나님을 섬기고, 하늘에서부터 오실 그 아들을 기다리게 되었다(1:9, 10). 이들의 변화는 참으로 온전해서 "주의 말씀"이 그들에게로부터 들릴 뿐 아니라, "하나님을 향하는 그들의 믿음"의 소문이 각처에 퍼졌다(1:8). 그들은 복음을 삶으로 드러냈다. 그리고 바울은 모든 교인이 이 변화에 그리고 이 선교에 동참할 것이라고 생각했다.

온전한 복음을 온전한 선교로 온 세상에 전하는 온전한 교회. 성경을 읽는 사람이라면 누구라도 이 네 가지 차원에서 기독교 선교의 "건전한 온전함"을 놓칠 수 없다. 그런데도 어떤 사람들은 그 일을 간신히 할 뿐이다. 우리의 개인적인, 사회적인 맹점 때문에 우리는 성경에서 하나님이 주신 불편한 메시지를 있는 그대로 보기보다는 자신의 편견을 반영하는 경향이 있다. 기독교 역사에 깊이 스며들어 있는 이런 성향은 오늘날에도 여전하다. 성경을 가장 열심히 읽는 사람들이 반드시 그 메시지를 가장 성실하게 실천하는 사람은 아니다. 그렇다면 우리는 자신과 다른 사람들을 위해 기도해야 한다. 하나님이 우리의 방어 체계를 뚫고 들어오셔서 우리가 듣고 이해하고 순종할 수 있도록 말이다.

John R. W. Stott, "Cornerstone: The Biblical Scope of the Christian Mission," *Christianity Today* 24, no. 1 (January 4, 1980): 34–35.

19장

영혼 구원과 구제 사업

—

전문 사역이라는 이름으로 복음전도와 사회적 행동을 갈라놓아야 할까?

WCC 세계 선교와 전도 위원회Commission on World Missions and Evangelism 멜버른 대회 "나라가 임하시오며"Your Kingdom Come와 로잔 위원회 파타야 세계 복음화 대회 "어떻게 그들로 하여금 듣게 할 것인가"How Shall They Hear? 이후로 6개월이 지났다. 두 대회 모두 교회의 세계 선교를 다루었다. 멜버른 대회는 가난하고 억압받는 자들의 소리에 주의 깊게 귀를 기울였고, 로잔 위원회 세계 복음화 대회COWE는 복음을 듣지 못한 민족들에게 복음을 전하는 데 집중했다.

하지만 가난한 자들에 대한 관심과 잃어버린 자들에 대한 관심이라는 두 대회의 차이를 지나치게 강조해서는 안 된다. 어느 대회도 그리스도인의 이 두 책임을 완전히 구별하지 않았다. COWE의 어떤 소모임은 난민에 집중하고, 어떤 소모임은 도심 빈민에 집중했다. 마찬가지로, 일부에서 부당하게 말한 것처럼, 멜버른에서도 복음전도의 필요성을 아예 무시하지는 않았다. 섹션 II는 "온 세상에 복음을 선포하는 것은 모든 그리스도인의 긴급한 의무로 남아 있다"이고, 섹션 III은 우리에게는 "하나님 나라 복음을 들어 보지 못한 사람들에 대한 특별한 의무가 있다"고 선언했다.

그럼에도, 강조점에는 차이가 있다. 멜버른 문서는 인간의 불의에 대한 격앙과 억압받는 이들을 해방하려는 열망으로 가득 차 있다. COWE의 경우에는, 복음전도에 거의 전적으로 집중하여 "관심의 표명"A Statement of Concerns을 발표하기에 이르렀다. 제3세계 복음주의 지도자들이 시작한 이 성명은 금세 200여 국가 대표단의 지지를 얻었다. 이 성명은 로잔 언약 이후로 이 위원회의 전략과 신학 그룹들을 통해 유용한 사역이 이루어졌다고 인정했지만, 복음전도와 사회정치 참여에 헌신하기로 한 로잔 언약이 제대로 지켜지지 않은 것을 비판하기도 했다. "복음 선포를 크게 방해하는 사회적·정치적·경제적 문제들에 진지하게 관심을 갖지" 않았다는 것이다.

"성명"을 전달받은 로잔 위원회에서는 주요 서명인 3인을 초대하여, 그들의 비판을 더 자세히 들었다. 그리고 로잔 언약을 지키지 않으려는 의도는 없었다고 그들을 안심시킬 수 있었다. 실제로, 이 태국 선언(반대자 한 사람을 제외하고는, 마지막 날에 참가자들의 적극적인 지지를 받았다)에는 다음 문장이 포함되었다. "복음전도와 사회적 행동이 똑같지는 않지만, 우리는 그 둘에 대한 헌신을 기꺼이 재확인하고, 로잔 언약 전체를 지지한다. 로잔 언약은 그것이 세계 복음화를 확실히 언급하는 한에는 여전히 우리의 공통된 행동의 기본이요, 그 안에 포함된 모든 내용이 우리의 관심사다." 계속해서 그 문서는 "희생적인 섬김이라는 교회의 선교에서 복음전도가 가장 중요하다"라는 로잔 언약의 선언을 재확인하고, 다음과 같은 말로 그 이유를 설명해 준다. "이것은 복음전도와 사회적 행동이 불가분의 관계임을 부인하는 것이 아니라, 인간의 모든 비극적인 필요 중에서도 회개하고 믿지 않으려는 사람들에게 창조주와의 소외와 영원한 죽음이라는 실재가 가장 크다는 점을 인정하는 것이다."

그렇다면 이런 혼란을 줄이기 위해 우리가 할 수 있는 일은 없을까? 내 친구 데이비드 헤셀그레이브David Hesselgrave(『크리스채너티 투데이』 7월 18일자 "내일의 선교사들"Tomorrow's Missionaries을 보라)는 "선교"가 "교회가 세상에서 감당하기 위해 보내진 모든 일"이라는 나의 폭넓은 정의를 선택할 수 있다고 생각한다고 말하면서도, 내 말이 이 "모든 일"에서 "선교사"로 관여하는 것을 뜻하는지 묻고는, 이 점에 대해 명쾌한 설명을 요청했다. 나는 그 질문에 기꺼이 응한다.

내게는 양극화와 전문화의 구분이 중요해 보인다. 곧, 우리는 이 문제에서 양극화—선교를 복음전도의 관점에서 정의하는 그리스도인들이 있는가 하면, 사회적 행동의 관점에서 정의하는 그리스도인들도 있다—를 초래해서는 안 되지만, 하나님이 어떤 사람들은 복음전도에, 또 다른 사람들은 사회적 행동을 전문적으로 다루도록 부르신다는 현실을 받아들여야 한다. 사도들이 과부를 돌보는 일곱 집사를 따로 임명하고(사도행전 6장) 자신들의 특별한 소명은 목회라고 이야기했을 때 초기 교회는 이것을 처음 깨달았다. 모든 교인이 다양한 사역의 은사를 받았다는 바울의 그리스도의 몸 교리는 이 진리를 확인해 주고 일반화한다.

그럼에도, 합법적인 전문화가 복음전도와 사회적 행동을 더 극명하게 갈라놓는 것을 막을 방법은 없을까? 세 가지를 제안하려 한다.

첫째, 일반적인 표현으로, 각자에게 특별한 소명이 있지만 모든 그리스도인은 증인과 종으로 세상에 보냄을 받는다. 우리가 영적으로든 물질적으로든 사회적으로든 도움이 필요한 사람을 볼 때마다, 그것을 채워 줄 수 있는 수단이 있다면 그렇게 해야 한다. 그렇지 않으면, 하나님의 사랑이 우리 안에 거한다고 주장할 수 없다(요일 3:17). 대체로 사람들의 필요는 한 가지 이상인데, 우리가 하나님의 사랑으로 그들을 사랑한다면, 그들의 필요를 줄여 주려고 최선을 다해야 한다. 그럴 때, 그들이 믿을 가능성도 커진다. 말로만 복음을 전하는 것은 부족하다. 예수님이 말씀하셨듯이, 사람들이 "(우리의) 착한 행실"을 볼 때 우리 빛이 가장 밝게 비치고, 하늘에 계신 아버지께 영광을 돌리게 된다(마 5:16).

둘째, 각 지역 교회는 복음전도와 사회적 행동에 모두 참여해야 한다. 하나님이 다양한 사람들을 다양한 사역으로 부르시고 재능을 주시므로, 비슷한 은사와 소명을 지닌 사람들이 전문 연구와 행동 집단으로 연합하고, 하나님이 주신 구체적인 사역에 집중하도록 격려해야 한다는 것이 논리적인 추론이다. 동시에, 이들은 전체 회중에 주기적으로 보고할 기회가 있어야 한다. 그래야 그리스도의 몸 전체가 다른 교인들이 어떤 활동을 하는지 알고, 그들을 격려하고 기도하고 지지할 수 있다.

셋째, 선교사들은 어떻게 되는가? 그들이 모든 일을 할 수도 없고 (시간과 에너지가 부족하다), 재능과 소명이 없는 사역을 맡아서도 안 되며, 섬기는 나라의 정치에 간섭해서도 안 된다(그 나라의 그리스도인들이 특별히 요청한 경우가 아니라면). 선교사는 그 땅의 손님이요 외부인이기 때문이다. 그럼에도, 선교사들은 다른 나라를 조국처럼 여기게 되었기에 그곳 사람들의 필요와 갈망에 호의와 관심을 가져야 한다. 그 지역의 빈곤이나 굶주림, 질병, 가뭄, 기근, 착취를 못 본 체해서는 안 된다. 그런데 이런 필요가 채워지지 않는데도, 복음전도에 대한 부르심을 계속해서 확신할 때는 어떻게 해야 할까? 원칙적으로는, 사도행전 6장의 사도들처럼 해야 하지 않을까? 자신들이 부름받지 않은 사회적 행동에 다른 사람들을 임명할 수 있도록 조치해야 할 것이다.

개인적으로는, 우리가 더 많은 선교 팀을 만들어서 복음전도자, 교사, 의사, 농업 전문가, 사회복지사, 구호와 개발 전문가가 예수 그리스도의 이름으로 함께 일할 수 있어야 한다고 믿는다. 자신들이 부름받은 온전한 이웃에게 겸손하고 전인적인 섬김을 제공할 수 있도록 말이다.

John R. W. Stott, "Cornerstone: Saving Souls and Serving Bread,"
Christianity Today 24, no. 19 (November 7, 1980): 50-51.

3부 교회의 선교

20장

영국에서 부활하고 있는 복음전도

1970년대에 영국 그리스도인들은 이 나라의 세속화를 굉장히 염려하면서 재복음화를 심각하게 생각하기 시작했다. 첫째, 1975년에 여러 복음주의자들이 회동하여 빌리 그레이엄 Billy Graham을 초대하여 전도집회를 다시 여는 방안을 논의했다. 둘째, "국민에게 요청함"Call to the Nation—우리가 어떤 종류의 사회를 원하고, 그 사회를 만들려면 어떤 종류의 사람들이 필요한지에 대한 질문들—을 발표한 도널드 코건 Donald Coggan 캔터베리 대주교와 스튜어트 블란치 Stuart Blanch 요크 대주교에게 국민에게 요청하는 단계를 넘어 국가적인 선교를 해야 한다는 요구가 빗발쳤다. 셋째, 이런 분위기를 간파한 영국 교회 협의회 British Council of Churches 집행부는 "전국적인 선교의 노력에 힘을 모을 때가 되었다"는 그들의 확신을 표명했다.

이 세 줄기가 모여 1976년 10월에 코건 캔터베리 대주교가 교단 지도자들과 에큐메니컬 지도자들, 복음주의 지도자들, 그리고 로마가톨릭 대표단이 참여하는 협의체 구성을 요청했다. 그리고 1977년 내내 이 협의회에 참여한 교회들은 긍정적인 반응을 끌어냈다. 그렇게 해서 1978년에 "전국적 복음전도 협의회"Nationwide Initiative in Evangelism가 출범했고, 캔터베리 대주교가 협회장을 맡았다. 최근에 감리교 연회장을 역임한 젊은 복음주의 감리교인 도널드 잉글리시Donald English 박사가 위원회 위원장으로 선임되었고, 복음주의 연맹Evangelical Alliance 총무 고든 랜드리스Gordon Landreth와 성서공회Bible Society 사장 톰 휴스턴 Tom Houston 같은 복음주의자들이 위원회에 들어갔다.

기독교 지도자들이 이 협의회에 참여하는 데 영향을 미친 중요한 요인 중 하나는 복음주의와 에큐메니컬 진영 지도자들 사이에서 형성된 선교와 복음전도에 대한 폭넓은 공감대였다. WCC 중앙위원회 의장 토머스M. M. Thomas 박사는 1975년 나이로비에서 열린 5차 총회에서 보고하는 도중에 공개적으로 이 점에 관심을 집중시켰다. 그는 방콕(에큐메니컬), 로잔(복음주의), 로마(가톨릭), 부쿠레슈티(정교회)에서 열린 대회들을 언급하면서, "그들의 신학적 수렴이 매우 두드러진다"는 관점을 표현했다. 이러한 분위기는 WCC 나이로비 총회 섹션 I 에서 "오늘 그리스도 고백하기"Confessing Christ Today라는 보고서가 제출되고, 이와 거의 동시에 바오로 교황이 "현대의 복음 선교"Evangelii Nuntiandi, "현대 세계에서 복음화"Evangelization in the Modern World에 대한 교황 권고를 발표하면서 더욱 분명해졌다.

사람들은 이 문서들, 그 가운데서도 특히 로잔 언약(1974)과 "오늘 그리스도 고백하기"(1975)와 "현대의 복음 선교"(1975)를 연구하고 비교하기 시작했다. 영국 교회 협의회의 제안으로, 네 진영(로마가톨릭, 성공회, 감리교, 복음주의)의 매체가 각자 전문가에게 의뢰하여 이 문서들에서 수렴점과 분기점을 찾아내고 평가하는 글을 발표하여 토론을 유도하기로 했다. 나는 『제3의 길』*The Third Way*에 글을 기고해 달라는 부탁을 받았고, "복음전도에 대한 열 가지 확인"으로 글을 맺었다. 이 기고문에서 나는 세상에 보냄 받은 교회, 복음전도 및 사회적 행동이라는 사명, 복음의 성경적 기원, 십자가에 죽으시고 부활하신 그리스도, 회심의 요구조건들, 대가가 따르는 제자도, 하나님 백성의 동원, 교회의 갱신, 성령의 능력을 다루었다. 이 열 가지 확인들 하나하나에는 그것을 지지해 주는 인용문을 앞의 세 가지 기초 문서에서 가져와 달아 놓았다. 네 진영의 기고문들 사이에 유사점이 상당히 많았다.

동시에, 많은 복음주의자들이 여전히 마음이 불편했다. 나도 불편하기는 마찬가지였다. 확실히 유사점이 눈에 띄기는 했지만, 그 점을 보여주기 위해 사용된 방식이 미심쩍었다. 처음부터 수렴점에만 집중하고, 분기점은 간과했다. 우리를 갈라놓는 몇 가지 예를 들면, "현대의 복음 선교"는 복음전도에 대한 굉장히 폭넓은 정의를 제시하고, 믿음의 근거로 성경의 계시와 함께 "기독교 전통과 교회의 교도권"Christian Tradition and the Church's Magisterium을 언급하며, '오직 믿음으로'에 대한 확실한 설명을 생략하고, 그 "손과 마음"에 교회의 복음전도의 임무가 맡겨진 동정녀 마리아를 "복음전도의 주역"이라고 지명하는 유감스러운 결론을 내린다. 거두절미하고, 동의하는 점을 찾는 내 방식은 매우 선택적으로 "최소 공통 분모"를 찾는 것이다.

그렇다면 그 수렴점이 얼마나 실제 가치가 있을까? 그것이 오늘 영국에서 공통된 복음전도 증거에 제공하는 토대는 정말 견고한가? 이런 질문들이 계속해서 나를 괴롭혔다. 복음전도의 기본 중의 기본은 좋은 소식을 나누는 것이기에, 나누고자 하는 좋은 소식에 대한 동의가 사전에 이루어지지 않으면 연합된 복음전도는 불가능하다. 복음주의자들에게 이것은 양심의 문제다. 나는 복음주의자들이 전국 복음전도 협의회National Initiative in Evangelism가 사도적 복음을 고수한다고 확신하기 전까지는 거기에 협조하지 않을 것이 확실하다고 주장했다. 따라서 우리에게는 복음주의자들의 양심을 안심시키면서도 교회가 복음의 영광을 회복하도록 도와주는 "분명하고, 긍정적이고, 포괄적이며, 그리스도 중심의" 선언이 필요했다.

1979년, NIE 위원회는 다양한 전통의 신학자 15명을 초청하여 이 과제를 수행했다. 레슬리 뉴비긴 주교가 위원장으로, 내가 부위원장으로 선임되었다. 첫 만남에서 우리는 개인의 경험과 신앙을 나누면서 서로 알아 가고 존중하는 시간을 가졌다. 각자 어떻게 그리스도를 믿게 되었는지, 다른 사람과 나누고 싶은 좋은 소식이 무엇인지, 왜 복음전도가 긴급하다고 생각하는지를 솔직하게 이야기했다. 다른 사람들의 이야기를 들으면서 우리는 보다 큰 수렴점을 발견하고 다들 놀랐다. 동일한 성령이 동일한 주님께로 우리를 가까이 이끄셨던 것이다. 우리는 더 깊은 상호 신뢰의 정신으로 우리 과제를 수행해 나갈 수 있었다.

두 번째 만남에서는 네 개의 소그룹으로 나누어 "성경과 복음전도" "하나님과 세상" "예수님과 구원" "교회와 하나님 나라"를 주제로 토론했다. 첫 번째 그룹은 합의된 보고서를 내놓았지만, 나머지 세 그룹은 접근법과 강조점에서 일부 첨예한 차이를 드러낸 개인적인 진술과 반응만 내놓을 수 있었다. 세 번째 만남에서는 그 보고서들을 연구하고 토론했다. 나로서는 조금 맥이 풀리는 시간이었는데, 여러 핵심 사항이 뾰족한 발전 방향 없이 교착 상태에 빠진 것처럼 보였기 때문이다.

그래서 네 번째이자 마지막 모임에 나는 "이번이 마지막 기회"라는 자세로 참석했다. 우리가 실질적인 합의 영역을 적시한 정직한 선언을 내놓는 것이 정말로 불가능했을까? 나는 더는 줄일 수 없는 최소한이라고 생각하는 내용을 담은, 다섯 단락으로 된 짧은 선언문을 가져갔다. 영국 교회 협의회 교회연합사무국 총무 마틴 콘웨이Martin Conway는 조금 더 긴 "10개 논제"Ten Theses를 작성해 왔다. 하지만 이 두 문서는 상당히 겹치는 부분이 많아서, 소그룹에서 우리에게 두 문서를 합쳐 보라고 요청했다. 그런 다음, 우리가 합친 내용을 매끄럽게 다듬었다.

❖

"우리가 함께 확신하는 복음"The Gospel We Affirm Together이라는 제목으로 발표된 이 문서는 복음주의 신학 진영의 포괄적인 고백은 아니다. 우리가 어떤 공동의 사역이나 증언을 추진하려면 복음주의의 정통성을 한 글자도 빠짐없이 포함해야 한다고 주장하는 사람들은 이 문서에 만족하지 못할 것이다. 하지만 여기서 다음과 같은 성경적 복음의 핵심은 확인할 수 있다. 창조주요 주이시며 아버지이신 하나님, 십자가와 부활로 죄와 죽음을 정복하신 예수 그리스도, 그리스도에 대한 독특하고 대체 불가능한 증언이며 하나님이 그것을 통해 말씀하셨고 지금도 말씀하시는 성경, 회개하고 예수님이 주시는 새 생명을 받고 그의 새로운 사회로 들어간 그리스도의 백성된 교회, 권능으로 역사하시는 성령님, 하나님의 궁극적 승리의 약속인 부활의 예수님이 통치하시는 이미 임하신 하나님 나라, 모든 그리스도인의 공통된 책임이자 기쁨인 복음전도.

정통 개신교의 관점에서 보면, 이 문서는 세 가지 핵심에서 정확성이 부족하다. 예수님을 하나님의 "아들"로 표현하지만, 그의 신성을 자세히 설명하지 않았다. 성경의 "대체 불가능한 증언"과 "독특한 권위"를 선언하지만, 성경이 교회의 신앙과 실천에서 유일한 원칙이라는 그 지위는 언급하지 않았다. 하나님의 은혜를 언급하기는 하지만, "그리스도께 회개해야" 할 필요성과 믿음을 통해 그분에게서 새 생명과 구원의 자유를 선물로 받는다고는 분명하게 명시하지 않았다.

그럼에도, 선한 양심으로 이 일곱 진술에 동의할 수 있는 사람은 똑같이 선한 양심을 가지고 그 메시지를 다른 사람들에게 전파하는 데 힘을 합칠 수 있어야 한다. 그해 9월 말에 열린 NIE 총회에서 그 내용에 대한 공감대가 형성되었다. 그때 제기된 질문은 영국의 소외된 대중에게 이제 어떻게 복음을 잘 전달할 수 있을지에 관한 것이었다.

John R. W. Stott, "Cornerstone: Reviving Evangelism in Britain,"
Christianity Today 24, no. 21 (December 12, 1980): 40 - 41.

21장

인도 복음전도의 문제와 전망

—

200년이 넘는 선교 역사에도, 인도의 그리스도인은 전체 인구의 3퍼센트에도 못 미친다.

인도와 사랑에 빠지기는 너무나 쉽다. 영적 민감함과 하나님에 대한 열망을 지닌 인도인의 온화함과 단순함, 잘생긴 남성들과 사리를 차려입은 여성들, 호기심 가득한 눈동자와 미소를 머금은 활기찬 어린이들. 이런 것들이 인도인을 아는 행운을 누린 사람들에게 호감을 주는 인도인의 특징이다.

인도에 기독교 복음이 전해진 것은 꽤 오래전이다. 도마 사도가 1세기에 인도에 갔다는 시리아 그리스도인들의 주장*은 견고한 역사적 증거는 부족하지만, 당시 팔레스타인과 인도 사이에는 교역이 활발했고, 주후 325년의 니케아 신경의 서명인 중에는 "페르시아와 대

• 인도의 성 도마 그리스도인들(Syrian Christians of India)은 시리아 교회의 전례를 따르며, 사도 도마가 자신들에게 복음을 전했다고 믿는다.

인도 주교, 요한"이 있었다.

유럽과의 교역의 문을 연 포르투갈 탐험가들은 예수회 선교사들을 위한 길도 놓았고, 프란치스코 하비에르Francis Xavier가 1542년에 인도에 도착했다. 개신교 선교는 18세기에 시작되었으며, 현대 선교 운동은 1793년에 벵골에 도착한 윌리엄 캐리William Carey와 함께 시작되었다고 말할 수 있을 것이다.

그렇지만 200년이 넘는 개신교 선교사들의 노고에도, 그리스도인이라고 고백하는 인도인은 6억 7,000만 인구의 3퍼센트에 미치지 못한다. 그나마도 그 2/3는 로마가톨릭 또는 정교회 교인이다. 왜 이렇게 더뎠을까?

첫 번째 이유는 지적 측면과 윤리적 측면 양자에서 두드러지는 힌두교의 독특한 성격 때문이다. 지적 측면에서, 힌두교는 모든 것을 수용하고 아무것도 거부하지 않는 완전히 포괄적인 신앙이다. 예수님이 배타적인 주장을 포기하시기만 한다면, 이들은 예수 그리스도도 기꺼이 받아들일 것이다. 하지만 예수님의 유일성이나 최종성은 힌두교도들에게 굉장한 모욕이다. 마하트마 간디Mohandas Gandhi가 이런 태도의 완벽한 예다. 나는 간디가 1936년부터 1946년까지 거주한 아슈람ashram•인 세바그람Sevagram을 방문했을 때 유리문이 달린 작은 책장에서 바가바드기타와 코란, 성경을 본 적이 있다. 간디는 이 세 책을 똑같이 사랑한다고 말했다. 그는 예수님을 매우 존경하고 특히 산상수훈을 좋아했지만, 예수님의 유일성은 강하게 부인했다.

이런 지적 방해물에 윤리적 방해물, 곧 '업'karma이라는 무시무시

• 힌두교 수행자들의 암자

한 교리가 더해진다. 이 교리는 모든 인간은 이생에서가 아니면 '윤회'samsara에서 자기가 저지른 잘못의 열매를 먹어야 한다는 것이다. 어느 그리스도인 신학 교수가 내게 "힌두교인은 구주의 필요성을 절대 인정하지 않을 것"이라고 말한 적이 있다. "자신이 죄인이라고 인정하지 않아서가 아니라, '카르마'나 '바크티'bhakti(종교적인 헌신), 정결 의식으로 스스로 구원할 수 있다고 믿기 때문이다." 힌두교 개혁가 비베카난다Vivekananda가 "어떤 사람을 죄인이라고 부르는 것은 죄"라고 말한 이유도 그 때문이다. 자기구원이라는 환상에 빠진 이런 사람들에게 십자가는 걸림돌에 불과하다. (어느 개종자가 내게 표현한 대로) 그들은 용서가 있다고 말씀하시고, 우리에게 용서를 보장하고 베푸시려고 돌아가신 예수님께로 나아오기 전까지는 용서가 없다고 말하는 힌두교 경전에 떠밀려 절망에 빠져 있을 수밖에 없다.

복음 전파의 두 번째 방해물은 제국주의와 많은 선교사가 심어준 서구화된 기독교였다. 로널드 앨런Ronald Allen은 1912년에 "기독교는 여전히 이국적이다"라고 썼다. 이와 비슷하게, 미국의 감리교 선교사 스탠리 존스Stanley Jones도 자신이 인도 기독교의 "귀화"naturalization라고 명명한 것을 옹호했다. 그는 자신의 책 『인도의 길을 걷고 있는 예수』The Christ of the Indian Road, 1925에서 인도 결혼 풍습을 이야기하면서 이렇게 끝맺고 있다. "신부의 여자 친구들이 음악과 함께 신랑의 집까지 신부와 동행한다.……최대한 갈 수 있는 데까지 가는 것이다. 그러고 나서, 신부를 신랑과 함께 남겨두고 물러난다." 따라서 그는 선교사의 "즐거운 임무"는 그리스도를 인도에 소개하고 물러나는 것이라고 주장한다. "우리는 거기까지만 갈 수 있다. 나머지 길은 그분과 인도가 함께 가야 한다."

❖

그러나 서구 선교사들이 늘 이렇게 겸손하기만 한 것은 아니었다. 『종결자 그리스도』*The Finality of Christ*, 1969에서 레슬리 뉴비긴 주교의 표현을 빌리자면, 때로 이들은 '트라덴다'*tradenda*(전수해야 할 신앙의 기본)와 '트라디타'*tradita*(물려받은 전통이지만, 필수적이지는 않다)를 혼동하여, 전자와 함께 후자도 같이, "풍금에서 대부제archdeacons까지⋯⋯온갖 것을" 전수했다. 천천히 머뭇거리면서도 기독교의 인도화가 일어나고 있다.

인도 복음화의 세 번째 방해물은 선뜻 언급하기가 어려운데, 이 문제를 다루려면 나의 인도 형제자매들을 은연중에 비판할 수밖에 없기 때문이다. 하지만 이 문제를 내게 꺼낸 사람이 인도 형제자매들이니, 그들의 의견을 전달할 뿐이다. 곧 교회 내에 윤리적 징계가 부족하고, 교인들이 카스트 차별, 부패, 소송 등 공공연한 악을 묵인한다는 것이다. 이런 것들은 공적인 추문을 불러일으키는 공적인 죄들이다. 이에 대한 회개와 갱신 없이는, 교회가 효과적인 복음전도 주체가 되는 것을 기대할 수 없다.

이런 세 가지 방해물에도 불구하고, 오늘날 고무적인 일도 많다. 시어도어 윌리엄스Theodore Williams 목사가 세운 인도 복음주의 선교Indian Evangelical Mission와 샘 카말레산Sam Kamalesan 박사가 세운 선교사 기도단Friend's Missionary Prayer Band 같은 토착 인도 선교의 발전이 놀랍다. 현재 FMPB에는 선교사 155명(복음화되지 않은 북부 인도에서 대부분 사역한다)과 선교 후보생 31명이 있으며, 1982년 말까지 선교사 440명 양성을 목표로 하고 있다. 이곳의 모든 인도인 선교사는 인도인들의 후원을 받고 있다. 게다가, 많은 힌두교 마을에서 복음에 호의적인 반응을 보이고 있다. 이전에는 복음을 완강히 거부해서 주변 수 킬로미터 내에 교회 건물이라고는 찾아볼 수 없었던 남부 인도의 한 지역에서, 지금은 매달 100명이 세례를 받고 있다.

하지만 복음전도에 대한 결단은 선교 단체에만 국한되지 않는다. 데블라비Devlavi에서 열린 1977년 전 인도 선교 복음화 대회All India Congress on Mission and Evangelization는 복음전도의 소명이 "인도의 모든 그리스도인"에게 있다고 선언했다. 복음전도 활동의 98퍼센트가 기존 기독교 공동체를 향하고 있다는 점을 지적하면서, 복음을 듣지 못한 97퍼센트에게 관심과 행동을 옮겨 달라고 요청했다. 이어 1979년에는 전 인도 복음화 사회행동 대회All India Conference on Evangelism and Social Action도 열렸다. 이 대회의 마드라스 선언Madras Declaration은 빈곤과 불의와 부패에 맞선 그리스도인의 행동으로 복음을 드러내라고 요청했다.

이처럼 오늘날 인도 복음주의 그리스도인들 사이에는 확신에 넘치는 기대감이 있다. 인도 복음주의 교회 연합Federation of Evangelical Churches of India 총무 찬다필라P. T. Chandapilla 목사는 1월에 마드라스에서 가난한 사람들에 대한 긍휼과 사랑의 선행이 복음 선포의 진정성을 확인해 주는 데 얼마나 중요한지 말해 주었다. "우리는 인도에서 전례 없이 많은 사람이 (특히 부족 거주 지역에서) 예수 그리스도께 돌아오는 모습을 보고 있습니다. 인도에 다른 대안이 없기 때문입니다."

John R. W. Stott, "Cornerstone: The Problems and Promise for Evangelism in India," *Christianity Today* 25, no. 7 (April 10, 1981): 80.

4

온 세상의 교회

22장

라틴아메리카 방문

이번이 두 번째 방문에다 7개국을 들르는 일정이긴 했어도, 라틴아메리카에 6주 머문 것이 내가 이 지역에 대한 어떤 판단을 할 수 있는 근거가 되지는 못한다. 이 지역에 대한 인상을 표명하는 것도 적절하지 않은 것 같다.

라틴아메리카 사람들이 스스로를 피압제민으로 여긴다는 것은 분명한 사실이다. 150년 전에 스페인과 포르투갈의 식민 지배에서 벗어났지만, 이들은 경제적으로나 정치적으로 해방되었다고 느끼지는 않는다. 예를 들어, 호세 미구에즈 보니노José Miguez Bonino 교수는 『혁명적 상황에서 신학하기』Doing Theology in a Revolutionary Situation, 1975의 첫 부분에서 역사적 분석을 하는데, 여기서 그는 기독교가 구분은 되지만 똑같이 억압적인 두 단계, 곧 "스페인 식민주의(로마가톨릭)와 북대서양

신식민주의(개신교)"로 라틴아메리카에 들어왔다고 주장한다. 그는 이 책 후반부에 이렇게 쓴다. "우리 역사를 이해하는 기본 범주는 개발과 저개발이 아니라 지배와 종속이다." 그렇지만 그 지배가 전적으로 외부에서 온 것만은 아니다. 브라질 헤시페^{Recife}의 로마가톨릭 대주교 돔 헬더 카마라^{Dom Helder Camara}는 라틴아메리카 내부의 우파 과두지배층과 군사 정권의 지속적인 정치적·경제적 억압에 맞서 용감하게 저항한 이다. "외부의 제국주의가 끝나고 나서도······ 최악의 제국주의 형태, 곧 내부의 제국주의가 지속되는 것은 심각한 문제다."

우리 복음주의 그리스도인은 이러한 상황을 무시하거나 우리의 관심사가 아니라고 선언하면서, 성경 전체 맥락에서 특정 본문을 떼어 내 우리의 경건주의를 변호하려 해서는 안 된다. 하나님은 당신의 형상대로 사람을 만드셨다. 사람의 형상이 타락으로 왜곡되었지만, 하나님은 지금도 그렇게 만드시며, 사람의 온전한 인간성을 훼손하는 모든 것에 반대하신다. 따라서 우리는 해방신학자들이 "인간화"를 그리스도인이 품어야 하는 올바른 소망의 목표로 삼는다고 해서 그들과 다투어서는 안 된다. 우리가 해방신학자들과 다투어야 할 것은 그들이 인간화를 성경의 구원관과 등치하고, 유토피아주의와 보편주의를 지지하며, 자신들의 입장을 뒷받침하려고 수상쩍은 성경 해석에 의존한다는 점이다. 하지만 복음주의자들은 도대체 언제 우리만의 성경적 해방신학을 개발할 것인가? 우리에게 더 나은 대안이 없다면, 비난해 봐야 소용없다.

라틴아메리카의 억압 의식을 고려한다면, 이곳을 찾는 사람은 다양한 해결책이 경쟁적으로 제기되는 것을 보면서 혼란을 느낀다. 폭력 혁명을 주창하는 소수가 가장 큰 주목을 받는다. 그들은 주장하기를, 스페인 정복자들에게서 폭력으로 해방을 쟁취했다면, 오늘날에도 폭력만이 북미 다국적 기업과 라틴아메리카 과두지배층에게서 권력을 빼앗을 수 있다고 말한다. 많은 학생들이 체 게바라를 영웅으로 추대한다. 그리스도인에게 더 도전을 주는 인물은 로마가톨릭 사제였던 카밀로 토레스Camilo Torres 같은 이다. 10여 년 전에 콜롬비아 게릴라에 가담한 그는 작전 중 총에 맞아 사망했다. "나는 진정한 사제가 되기 위해 사제복을 벗었다. 혁명가가 아닌 가톨릭 신자로 산다는 것은 대죄를 짓고 사는 것이다"라고 그는 선언했다. 그의 글을 읽으면서 두 가지가 인상적이었다. 첫째는 비상한 순진함이다. 그는 콜롬비아에 혁명이 무르익었고, 지도자만 있다면 국민들이 봉기하여 권력을 장악할 것이라고 생각했다. 하지만 그는 자신이 꿈꾸는 세상 속에 살고 있었다. 그가 내놓은 방안들은 현실성이 떨어졌다. 더 중요한 것은, 그것들은 성경적 근거가 부족했다. 역설적이게도, 그는 이웃을 사랑하라는 명령에 기초하여 폭력 혁명에 정당성을 부여했다. 그는 "오직 혁명으로 우리나라의 견고한 현실을 바꾸어야만 서로 사랑할 수 있게 된다"고 주장했다. 이것은 곧 다수에게 음식과 의복과 교육을 제공하는 것을 뜻했다. 하지만 그는 폭력에 대한 자신의 주장을 비폭력을 가르치시고 본을 보이신 예수님과 조화시키려는 어떤 노력도 하지 않았다.

라틴아메리카의 마틴 루터 킹이라고 부를 만한 돔 헬더 카마라의 글을 보면서 사람들은 우선 안심이 된다. "나의 개인적인 확신은 평화의 순례자의 확신이다.⋯⋯개인적으로는, 죽이는 것보다 죽임을 당하는 편이 수천 배 낫다"고 그는 말했다. 이것은 그의 사회의식이 약해서가 아니다. 그는 자신의 비폭력의 기초를 일부는 복음에, 일부는 현실주의에 둔다. "비폭력은 전쟁과 살인과 증오의 힘보다 진리와 정의와 사랑의 힘을 더 열정적으로 믿는다는 뜻이다."

나는 또한 카마라 대주교의 분별력을 존경한다. 그는 무차별적 비난을 피한다. 현재 벌어지고 있는 논쟁에서 내 마음을 심히 무겁게 만드는 것은, 많은 라틴아메리카인들이 자본주의에 가하는 무비판적인 적대감과 많은 북미인들이 공산주의에 가하는 무비판적인 적대감 둘 다이다. 우리가 구호에 사용할 단어를 그렇게 순진하게 골라야 하겠는가? 미구에즈 박사는 자본주의에 노골적으로 반대하지만, 코스타리카에서 개인적으로 나눈 대화에서 자신의 공격은 "이익 자체를 목적으로 하는 것"을 겨냥한 것이라며, 생산의 올바른 목표는 "인간의 필요를 충족하는 것"이어야 한다고 설명했다. 이타심이 아닌 탐욕을 동기로 삼지 않는 한, 어떤 복음주의자가 이에 반대할 수 있겠는가? 개인적으로 나는 자본주의가 표방하는 창조적인 기업 활동을 위한 자유를 계속해서 지지하고 싶지만, 그런 자유가 책임감 있게 통제되고, 하나님의 창조세계를 약탈하거나 하나님의 형상으로 창조된 인간을 착취하는 구실로 사용되지 않을 때에 한해서다.

그렇다면 사회주의는 어떤가? 물론, 복음주의자들은 사회주의라는 이름으로 자행된 끔찍한 만행을, 사회주의와 연결되어 있는 유물론 철학 및 개인의 진취성 파괴를 거부한다. 하지만 중요한 것은 지금부터다. 주교들에게 보낸 『지상의 평화』*Pacem in Terris, 1963* 회칙에서, 교황 요한 23세는 사회주의에서 "찬성할 만한 훌륭한 요소"를 인정해야 한다고 썼다. 어리석게도 우리 복음주의자들은 수많은 젊은 사회주의자를 움직이는 순수한 이상주의와 가난하고 억압받는 사람들과의 연대를 제대로 못 본다. 의미심장한 예가 여기 있다. 에콰도르의 레오니다스 프로아뇨Leonidas Proaño 주교가 이 나라의 수도 키토에서 열린 대규모 마르크스주의 학생 집회에서 복음서의 열정적이고 급진적이며 진정한 예수를 이야기했을 때, 그 학생들은 이렇게 말했다. "우리가 '이' 예수를 알았더라면, 절대 마르크스주의자가 되지 않았을 것입니다."

라틴아메리카의 문제들에 대해서는 어떤 해결책이 있을까? 기독교의 다른 어떤 단일 대안보다도 복음화에 더 희망이 있다고 나는 변함없이 확신한다. 우리는 우리에게 사명을 주신 주 예수의 권위 아래 있다. 복음보다 더 우리를 인간답게 만드는 것은 없다. 복음을 통해 사람들은 다시 하나님의 형상으로 재창조된다. 나아가, 하나님의 사랑의 복음은 사람들을 비인간화하는 모든 것에서 구해 내는 가장 강력한 동기를 부여한다. 하지만 이는 우리가 참되고 온전한 신약 복음을 선포한다는 것을 전제한다. 우리는 아편을 투약하듯이 복음을 사용하여 사람들에게 며칠 후 요단 강 건너서 만나면 기쁨과 정의가 있을 것이니 현 상태에 순응하라고 설득해서는 안 된다.

나는 르네 파디야 박사가 "전 지구적 해결책은 없다"고 주장한 말이 옳다고 생각한다. 그는 절망해서 이렇게 말한 것이 아니다. 그는 하나님의 방식은 당신의 새로운 사회에 당신의 나라의 표지로서 인간 공동체의 모델을 제시하고, 당신의 백성이 혁신적인 사람들이 되도록 격려하는 것이라고 (나처럼) 믿기 때문이다. 예를 들어, 기독교적 사회 행동에는 존 퍼킨스John Perkins가 미시시피에서 주도한 지역사회 활동들, 그리스도인 의사들과 의대생들의 자원봉사로 운영되는 도미니카공화국의 기독교 의료 센터, 페루 우아일라스의 지역사회 개발 계획, 알팔리트Alfalit가 여러 나라에서 후원하는 문맹 퇴치 프로그램, 콜롬비아 해안에서 그레고리오 란데로Gregorio Landero의 복음전도와 사회복지 연계 활동, 북부 아르헨티나의 인디언 원주민을 위한 농업기술 프로그램, 베네수엘라의 그리스도인 대학원생들이 세운 은행 등이 포함될 수 있다.

라틴아메리카의 기독교 선교가 복음전도와 나란히 이런 프로젝트를 점점 더 많이 추진할 수 있기를 간절히 바란다. 선한 일이 함께 하지 않는 복음을 사람들은 신뢰하지 않는다.

John R. W. Stott, "Cornerstone: A Visit to Latin America,"
Christianity Today 21, no. 23 (September 9, 1977): 49 – 50.

23장

"떨어져 나간" 그리스도인들

라틴아메리카 어느 대도시에서 지역 교회에 환멸을 느낀 그리스도인 학생들이 교회를 떠났다. 그들은 자기들끼리 모여서 스스로 '크리스티아노스 데스깔가도스'*cristianos descolgados*, (벽에서 떼어 낸 그림처럼) "떼어낸" 또는 "떨어져 나간 그리스도인"이라고 부른다. 얼마 전에, 이들을 잘 아는 어느 목회자와 대화하면서 그들이 환멸을 느낀 이유를 물었다. 성경을 진지하게 가르치고 설명해 주며 사회에 관심을 가지는 교회를 그들이 찾지 못했고, 교회에서 가르치는 것과 교회의 실제 모습 사이에서 심각한 괴리를 보았으며, 그리고 교회가 프로그램을 만드는 데 평신도들이, 특히 젊은이들이 참여하거나 기여하는 것을 허락하지 않았기 때문이라고 그는 말했다.

또 다른 라틴아메리카 도시에서는 한 무리의 학생이 막 수련회에서 돌아왔다. 주님을 만난 그들은 열정에 불타올랐다. 그들의 친구 몇 명이 회심했다. 너무 기쁜 나머지 그들은 그 회심한 친구들에게 강에서 세례를 베풀었다(내 생각에는 실수한 것 같다). 그리고 실망스러운 결론에 도달했다. "우리가 직접 대학 교회를 세우면 어떨까?" 나는 지역 교회에 머물면서 하나님의 손에 쓰임 받는 개혁의 도구가 되라고 그들을 설득하느라 무척 힘들었다.

아마도 이런 이탈은 제도적 권위에 저항하는 전세계적인 경향의 일부일 것이다. 하지만 그리스도인들 사이에서는 심각한 문제인데, 교회는 젊은이들이 반란을 일으키는 억압적인 구조나 특권적 기득권이 되어서는 안 되기 때문이다. 예수님은 세속 세계에서는 지도자들이 "권위를 휘두르지만 너희는 그래서는 안 된다"고 말씀하셨다. 그는 전혀 다른 공동체를 세우러 오셨고, 섬기는 리더십이라는 새로운 스타일을 몸소 보여주셨다.

이렇게 진정성이 없는 어른들을 혐오하는 젊은이들은, 교회와 교회를 세우신 분 사이의 이분된 현실을 금세 간파한다. 예수님은 항상 젊은이들에게 호감을 주셨다. 그들이 보는 예수님은 장로의 전통과 사회의 인습을 견디지 못하는 급진적인 분이시며, 종교 기득권층을 가차 없이 비판하는 분이시다. 그들은 이런 예수님을 좋아한다. 하지만 교회는 어떤가? 젊은이들이 보는 교회는 그리스도의 "향기"를 잃어버린 것 같다. 그래서 많은 젊은이들이 자신들의 의사를 '두 발로' 표명한다. 교회를 떠나는 것이다.

❖

그렇다면 어떤 것들이 교회의 우선과제가 되어야 할까? 내가 제안하는 목록은 이렇다. 첫째, 성경 본문을 충실하게 주해하는 동시에 그 본문을 오늘의 뜨거운 이슈와 연결해 주는 설교·교육 사역이 필요하다. 복음주의의 설교는 성경적이지만 시대와 동떨어진 설교가 되기 쉽고, 자유주의의 설교는 시대와 밀접하지만 성경적이지 않은 설교가 되기 쉽다. 왜 이렇게 양극화되어야만 하는가? 매우 드물지만, 이 둘을 합친 설교야말로 정말 강력한 설교다.

둘째, 따뜻하고 배려하며 서로 힘이 되는 친교가 필요하다. 젊은 이들은 진정한 사랑의 관계에 목마르다. 일리노이 대학교 정신의학과 명예교수이자 유명한 프로이트 비평가인 호바트 모러^{Hobart Mowrer}는 그리스도인도 유신론자도 아니지만, 자신이 "교회와 사랑싸움"을 하고 있다고 말한 적이 있다. 무슨 뜻이냐는 질문에, 자신은 십대 시절에 교회에 실망했고, 교회가 지금도 계속해서 자기 환자들을 실망시키고 있다고 대답했다. 왜? "교회는 공동체의 비결을 배우지 못했기 때문이다." '진정한' 공동체인 교회도 있으니까, 그의 대답이 불공평하다고 생각할 수도 있다. 하지만 그의 이러한 입장은 쓰라린 경험에서 체득한 것이다. 나는 이것이 내가 들어 본 교회에 대한 비판 중에 가장 심각하다고 생각한다.

셋째, 살아 계신 하나님을 드러내고, 죄와 죽음을 이기신 예수 그리스도의 승리를 경축하는 예배가 필요하다. 틀에 박힌 순서가 실질을 대체하고, 예전^{liturgy}은(예전이라는 게 있다면) 우울한 의식이 되어 버리는 경우가 너무 많다. 나는 회중 예배에는 항상 품위가 있어야 한다고 생각하지만, 예배를 무미건조하게 만들어 버리는 것은 용서할 수 없다. 고(故) 제프리 피셔 대주교Archbishop Geoffrey Fisher는 "나이가 들면 들수록, 기독교는 기쁨의 긴 외마디 외침이라는 확신이 더 든다"고 말했다. 옳은 말씀이다. 예배의 기쁨을 회복하려면 관습에 얽매이지 않아야 한다. 특히나, 일부 완고한 역사적 교파들에서는 말이다.

넷째, 세속 공동체 속으로의 창의적이고 민감하며 긍휼이 넘치는 다가감이 필요하다. 교회의 별난 진면모는 교회가 세상으로 나아갈 때 드러난다. 밖을 향하는 그러한 관심은 복음전도와 사회적 행동을 결합할 것이며, 그래서 이 둘을 갈라놓은 무익한 대립을 극복해 내는 것이다. 행함이 없는 믿음이 죽은 것이라면 선행good works이 없는 복음good news은 신뢰를 얻지 못할 것이다. 교회 밖을 향한 관심은 또한 "교권주의" 곧 평신도에 대한 성직자의 억압을 포기하는 것을 뜻하며, 그리스도의 몸을 이루는 모든 지체가 각자 다양한 은사에 따라서 다양한 사역들에 적극적으로 참여하는 것을 뜻한다.

교회의 영적 갱신에 필요한 이러한 네 가지 주요 지표들을 생각하면서, 나는 이것들이 오순절에 갓 태어난 교회의 특징과 정확히 일치함을 깨달았다. 성령으로 충만하게 된 첫 그리스도인들은 "사도들의 가르침에 몰두하며, 서로 사귀는 일과 빵을 떼는 일과 기도에 힘썼고……주님께서는 구원받는 사람을 날마다 더하여 주셨다" (행 2:42, 47). 성령이 능력으로 임하시는 곳에서는 언제나 사도의 가르침, 사랑의 친교, 기쁨이 가득한 예배, 지속적인 복음전도가 교회의 본질을 이루는 특징이 된다.

John R. W. Stott, "Cornerstone: 'Unhooked' Christians,"
Christianity Today 22, no. 1 (October 7, 1977): 36 – 37.

24장

영어권 서아프리카

서아프리카를 찾은 미국이나 유럽의 그리스도인이라면 누구라도 당황하고, 심지어 부끄러움을 느낄 수밖에 없다. 250년간 지속된 끔찍한 노예무역이 이 지역 전체에 입에 담기도 힘든 비극을 불러왔다. 줄잡아 3,000만에서 4,000만의 노예가 유럽의 식민지들로 팔려 갔으며, 대서양을 횡단하는 도중에 그만큼의 노예들이 목숨을 잃었다. 케네스 스코트 라토렛Kenneth Scott Latourette 박사는 이를 "거대한 악"이라고 불렀는데, 과장이 아니었다. 맬컴 엑스Malcolm X가 이를 "세상에서 가장 큰 범죄"라고 일컬은 것도 마찬가지다. 물론, 그리스도인들이 노예무역 종식과 노예해방에 앞장섰지만, 그 전까지 노예무역과 노예제도, 이 두 참상은 너무 오랫동안 묵인되었다.

그 무렵에 나온 식민지 기록이 있다. 아프리카 전문가 마저리 퍼햄Margery Perham은 『식민지 시대 심판』The Colonial Reckoning이라는 제목으로 출판된 자신의 레이 강연Reigh Lecture•에서, 식민 세력이 남긴 좋은 것들(도로에서 학교, 사법제도까지)에 경의를 표했다. 그녀는 제국들의 초기 동기는 이기적이었고(무역, 안전, 권력), 지배자보다 피지배자의 유익을 챙기는 박애 개념은 훨씬 나중에, 서서히 발달했다고 인정했다. 퍼햄은 이렇게 썼다. "마침내 아프리카인들의 자의식이 깨어났을 때는 역사가 기록된 내내, 나머지 세상이 자신들을 무시하거나 노예 삼거나 굴복시키거나 경멸하거나 깔보았다는 것을 발견했다." 아프리카 사람들은 "억압보다는 굴욕"을 느꼈고, 이들이 추구하는 해방은 정치적 독립보다는 인간 존엄성을 요청하는 것이었다(그 점은 지금도 마찬가지다).

이런 역사를 알고 겸허해진 마음으로 9월 한 달간 영어권 서아프리카 5개국을 방문했다. 나이지리아에서 시작하여, 가나와 라이베리아와 시에라리온을 거쳐, 감비아라는 작은 나라에서 일정을 마친 이 여행에는 목회자 집회, 학생 사역, 공개회의 등이 잡혀 있었다. 대부분 성공회 교회에서 계획한 행사들이지만, 범 아프리카 복음주의 학생회Pan-African Fellowship of Evangelical Students, PAFES와 성서유니온Scripture Union의 후원도 받았다. PAFES와 더불어 성서유니온도 이 지역의 전도유망한 기독교 리더십에 상당한 영향을 미친 단체다.

• BBC 라디오 4에서 방송되는 당대 주요 인물의 연례 라디오 강연 시리즈

4부 온 세상의 교회

현지화

마드라스 주교를 지낸 레슬리 뉴비긴 박사는 한 책에서, 초기 남인도 선교사들이 "풍금부터 대부제까지" 서구 교회의 별별 것을 다 수출했다고 우스갯소리를 섞어 꾸짖는다. 서아프리카에도 똑같은 말을 할 수 있을 것 같은데, 그 변형이 다소 기괴하다. 코코야자 위로 고딕 첨탑이 솟아 있고, 일부 성공회 주교들은 열대 기후에서 입기에는 고역인 중세, 유럽, 로마 풍의 가운을 입는다. 영국의 1662년 성공회 기도서를 계속해서 사용하다 보니 아프리카인들이 앵글로색슨족도 더는 발음하기 힘든 고대어를 제대로 발음할 리 없다. 아프리카 기독교 출판사에서 현지어로 번역한 곡을 일부 수록한 찬송가를 펴내기는 했지만, (최소한 선교사가 세운 오래된 교회들에서는) 가사와 음악 모두 여전히 서구의 것이 대다수다. 여정 마지막에 가나 젊은이들이 자기네 고유의 트위어Twi 찬양을 부르는 것을 듣고 볼 수 있어서 특히 기뻤다. 그제야 비로소 그들은 온전한 자기네 모습을 찾을 수 있었다. 그들은 북과 탬버린, 손뼉, 빈 콜라병에 칼 두드리는 소리를 곁들여서 큰 목소리와 율동으로 온전히 예배했다. 그들의 눈과 이는 흘러넘치는 기쁨으로 빛났다.

외국 문화에 저항하고 아프리카의 진정한 기독교 신앙과 삶을 표현하려는 노력이 아프리카 독립 교회African Independent Churches를 형성한 주요 추진력이었다. 나이로비의 데이비드 바렛David Barrett 박사는 『아프리카의 교단 분열과 부흥』Schism and Renewal in Africa, 1968에서 이런 교회들을 6,000곳이나 분석했다. 사실상, 아프리카 전체 기독교 공동체의 약 1/5이 소속되어 있다. 가나 기독교 협의회Christian Council of Guana 총무 피터 바커Peter Barker는 가나 기독교에 대한 간략한 자료와 정보를 수집했는데, 얼마 후에 『500 교회』Five Hundred Churches라는 책으로 출판되었다. 그는 이 중에서 약 450개 교회가 "독립적인" 또는 "영적인" 교회임을 보여준다. 많은 교회가 나이지리아의 유명한 "그룹과 스랍 교회Cherubim and Seraphim Church"나 "알라두라 주님의 교회the Church of the Lord Aladura" "하나님은 우리의 빛 교회God is our Light Church" 같은, 마치 그림을 보는 것 같은 이름을 골랐다. 일부 이단도 있고, 혼합주의 성향과 부적과 주술사 같은 미신 행위 때문에 관찰자들을 불안하게 만드는 곳도 있다. 이 모두가 교회의 분열과 파편화라는 심각한 문제를 제기한다. 하지만 대다수는 예수 그리스도를 하나님과 구주로 고백하는 진정한 교회이고, 진정한 아프리카다운 기독교를 발전시키겠다는 결단에 우리는 박수갈채를 보낼 수 있다.

복음화

유럽 선교사들이 18세기에 서아프리카에 도착했다. 본국으로 송환되어 라이베리아와 시에라리온에서 자유의 삶을 시작한 노예들은 그리스도인들이었다. 19세기 중반에 바베이도스에서 해방된 노예들은 "서아프리카 복음전파를 위한 서인도인 협회"The West Indian Association for the Furtherance of the Gospel in Western Africa를 만들기도 했다. 1855년, 이들이 처음으로 파송한 두 선교사가 지금의 기니Republic of Guinea에 도착했다. 하지만 초기부터 복음이 기대만큼 폭넓게 또는 빠르게 전파되지 못했다고 말할 수밖에 없어 안타깝다. 각국의 정확한 그리스도인 비율은 파악하기 힘들지만, 인구의 53퍼센트가 그리스도인인 가나부터 인구의 98퍼센트가 무슬림이고 그리스도인은 2퍼센트에 불과한 감비아까지 다양하다.

최근 들어, 부분적으로는 베를린 대회와 로잔 대회에 자극을 받아, 이 지역의 복음화를 위한 새로운 열정이 나타나기 시작했다. "만인을 위한 새 생명"New Life for All(라틴아메리카 "심층 복음전도"Evangelism in Depth의 아프리카 버전)이 나이지리아에서 시작되어 다른 나라들로 퍼져 나갔다. 예를 들어, 가나에는 이제 이 프로그램을 진행하는 전임 순회 활동가가 네 명이 있다. 가나는 올해 초에 자체 복음전도 대회를 개최하여, 몇몇 복음주의 지도자들이 "기독교 전도 협회"Christian Outreach Fellowship을 세워 국내외 복음전도를 활성화하려고 애쓰고 있다. 나이지리아에서는 1975년 8월에 최초의 복음전도 대회를 개최하여 831명이 참석했고, 1978년 8월에 2차 대회를 계획하고 있다. 2차 대회는 1,500명이 참석하여, 1980년 말까지 모든 나이지리아인에게 복음을 전하는 것을 목표로 하는 "오퍼레이션 굿 뉴스"Operation Good News로 이어지기를 기대하고 있다.

가장 고무적인 소식은 이제는 ECWA, 서아프리카 복음주의 교회Evangelical Church of West Africa(1893년 이후에 수단 내지 선교회Sudan Interior Mission의 노력으로 시작된 단체)에 나이지리아의 1,400여 교회뿐 아니라, 산하 "복음주의 선교회"Evangelical Missionary Society에 선교사 260명이 소속되어 있다는 사실이다. 지금까지는 이 선교사들이 나이지리아와 인접 국가에서만 활동하고 있지만, 머지않아 수단의 무슬림 나이지리아인들을 위한 사역을 시작할 것이다. 거기에는 해마다 메카로 성지순례를 갔다가 고향으로 돌아오지 못한 수만 명도 포함된다.

마지막으로, 오늘날 서아프리카에서 복음전도를 방해하는 문제들을 다루어야 한다. 교회마다 명목상의 신자들 때문에 골치를 앓고 있다. 감비아의 리갈 엘리제^{Rigal Elisée} 주교가 내게 말했다. "사람들은 세례를 받고 견진성사를 받지만, 아무 의미가 없습니다. 우리가 어떻게 회심하는지를 먼저 이해해야 합니다." 이름만 신자인 사람들과 더불어 낮은 윤리적 기준도 문제인데, 특히 가정에서는 부도덕이, 사업계에서는 부패가 문제다. 효과적인 복음전도의 세 번째 걸림돌은 부족 중심주의와 교파주의가 초래한 교회의 분열이다. 나는 이미 독립 교회의 확산에 대해 언급했는데, 오래된 개신교회들도 연합에 실패했다. 나이지리아 성공회·감리교·장로교 교회들의 연합 제안은 1965년 12월, 그 출범을 불과 몇 주 앞두고 무산됐다. 가나의 비슷한 계획은 출범 며칠 전에 취소됐다. 그 이후로 새로운 연대 추진은 거의 나타나지 않았다. 그럼에도, 나라마다 기독교협의회가 있어서 교회 간 협력이 가능하고, 연합 신학교도 몇 군데 있다.

복음주의자들은 서로 밀접하게 동역하는 모습도 보여주고 있다. 아이보리코스트^{Ivory Coast}[코트디부아르]에서 8월 초에 AEAM, 아프리카·마다가스카르 복음주의 협회^{Association of Evangelicals of Africa and Madagascar} 3차 총회가 열렸다. 고인이 된 비양 카토^{Byang Kato}에 이어 또 다른 나이지리아인 토쿤보 아데예모^{Tokunboh Adeyemo}가 총무를 맡았다. 그는 댈러스 신학교에서 박사 연구를 마치고 12월에 아프리카로 돌아갈 계획이다. 프랑스어권 아프리카에서는 10월에 약 30명의 학생으로

BEST, 방기* 복음주의 신학교Bangui Evangelical School of Theology가 문을 열고, 아프리카 복음주의 신학회African Evangelical Theological Society가 AEAM 신학 위원회 주도로 시작되었다. 이 모두가 얼마나 고무적인 소식인지 모른다. 더 많은 복음주의자가 서아프리카 교회의 개혁과 갱신에 쓰임 받는 도구로 하나님께 헌신하기를 기도한다. 그렇지 않으면 이 지역의 복음화는 계속 지연될 것이다.

John R. W. Stott, "Cornerstone: English-Speaking West Africa,"
Christianity Today 22, no. 5 (December 9, 1977): 38–39.

• 중앙아프리카공화국 수도

25장

영국의 교회와 국가: 여왕 재임 25주년 단상

엘리자베스 여왕 재임 25주년이 막 마무리되었다. 이 기념행사는 작년[1977년] 6월 7일, 세인트폴 대성당에서 영국인들이 사랑하는 화려한 전통 행사와 함께 감사 예배를 드리면서 시작되었다. 왕정을 비판하는 사람들의 목소리는 여전히 높지만, 여왕의 인기는 아무도 의심하지 않을 것이다. 여왕의 헌신, 수고, 기독교 신앙, 정직성, 가정생활은 전 세계적으로 존경을 받고 있다.

　엘리자베스 여왕은 영국성공회 "수장"supreme governor이기도 한데, 이 칭호는 16세기까지 거슬러 올라간다. 교황 클레멘트가 헨리 8세와 아라곤의 캐서린Catherine of Aragon의 이혼을 반대하자, 헨리는 교황 수위권을 대체하는 수장령을 발표했다.

　종교개혁 기간과 그 이후로, 교회와 국가의 관계에 대한 관점은

"에라스투스주의"(교회는 국가에 완전히 종속되어야 한다)에서부터 "신권정치"(그리스도가 교회에 영적이고 현세적인 권력을 주셨다)까지 다양했다. 이런 관점들과 극명하게 대조적으로, 미국 수정 헌법 제1조는 미국 의회의 완전한 종교적 중립성을 선언한다.

이처럼 "극단적"이라는 표현을 들을 만한 입장 세 가지—에라스투스주의Erastianism(국가가 교회를 통제한다), 신권정치(교회가 국가를 통제한다), 중립주의(교회와 국가의 완전한 분리)—가 있다. 우리는 반드시 이 세 가지 대안 중에서 하나를 선택해야 할까? 아니면 또 다른 방법이 있을까? 교회와 국가가 분리되지 않고, 서로 섬기지만 통제하지 않는 방식으로 관계를 맺을 수 있을까? 나는 그럴 수 있다고 믿는다.

구분과 정의

이 가능성을 추구하기 위해서는 "국가"교회state church, "국정"교회established church, "국민"교회national church를 구분하는 것이 중요하다. 국가 교회에서는 국가 수장을 교회의 최고 권위로 인정한다. 모든 국민은 (그들이 자의로 국가 교회에서 탈퇴하지 않는 한) 교회에 세금을 내고, 국가가 성직자를 심사하고 임명하며 그들에게 보수를 지급한다. 교회 분쟁도 국가가 해결한다. 유럽의 루터교회들이 국가 교회다. 하지만 영국성공회는 국가 교회가 아닌데, 국가가 교회세를 징수하지 않기 때문이다. "국정"교회는 국가의 공식 종교로서 "법으로 제정한" 교회이기 때문에 이렇게 불리며, 법에 정해진 특혜를 받고, 국가의 통제를 받아야 한다. 국민 교회는 전 국민에 대한 기독교적 책임—복음전도, 목회, 예언—을 인정하기 때문에 그렇게 불린다.

현재 영국성공회Church of England와 스코틀랜드장로교회Church of Scotland, 둘 다 국정 교회인 동시에 국민 교회다. 하지만 둘 중 스코틀랜드 모델이 더 낫고 성경적인데, 스코틀랜드장로교회는 국가 통제에서 자유롭고, 국법으로 보장받는 것보다 국민에 대한 선교를 더 강조하며, 따라서 특혜보다 책임을 더 강조하기 때문이다. 내 논지는 영국성공회가 반세기 넘게 스코틀랜드장로교회의 방향으로 나아가고 있으며, 머지않아 따라잡을지도 모른다는 것이다.

"국정 교회"에 대한 비판

영국식 국정 교회 모델에는 성경적 민감성을 지닌 그리스도인들에게 몹시 불쾌한 요소가 두 가지 있다. 이들은 국가가 행사하는 통제와 국가가 부여하는 특권을 우려한다.

어떤 식으로든 국가가 교회에 개입하거나 교회를 통제하는 것은 참기 어려운 일이다. 20세기에 영국성공회는 서서히 그런 통제에서 벗어났다. 1919년에 영국성공회는 ("교회 위원회Parochial Church Council부터 "전국 총회National Assembly"까지) 일정 범위 내의 자치권을 얻었고, 1969년에는 완전한 교회 자치권을 획득했다. 그럼에도, 의회는 한동안 교회입법안에 대한 거부권을 보유했다(1928-1929년에 이 거부권을 발동하여 기도서 개정을 거부했다). 하지만 1974년에 이 의회 거부권은 폐지되었고, 교회는, 1662년 기도서가 제정한 교리를 벗어나지 않는 범위 내에서, 예배의 순서를 정하고 교리를 해석할 수 있는 권한을 획

4부 온 세상의 교회

득했다.

또한 1974년에 영국성공회 총회General Synod는 주교를 임명할 수 있는 "결정적인 목소리"를 달라고 요청했다. 그전까지는, 막후에서 폭넓은 협의가 있긴 했지만, 여왕이 총리의 자문을 받아 주교를 임명했다. 2년 후에 총회는 향후 주교직에 공석이 생기면 소규모 교회 위원회가 총리에게 후보 2인을 추천하고, 총리는 더 이상 직접 주교 후보를 추천하지 않기로 하는 안을 수용했다. 압도적 다수가 찬성표를 던졌는데(390-29), 이것이 이상적이라고 생각해서가 아니라, 헌정 위기를 일으키지 않고 손에 넣을 수 있는 최선의 양보라고 생각했기 때문이다. 이로써 교회는 최소한 주교 후보를 (선출하거나 임명하는 것은 아니지만) 추천할 수 있는 단독 권한을 갖게 되었다.

현재의 국정 교회에 대한 두 번째로 불쾌한 요소는, 사회와 교계 전체의 관점에서 볼 때 영국성공회가 누리는 특권이다. 가장 좋은 예로 최고위 주교 26인이 당연직 상원 의원이라는 사실을 들 수 있을 것 같다. 상원에서 그리스도인의 목소리를 낼 수 있어서 다행이라고 생각하는 사람도 있겠지만, 왜 영국성공회가 이 나라의 다른 집단이나 다른 교회들에는 주어지지 않은 특권을 가져야 하는가?

교회와 국가의 상호 의무

로잔 언약에 따르면, "교회가 간섭받지 않으면서 하나님께 순종하고, 주 그리스도를 섬기며, 복음을 전파할 수 있도록 평화와 정의와 자유를 보장해야 할 의무는 하나님이 모든 정부에게 지정하신 의무다"(13. 자유와 핍박). 이 주장의 성경적 근거는 로마서 13장과 디모데전서 2장에서 찾을 수 있다. 국가와 그 지도자들을 위해 기도하고, (그리스도인의 양심이 허락하는 한도 내에서) 국가의 법에 순종하며, 세금을 납부하고, 다른 시민들에게 모범이 되며, 나라의 유익을 추구하고, 국가 양심의 수호자가 되며, 국민의 목회자가 되는 것이 교회의 보완적 의무이다.

이러한 상호 책임은 기독교적 영향력이 상당한 나라들에서만 받아들여질 수 있을 것이다. 그렇지 않은 곳에서는, 오늘날 공산 진영에서처럼, 국가가 교회를 억압하고 박해할 수도 있다. 하지만 국가가 교회를 보호하고 세우고, 심지어 교회를 국법으로 제정하는 곳에서도 기독교가 반드시 시민 종교가 되고 교회 지도자들이 공복(公僕)이 되는 것은 아니다. 이에 반하는 두드러진 예로, 2차 세계대전 당시 상원에서 독일 도시들에 대한 영국 정부의 무차별 폭격을 맹렬히 비판한 조지 벨George Bell 주교를 들 수 있다.

국가에 의한 교회의 승인이나 제정은 국가와 교회 모두에게 유익이 될 수 있다. 하나님이 주신 각자 및 상대방의 독특한 역할을 인정하고, 상대방의 영역을 침범하지 않으며 자기 역할을 충실하게 수행하는 협력 관계를 발전시킨다면 말이다. 영국성공회가 이렇게 되고자 한다면, 교회가 자체의 일을 스스로 관장하는 과정을 완성하고, 부당한 특권은 스스로 박탈하며, 국민 교회로서 복음전도와 목회, 예언의 책임을 더욱 성실하게 감당하려는 결단이 필요하다.

나는 노팅엄 선언Nottingham Statement, 1977년 4월의 K7 항에 동의한다. "우리 교회가 자신을 이 나라의 교회로 제정한 유구한 헌법적 유대

4부 온 세상의 교회

관계를 포기하지 않고, 다른 개신교회들과 공유하기를 우리는 바란 다. 우리는 특권을 위해서가 아니라 섬기기 위해서, 교회를 위해서가 아니라 나라를 위해서 이것을 소중히 여긴다."

John R. W. Stott, "Cornerstone: Church and State in England: Reflections on Jubilee Year," *Christianity Today* 22, no. 7 (January 13, 1978), 36 – 37.

26장

램버스 회의

전 세계 성공회 및 감독 교회 주교들의 열한 번째 회의가 8월 13일에 막을 내렸다. 1867년 첫 회의에 주교 76명이 참석한 데 비해, 이번에는 참석자만 440명, 다른 교회들에서 온 참관인이 25명, 내가 그 일원으로 특권을 누린 자문 위원이 20명이었다.

10년마다 소집되는 이 주교 회의의 명칭은 램버스 회의Lambeth Conference인데, 초창기 회의가 캔터베리 대주교의 런던 관저인 램버스 궁에서 열렸기 때문이다. 하지만 올해는 역사상 처음으로 런던을 벗어나, 1170년에 토머스 베케트Thomas Becket 대주교가 살해당한 캔터베리 대성당이 내려다보이는 켄트 대학교에서 열렸다. 3주간 공동생활을 하면서 회의를 진행한 것도 이번이 처음이다.

최근에 케임브리지의 피터하우스Peterhouse 학장 에드워드 노먼

Edward Norman은 세계 성공회Anglican Communion를 두고 "사망한 대영제국 이 교회의 유령"으로 나타났다고 표현했다. 하지만 "식민지 시대 주 교들"은 거의 남아 있지 않기에 이는 다소 가혹한 비판이다. 오히려, 전 세계 6,500만 성공회 교인이 속해 있는 25개 "관구"는 모두 자율 적이며, 거의 현지인 리더십이 자리 잡았다. 지난달에 캔터베리에 모 인 주교의 약 1/3이 제3세계 출신으로, 아프리카에서 150명, 아시아 에서 50명이 참석했다. 우간다에서 주교 20명이 참석해 특히 기뻤다. 아민Amin 대통령이 대규모 경호원과 함께 전세기로 이들을 보내면서, 캔터베리 대주교에게 다음 회의는 우간다에서 열고 싶다는 의견을 전했다.

하나님의 사람답게, 램버스 회의 대표인 도널드 코건 캔터베리 대 주교는 이 회의의 최우선 목표는 "기도하고 하나님을 기다리는 것" 이라고 강조했다. 캔터베리 대성당에서 열린 개회 설교에서 그는 "우 리는 하나님의 음성에 귀를 막았다"며 동료 주교들을 가볍게 나무라 고는, 계속해서 이상적인 주교를 "예상치 못한 성령의 사역을 세심히 살피고 성령의 불로 뜨거워지며 성령의 바람에 열려 있는 사람"이라 고 했다. 그리하여 날마다 아침 식사 전에 돌아가면서 한 관구의 전례 를 따라 예배를 드리고, 아침 식사 후에는 경건의 시간으로 하루 프로 그램을 시작했다.

그렇게 한 다음에야 비로소 전체 회의든 세 부서로 나뉜 회의든, 33개 소그룹 회의든 하루의 일정을 본격적으로 시작했다. 이 회의들 에서는 선교와 사역, 정치, 폭력, 환경보호, 과학기술, 가족, 교회 연 합 등 다양한 주제를 다루었다. 2차 바티칸 공의회와 11차 램버스 회의의 유사성을 찾으려는 주교들도 있었지만, 그들의 판단이 잘못되었으므로 결과는 만족스럽지 못했다. 램버스 회의는 협의체이지, 입법 기관이 아니다. 이 회의의 유일한 권위는 도덕적 권위요 설득의 권위다.

❖

회의가 열리기 전부터 여성 사제 문제가 첨예하게 대두됐다. 한편으로는, 150명의 여성이 (홍콩, 미국, 캐나다, 뉴질랜드에서) 이미 사제 서품을 받았고, 교인 절반이 원칙적으로는 이에 동의했다. 하지만 여성 안수는 미국 감독 교회American Episcopal Church에서 소규모 분립을 포함한 심각한 분열을 초래했는가 하면, 로마가톨릭과 정교회는 여성 안수가 의결된다면 대화를 지속해 나갈 수 없을 것이라고 분명히 경고했다. 그 두 교회는 어떻게 한 교회가 독단적인 행동으로 1,900년 동안 깨지지 않은 보편적인 전통을 뒤집을 수 있느냐고 성공회 주교들에게 물었다. 결국, 확연히 타협안이라고밖에 볼 수 없는 결의안이 316명 찬성, 37명 반대, 17명 기권으로 통과되었다. 이 결의안에서 램버스 회의는 회원 교회의 자율성을 인정하고, 서로 친교와 대화를 지속하도록 권고하고, 여성 안수를 하는 회원 교회와 하지 않는 회원 교회 모두를 "수용한다"고 선언하며, 가톨릭과 정교회를 향하여 "신앙과 예배의 일치 안에서 다양성을 함께 유지하는 것은 성공회의 유산"이라고 강조한다. 많은 사람들이 신학적 토론이 부족한 데 대해 실망했다. 양편의 논지를 사전에 잘 들을 수 있었다고들 했다. 하지만

4부 온 세상의 교회

시드니의 대주교 마커스 론Marcus Loane은 1958년 램버스 회의에서 이런 주장들이 "아직 결론에 이르지 못했다"고 선언했다는 사실을 주교들에게 일깨워 주고, 자신은 아직도 해결되지 못했다고 확신한다고 말했다. 그는 이 신학 문제들을 하찮은 것처럼 묵살하지 말라고 회의에 요청했다. 하지만 (여성 안수에 대한 결론을) 5년간 유예하는 것이 좋을 것이라는 그를 비롯한 여러 사람들의 경고에 아무도 귀 기울이지 않았다.

❖

이 중요한 문제의 토론에 온전히 하루를 떼어 두었지만, 주교들이 내부 문제에만 시간을 들이지 않았다고 말할 수 있어 기쁘다. 전체 주제가 "오늘날의 교회와 세계"였기 때문이다. 대회를 처음 소집했을 때 잭슨 부인Lady Jackson(일명 바버라 워드Barbara Ward)과 교수 찰스 엘리어트 목사Reverend Professor Charles Elliott가 환경보호와 경제에 대해 중요한 강의를 했다. 이에 대한 반응으로, 주교들이 현대의 여러 가정과 가치관에 도전하는 선언문을 냈다. 이들은 과학기술이 국민의 종이 되고, 경제가 낭비가 아니라 청지기 정신에 기초하며, 일과 여가에 대한 달라진 태도가 나타나고, 부와 무역의 재분배 필요성이 대두하고, 군비 축소가 진일보한 새로운 종류의 사회를 요청했다. 이들은 "전쟁과 폭력"에 대한 두 번째 결의안과, "인권과 존엄성"에 대한 세 번째 결의안을 통과시켰다. 이 내용은 처음에는 일부 아프리카 주교들이 내놓

• 65쪽 두 번째 '주' 참고

았지만, 이후에 일반화되었다.

나는 선교와 복음전도에 관한 대화가 상대적으로 적어서 실망했다. 물론, 한 소그룹의 보고서는 예배와 선교의 관계, 복음 증언("그리스도로 가득 찬 마음에서 자연스럽게 흘러나온다"), 타문화 선교사들에 대한 긴급한 필요("아직도 이 세상에는 예수 그리스도에 대해 들어 보지 못하거나 그에게 반응할 적절한 기회를 얻지 못한 사람이 많다"), 사회적 행동, 교회가 근본적으로 새로워져야 할 필요성 등을 충분히 다루었다. "그런 회복이 없다면, 선교는 위선이기" 때문이다. 하지만 전체회의의 권위를 오롯이 지닌 결의안 자체는 이 주제를 거의 무시한다. 페스토 키벵게레Festo Kivengere 주교는 "대화는 성명서를 절대로 대체할수 없다"고 선언하고 회원 교회들에게 "주님이 성취하시지 못한 사명에 더 큰 순종으로 반응하도록" 요구하면서, 대화에 대한 결의안에수정을 제안했다. 하지만 이 제안은 아슬아슬하게 무산되었다. 뜻밖이다. 성공회 주교들이 이제 복음전도에서 손을 뗐다는 사실이 믿기지 않는다. 그들이 페스토 주교의 개정안이 주장하는 내용을 제대로이해하지 못했다고 추측하는 편이 더 너그러울지 모르겠다.

John R. W. Stott, "Cornerstone: The Lambeth Conference,"
Christianity Today 23, no. 1 (October 6, 1978): 34 - 35.

27장

노르웨이의 복음주의자들

고트프리드 오세이-멘사Gottfried Osei-Mensah와 나는 9월 첫 주에 오슬로 근처에서 열린 노르웨이 로잔 대회의 특별 강사로 초청을 받았다. 이번 노르웨이 방문은 내게 특별한 기쁨이었는데, 내 조상이 바이킹이기 때문이다. 노르웨이어 '스투트'Stut가 황소라는 뜻이기에 내 조상을 영국 북부에 내려왔다가 정착을 결심한 소 키우는 사람들로 추측해 볼 수 있다. 내 혈통에 해적의 피가 흐를 뿐 아니라, 내 이방인 노르웨이 선조가 영국에 그리스도를 소개했다는 데 자부심을 느낀다.

　내가 노르웨이 친구들에게 자주 이야기하는 노르웨이와 영국의 또 다른 연결고리가 있는데, 노르웨이인들이 영국을 약탈하는 동안에 영국인들이 노르웨이에 복음을 전했다는 것이다. "북부의 사도" 안스카르Anskar, 주후 801-865가 최초의 스칸디나비아 개종자들을 얻었다.

하지만 11세기 초에 회심한 이후에 영국의 성직자를 초청하여 자기 백성에게 복음을 전하고 가르치게 한 이는 바이킹 족장 출신의 왕 올라프 트뤼그바손Olaf Tryggvasson과 올라프 하랄드손Olaf Haraldsson이었다. 잉글랜드와 덴마크(당시에는 노르웨이도 포함했다) 왕 크누트Canute, 1016-1035는 노르웨이의 기독교회를 완성했다. 그 결과, 케네스 스코트 라토렛은 "노르웨이 교회는 영국 교회의 자녀"라고 쓸 수 있었다.

16세기에 덴마크와 노르웨이 왕 크리스티안 2세Christian II가 종교개혁을 지지하자, 성직자들은 재빨리 루터교인이 되었다. 그러나 18세기와 19세기의 종교 부흥으로 일종의 2차 종교개혁이 발생했는데, 그 핵심 인물은 한스 하우게Hans Hauge, 1771-1824였다. 농사꾼이던 그는 1796년에 진정한 회심을 경험하고, 마치 노르웨이의 존 웨슬리처럼, 전국을 돌아다니면서 개인의 회개와 거룩함에 대해 가르치고 글을 남겼으며, 기독교 사회 프로젝트를 개척했다. 많은 사람들이 그를 따랐다. 처음부터 풀뿌리 수준에서 시작된 이 평신도 운동은 때가 무르익어 노르웨이 선교회Norwegian Missionary Society, 1842, 루터교 내지 또는 본국 선교회Lutheran Inner or 'Home' Mission Society, 1868, 노르웨이 루터교 선교회Norwegian Lutheran Mission, 1891의 출범으로 이어졌다. 이 기관들은 모두 국가 교회 안에 남아 있으면서도, 동시에 분권 구조를 유지하고 독립을 지키려 애썼다. 이들 사이에 수천 개의 지역 소그룹이 있다.

자유 교회•는 1845년에 합법화되었지만, 상대적으로 규모가 작다. 그중 다섯 교회—루터교 자유 교회Lutheran Free, 감리교회, 침례교회, 선교 언약 교회Mission Covenant, 자유 복음주의 성회Free Evangelical

• 국가나 정부의 지원을 받지 않고, 독립적으로 운영되는 교회나 교단

4부 온 세상의 교회

Assemblies—는 각각 성인 교인 8,000여 명으로, 다 합쳐서 4만 명이다. 또한 이 수만큼의 오순절 교인들이 있다. 그렇지만 여전히 노르웨이 국민의 95퍼센트는 국가 교회(루터교)에 소속되어 있다. 많은 교회에 부흥을 가져온 은사운동은 초기 경건주의 부흥운동과 연속성이 있는 것으로 여겨지고, 건강한 루터교 신학으로 풍요로워지고 중도를 지켜 왔다.

다른 스칸디나비아 국가들보다 유독 노르웨이에서 복음주의가 강한 이유는 무엇일까? 웁살라와 나이로비에서 각각 열린 4차와 5차 WCC 총회에서, 노르웨이 대표단은 에큐메니컬 입장에 대한 가장 단호한 신학 분석을 내놓았고, 두 총회에서 모두 탈퇴하라는 협박을 받았다. 그 이유가 무엇일까? 올해 설립 70주년을 맞이한 자유 신학교 Free Faculty of Theology에 그 답이 있다. 1908년, 신실한 복음주의자들은 정부가 예수의 신성을 부인한 사람을 오슬로 대학교 신학부 신약학 교수로 임명한 데 충격을 받았다. 교회에 침투한 자유주의를 상징하는 이런 사건 때문에 많은 사람들이 새로 시작해야 할 필요성을 느꼈다. 그래서 시구르 오들란트 Sigurd Odland 교수는 그 대학교 교수 자리를 내려놓고, 다른 사람들과 함께 자유 신학교를 세웠다. 학생 8명으로 시작한 이 신학교는 현재 1,000명 규모가 되었는데, 그중에 600명이 목회와 기타 교회 사역을 위해 공부하고 있다. 이 말은 국가 교회 성직자의 4/5가 자유 신학교에서 훈련을 받는다는 뜻이다. 그렇다고 해서, 노르웨이 복음주의가 문제에서 벗어난 것은 아니다. 두어 해 전에, 크게 존경받던 칼 비슬뢰프Carl Wisløff가 자유 신학교 내에 존재하는 자유주의 성향에 반대한다는 이유로 정년보다 3년 일찍 은퇴했다.

국가와의 연계는? 그 역사는 무척 길다. 교회의 연합과 보수주의자들의 자유를 보호해 준다는 근거로 원로 복음주의 지도자들이 국가와의 연계를 옹호한다. 확실히 국가가 교회의 입을 틀어막지는 않았다. 예를 들어, 5년간 나치가 노르웨이를 장악했을 때 오슬로 주교 베르그라브E. Berggrav가 저항 운동의 용감한 지도력을 제공했다. 1960년대에는 교회-국가의 긴장이 꾸준히 증가했다. 정부는 국립 유치원 내 기독교를 규정하는 법을 도입하여 기독교 가치관 교육에 도전하고, 성차별금지법을 도입하여 약 20명의 여성 사제 안수로 이어졌다. 많은 사람들이 이를 국가의 부당한 개입으로 느낀다. 하지만 1975년에는 더 직접적인 충돌도 발생했다. 주교 10명이 모두 강하게 반대한 낙태허용법이 도입된 것이다. 법안이 통과되자, 페르 뢴닝Per Lønning 주교가 물러났다. 교회에 대한 정부의 압박이 커지면서, 교회의 자유를 요구하는 목소리—특히 젊은 성직자들 사이에서—도 높아진다. "우리는 기독교의 방식대로 숨 쉴 수 있는 공간이 더 많이 필요합니다." 하콘 안데르손Haakon Anderson 주교의 말이다. 언론에 자신의 강의가 보도된 어느 자유 신학교 신학자는 "이것은 단지 시간문제"라고 덧붙였다.

❖

4부 온 세상의 교회

노르웨이 루터교회는 복음주의 학생 사역의 개척자였다. 이미 19세기 말부터 스칸디나비아 학생 단체가 비공식적으로 모이기 시작해서, 1895년에는 스칸디나비아 학생 기독교 운동Scandinavian Student Christian Movement, SCM이 만들어졌다. 신학적인 문제들이 금세 나타났고, 1924년에 복음주의 정신을 띤 노르웨이 기독교 학생 연합Norges Kristelige Student og Gymnasiastlag, 줄여서 Laget이 생겼다. 복음주의에 대한 회원들의 열정은 처음부터 분명했다. 이들은 주말마다 오슬로 교회들을 팽개치고 (여름에는) 하이킹하러 (겨울에는) 스키를 타러 근교 산을 찾는 친구들을 염려했다. 그래서 1933년에는 숲에서 직접 통나무를 가져다가 "북쪽 숲 교회"The Chapel of the North Forest를 세웠다. 지금은 식당은 물론 숙박 시설까지 갖추었다. 주일 저녁마다 이곳에서 전도 예배를 드리는데, 많은 학생이 그리스도를 믿게 되었다.

1934년, 오슬로 최초의 국제 학생 집회가 열렸다. 주 강사는 오 할레스비Ole Hallesby였다. 그는 1920부터 1926년까지 노르웨이의 인정받는 복음주의 지도자였고, 그의 책 『기도』Prayer, 『양심』Conscience, 『나는 왜 그리스도인인가』Why I Am a Christian는 여러 세대의 학생들에게 널리 읽혔다. 그는 집회에서 이렇게 말했다. "지금은 하나님의 시간입니다. 하나님의 때에 앞으로 나아가는 것은 말할 수 없이 큰 특권입니다." 그는 국제 복음주의 학생 운동의 가능성을 언급하고 있었다. 이후로 거의 해마다 국제 집회가 열렸고, 1946년에는 할레스비를 초대 명예 대표로 하는 국제 복음주의 학생회International Fellowship of Evangelical Students, IFES가 조직되었다.

나는 제3세계 곳곳을 여행하면서, 노르웨이에서 파송한 훌륭한 선교사들을 보고 매번 감동을 받았다. 선교사 수도 대단하다. 400만 인구 중에 매주 교회에 나오는 교인이 2퍼센트에 불과한 나라에서 (회심한 그리스도인 숫자는 12-15퍼센트로 추정된다) 현재 1,536명의 선교사가 사역하고 있고, 그중 가장 많은 선교사들(703인)이 아프리카 16개국에서 섬긴다. 로잔 대회에 참석한 노르웨이인 38명은 큰 열정을 품고 고국에 돌아갔고, 6개월이 채 되지 않아 에링 우트넴^{Erling} ^{Utnem} 주교를 의장으로 노르웨이 로잔 위원회를 설립했다. 우트넴은 병환으로 시구르 아스케^{Sigurd Aske}에게 자리를 넘겨주었다. 시구르 아스케는 9월 초에 기독교 지도자들을 위한 대회^{Conference for Christian Leaders}를 소개하면서 로잔 언약이 그들에게 "신학적 불확실성과 교회 다원주의의 세상 가운데서 따라갈 길"을 보여주었다고 말했다.

노르웨이의 잃어버린 아들이었다가 잠시 고향에 돌아간 나는 그런 건강한 기독교 공동체와의 연관성에 큰 자부심을 느꼈다.

John R. W. Stott, "Cornerstone: Evangelicals in Norway,"
Christianity Today 23, no. 3 (November 3, 1978): 39 - 40.

28장

버마의 기독교 교회

—

"선교사들에게 이제는 그들이 떠났을 때보다 2배나 많은 그리스도인이 있다고 전해 주세요."

1978년 5월, 버마 정부는 성경 1만 권을 발행했다. 버마 그리스도인들은 정부의 이런 행동에 감사하면서, 종교적 자유의 표시로 해석한다. 나아가, 정부는 버마 기독교 협의회Burma Christian Council 회장 아웅킨U Aung Khin이 지난 11월 싱가포르에서 열린 한 에큐메니컬 컨퍼런스에 참석하는 것을 허락했다. 15년 여행 금지 철회는 오랫동안 동료 그리스도인들과 떨어져 있던 버마 그리스도인이 전 세계 그리스도인과 교제하는 기쁨을 다시 누릴 수 있으리라는 기대를 한껏 올렸다.

17세기부터 소수의 로마가톨릭 선교사가 버마를 찾았지만, 아도니람 저드슨Adoniram Judson, 1788-1850의 헌신으로 기독교 신앙이 버마 토양에 뿌리내리기 시작했다. 브라운 대학교와 앤도버 신학교를 졸업한 저드슨은 1814년에 랑군에 도착했다. 그는 버마에 도착한 직후부터, "다른 사람들이 더 있는 것처럼 그 명령이 구속력 있고, 그 특권이 크다"고 믿으면서 아내 앤과 둘이서 성찬에 참여했다고 일기에 적었다. 저드슨은 언어에 재능이 있었고 날마다 오랜 시간 언어 습득에 매달렸지만, 6년이 지나서야 비로소 버마어로 설교할 수 있겠다는 생각이 들었다. 그때까지는 개별적으로 복음을 전했다. 그의 아들 에드워드는 『인생』Life, 1883에서 구원의 복음을 들었을 때의 거부감을 묘사한다. 불교에서는 "구원하는 신도, 구원받아야 할 영혼도, 구원받아야 할 죄도 없다"고 가르치기 때문이다.

1819년 6월 27일, 멍 나우Moung Nau라는 35세의 버마 사람이 처음으로 회심하고 세례를 받았다. 저드슨은 이렇게 적었다. "이를 계기로 버마 제국에서 계속해서 세례가 일어나서 종말까지 방해받지 않고 끊임없이 이어졌으면!" 이 기도는 그의 생애에 응답받았는데, 1850년에 그가 죽을 때 63개 교회에 7,000명이 넘는 버마족과 카렌족 세례자를 남겼기 때문이다. 에드워드는 "아버지는 버마인들의 마음속 깊은 곳, 절대 씻겨 나가지 않을 곳에 기독교의 기초를 놓았다"라고 적었다. 오늘날 버마에는 침례교인이 약 40만 명이고, 신학 교육을 받은 학생이 거의 400명에 이른다.

하지만 저드슨이 치른 대가는 혹독했다. 그는 끊임없는 수양을 통해 성경 전체를 버마어로 번역했고, 소책자와 교리 문답서, 문법책을 저술했으며, 영어-버마어 사전을 완성했다. 아내 둘을 차례로 잃었고, 여러 자녀를 잃었으며, 가족과 오랫동안 멀리 떨어져 살면서 많은 병고를 치렀다. 그러다가 1824년에 1차 영국-버마 전쟁이 발발하자, 스파이로 의심을 받아서 아바Ava(고대 수도)의 감옥에서 11개월 동안

족쇄를 찬 채 오물과 더위, 악취를 견뎌 내며 옥고를 치러야 했고, 그 후로도 10개월간 구류되었다. 37년 동안 선교사로 사역하면서, 고향인 미국에는 딱 한 번 다녀왔을 뿐이다.

성공회의 선교는 저드슨이 버마에 도착하고 나서 40년 뒤에야 시작되었다. 복음전파회Society for the Propagation of Gospel, SPG에서 훌륭한 유대인 그리스도인 막스J. E. Marks를 파송했다. 그는 기독교 교육에 비전을 품고 랑군에 남학생을 위한 세인트존스 대학St. John's College, 1864과 여학생을 위한 세인트매리 대학St. Mary's College, 1866을 세웠다. SPG의 성공회-가톨릭 전통은 성경 교인들의 선교사회Bible Churchmen's Missionary Society, BCMS•의 복음주의적 강조점으로 균형이 잡혔다. BCMS는 1924년에 북부 버마 모닌Mohnyin에 휴튼A. T. Houghton을 파송하여 카친족과 샨족을 대상으로 성공회 사역을 시작했다.

작년에는 침례교와 성공회가 함께 100주년을 맞았다. 카친 침례교회Kachin Baptist Convention는 청년 300명을 자원봉사 선교사로 모집하여 40일간 훈련한 다음, 3년 기간으로 10-15명 팀으로 파송했다. 이 행사를 위해 침례교인 9만 명이 미치나Myitkyina에 모였고, 어느 하루는 근처 강에서 개종자 6,200명이 세례를 받았다고 하는데, 침례교 역사상 가장 큰 규모의 세례식이었지 싶다.

성공회도 복음전도에 적극적이다. 1966년 말까지 모든 외국인 선교사가 버마를 떠나야 했지만, 작년에 카친 주에서는 일부 성직자들이 웃는 얼굴로 이렇게 말할 수 있었다. "선교사들에게 이제는 그들이 떠났을 때보다 2배나 많은 그리스도인이 있다고 전해 주세요." 이

• 복음주의 성공회 선교사회 Crosslinks의 전신

들은 3년짜리 평신도 훈련과 복음전도 프로그램을 운영한다. 매년 추수 이후에, 그 지역 주교를 포함한 성직자 5명이 팀을 이루어 세 군데 센터를 방문한다. 열흘간 머물면서 집중적으로 가르치고 훈련한 후에는, 일주일간 실제 경험을 쌓고, 주변 동네를 방문한다. 첫해에만 이런 식으로 약 250명이 훈련을 받았다.

버마는 여러 민족으로 구성되어 있고, 이들의 영토는 인도차이나 반도 일부다. 북서쪽 국경으로 인도, 북동쪽 국경으로 중국과 라오스를 접한다. 그래서 정부가 반란을 걱정하는 것도 이해할 만하다. 하지만 이제 인구의 4퍼센트인 100만 정도를 차지하는 그리스도인들을 두려워할 필요는 없다. 이들의 유일한 혁명 프로그램은 예수 그리스도의 사랑과 평안이니 말이다. 아도니람 저드슨의 비범한 정신은 오늘날까지 버마 그리스도인들 가운데 살아 있다. 『아도니람 저드슨의 삶과 노고의 기록』*A Memoir of the Life and Labors of the Rev. Adoniram Judson*, 1, 2권, 1853 작가인 프랜시스 웨이랜드Francis Wayland는 그의 "타고난 탁월한 사랑"에 대해 썼는가 하면, 그의 아들 에드워드는 "그리스도에 대한 즉각적이고 솔직한 순종이 아버지 인생의 핵심이었다"라고 선언했다. 하지만 그의 강직함과 순종보다 더 중요한 것은 어쩌면 그의 믿음이었는지 모른다. 언젠가, 그는 버마의 빠른 회심에 대한 전망이 밝으냐는 질문에 이렇게 답했다. "하나님의 약속만큼이나 밝다."

John R. W. Stott, "Cornerstone: The Christian Church in Burma," *Christianity Today* 23, no. 9 (February 2, 1979): 30 – 31.

29장

저 아래쪽 *그리스도인이 직면한 도전

—

세속화의 침투, 문화적 다원주의, 원주민 인구가 중요한 과제다.

미국의 어느 유명 복음주의 교회의 설교자가 오스트레일리아의 기독교 집회에 말씀을 전하러 가면서 교인들의 배웅을 받았다. 덕망 있는 집사가 감정이 격해져서는 흰 수염을 씰룩이면서 이렇게 기도했다. "주님, 저 거친 오스트레일리아 사람들로부터 사랑하는 우리 목사님을 지켜 주십시오." 그의 정서는 오스트레일리아는 길들여지지 않은 덤불과 개울의 나라, 코알라와 캥거루와 뜨내기 노동자의 나라라는 많은 미국인들이 간직한 신화와 일맥상통했다.

지금은 상황이 많이 달라졌지만, 오스트레일리아 사람들은 여전히 자신들의 역사를 받아들이려고 애쓰고 있는 중이다. 역사학자 매닝 클라크Manning Clark는 1976년 보이어 강연Boyer Lectures에서 "여전히

* Down Under: 북반구 영국에서 남반구 호주나 뉴질랜드를 지칭

우리를 따라다니는 과거의 유령 중 하나가 백인과 흑인의 유혈 사태"
이고, 또 다른 하나가 "오스트레일리아 문명을 세우기 위해 값싼 재
소자 노동력을 사용한 것"이라고 말했다.

오늘날 오스트레일리아 그리스도인들이 맞닥뜨린 중요한 도전
은 최소 세 가지다. 첫째가 세속주의다. 1776년 인구조사 결과에 따
르면, 인구의 78퍼센트가 그리스도인이지만, "1960년대와 1970년
대에 하나님과 교회에서 돌아선 사람이 많았다"Leon Morris, "Christians in
Australia"(『크리스채너티 투데이』 1979년 1월 19일자를 보라). 개신교인
의 주일 예배 참석률은 이제 20퍼센트에도 미치지 못하는데, 그나마
21-24세 연령층에서는 9퍼센트에 불과하다.

이런 세속화는 복음에 대한 지적 거부보다는 물질주의로 인한 무
관심 때문이다. 일부—특히 이주 노동자 계층—에서 빈곤이 문제이
기는 하지만, 대다수 오스트레일리아 사람들은 부유한 편이다. 1976년
에 "운 좋은 나라"lucky country라는 표현을 만든 사람이 도널드 혼Donald
Horne이었다. 그 이름이 고정되었지만, 어떤 의미에서는 원래 이름을
만든 이의 의도와는 동떨어진 방식으로 받아들여졌다. 그의 표현은
오스트레일리아가 경영을 잘해서라기보다는 운이 좋아서 현대 산업
국가로 발전했다는 뜻이었다. 하지만 오스트레일리아 사람들이 이
표현을 사용할 때 흔히 뜻하는 바는, 자국의 풍부한 천연자원이 부를,
햇빛이 건강과 즐거움을 보장해 준다는 뜻이다.

두 번째 도전은 문화적 다원주의다. 2차 세계대전 이전에는 사실
상 모든 오스트레일리아 사람이 영국 혈통이었다. 사람들은 영국을
가리켜서 "고국"이라고 했고, 영국행을 "고향 방문"으로 묘사했다.

하지만 전후로 이탈리아인, 네덜란드인, 독일인, 유고슬라비아인, 폴란드인, 오스트리아인, 특히 그리스인이 밀려들었고(멜버른은 이제 아테네와 테살로니키에 이어, 세계에서 그리스어 사용 인구가 세 번째로 많은 도시다), 최근에는 터키, 이집트, 레바논, 라틴아메리카, 중국 화교 이민자들이 들어오고 있다. 따라서 원래의 단일 앵글로-색슨 문화는 더는 존재하지 않는다. 그 대신에 다문화 사회가 부각하면서, 다양한 민족 집단이 서로 존중하는 법을 배워 가고 있다. 나는 1969년 로이 젠킨스Roy Jenkins가 영국 내무장관으로 재직하던 시절에 내놓은 선언문이 "통합"의 이상을 가장 잘 표현해 준다고 생각한다. 그는 통합을 "상대를 굴복시키는 동화 과정이 아니라 상호 관용의 분위기 가운데 존재하는 문화적 다양성"이라고 정의했다. 따라서 교회에는 점점 더 증가하는 무슬림과 중국인들에게 다가갈 새로운 기회가 생겼다.

세 번째 도전은 오스트레일리아 원주민들이다. 오스트레일리아 원주민은 2만 년 전에 아시아에서 오스트레일리아로 이주한 것으로 여겨진다. 유럽의 식민지 주민이 도착했을 때 이 단순한 사람들과 사냥꾼, 채집 생활자들은 약 30만 명이었다. 이들은 600개가 넘는 부족 집단으로 나뉘어 있었고, 200개가 넘는 언어를 사용했으며, 대륙 전체를 자신들의 영토로 간주했다. 원주민의 대량 사망은 끔찍했다. 많은 이가 유럽인들에게 병이 옮아 죽었고, 또 다른 다수가 잔혹하게 살해당했다. 그렇게 해서 1930년대 중반에 "순혈" 원주민은 6만 명밖에 남지 않았다. (그 이후로 원주민 인구는 두 배 넘게 늘었고, 20세기 말까지 30만 명에 이를 것으로 예상된다.)

원주민들은 영토도 빼앗겼다. "다른 대영제국 식민지들과 마찬가지로, 조약 협상과 구매, 보상금 지급 없이 오스트레일리아를 점령했다.” 오스트레일리아 교회 협의회Australian Council of Churches 전 회장 프랭크 엔겔Frank Engel이 쓴 글이다.

원주민들에게는 목숨과 땅을 빼앗긴 것보다 의욕을 빼앗긴 것이 더 심각했다. 원주민 작가 케빈 길버트Kevin Gilbert는 『원주민으로 산다는 것』Living Black에서 “오스트레일리아 원주민들은 영혼에 심각한 강간을 당하여 오늘날까지 대부분의 마음속에 어두운 그림자가 계속되고 있다”라고 썼다.

대부분의 교회가 원주민을 대상으로 선교 활동을 하고, 복음뿐 아니라 교육과 보건 환경을 제공하고 그들의 권리를 변호하고 신분을 보호해 준 사례가 있다. 이제는 원주민의 75퍼센트가 명목상 그리스도인으로 여겨진다. 목사 안수를 받은 그리스도인 원주민이 점차 늘어나는 추세이기는 하나 아직 소수에 불과하다. 1970년대 초에 원주민 복음주의 협회Aboriginal Evangelical Fellowship가 세워져서 연례 회의에 1,000여 명이 모였다. 하지만 백인 복음주의자들과의 교류는 아직 미미하다.

5월에 3주 동안, 빌리 그레이엄이 시드니에서 3차 전도집회를 열었다. 오스트레일리아 교회의 95퍼센트가 이 행사에 협력했다. 통계를 살펴보면 놀랍다. 1만 1,000명이 상담 반에 등록했고, 2,500개가 넘는 기도 소그룹이 만들어졌다. 4월 22일, 그리스도인 3만 명이 100만 가정을 방문했다. 계절에 어울리지 않는 추운 날씨와 비에도 불구하고, 매일 밤 엄청난 인파가 랜드윅 경마장Randwick Racecourse에 운집하였고, 마지막 일요일 오후에는 참석자가 8만 5,000명에 이르렀다. 집회마다 1,000명 이상이 복음에 응답했는데, 대부분은 교회에 소속되어 있지 않은 사람들이었다. 대중 매체의 반응도 놀라웠다. 130개 센터에서 라디오 방송 중계를 잡았다. 다른 도시에서 위성 방송으로 집회를 중계했고, 1,000명에 가까운 성직자와 교회 사역자들이 일주일짜리 복음전도 학교에 등록했다. 나는 그중 세 차례 아침 집회에서 말씀을 전하는 특권을 누렸다. 교회 지도자들은 이 집회가 시드니뿐 아니라 전국에 미친 강력한 영향에 대해 이야기했다. 빌리 그레이엄은 떠나면서 이런 말을 남겼다. "오스트레일리아 방문은 내 평생 사역 중에서 가장 흡족한 경험이었습니다."

John R. W. Stott, "Cornerstone: Challenging the Christians Down Under,"
Christianity Today 23, no. 20 (August 17, 1979): 30 – 31.

30장

브라질: 영적 환경

—

가장 놀라운 사실은 나라 전체에 퍼져 있는 주술심령술이다.

"라틴아메리카에는 엄청난 천연 자원과 엄청난 인간 비극이 존재한다." 브라질의 전 침례교 선교사 데렉 윈터Derek Winter가 자신의 책 『사로잡힌 희망: 라틴아메리카의 예언자적 교회』Hope in Captivity: The prophetic church in Latin America, 1977에서 내린 평가다. 이와 비슷하게, 두어 해 전에 한 유엔 보고서는 인구의 2/3가 "일부 지역에서는 영양실조가 심각해서 굶어 죽는 상태"이며, 문맹률은 국가에 따라 20-60퍼센트 사이로 다양하고, 수백만이 의료 혜택을 전혀 받지 못한다고 묘사했다.

브라질도 예외는 아니다. 산업 발전, 현대 도시와 "파벨라"favelas(빈민가)가 공존하는 나라다. 알래스카를 제외한 미국보다 큰 브라질은 라틴아메리카 땅덩어리의 거의 절반을 차지할 정도다. 거대한 사회적 돌봄이 필요한 바로 이런 곳에서 교회는 복음을 증언하고 섬기라

4부 온 세상의 교회

는 부르심을 받았다.

브라질을 찾는 그리스도인을 가장 놀라게 하는 것은 주술심령술이 이 나라에 퍼져 있다는 사실이다. 주술심령술은 16세기 중반 사탕수수 농장 일꾼으로 유입된 아프리카 노예들로 거슬러 올라간다. 오늘날 브라질 인구의 15퍼센트가 흑인인데, 가장 인기 있는 두 가지 심령교—마쿰바Macumba와 움반다Umbanda—는 아프리카와 브라질의 요소가 뒤섞인 것이다. 다른 유형으로는 힌두교 영향을 받은 것도 있는데, 특히 카르마와 환생을 가르치는 카르데시즘Kardecism(켈트 시인 알랑 카르데크Alan Kardec의 이름에서 따왔다)이 그렇다. 하지만 가장 큰 비극은 아프리카와 아시아 종교의 혼합 주술이 아니라, 아프리카 전통 종교의 신들을 기독교의 성인들과 동일시하고, 그런 혼합주의를 묵인하다가 로마가톨릭교회가 약해졌다는 사실이다.

사람들은 심령교의 인기를 다방면에서 설명한다. 어떤 사람들은 교회가 충분히 채워 주지 못하는 초월성에 대한 갈증에서 그 원인을 찾는다. 육체의 치유, 개인의 복, 사업의 성공을 심령술이 약속하기 때문이라는 설명도 있다. 그런데 교육받은 사람들도 심령교를 받아들이는데, 이들은 이 종교가 제시하는 완벽한 세계관에 매료된다. 이 종교는 당황스러운 윤리적 요구도 하지 않을 뿐만 아니라, 유대교와 기독교와 이슬람교의 논리적 완성이라고 주장하기까지 한다. 이는 브라질의 기독교에 가장 큰 도전이 되고 있다. 활동하는 영매가 약 50만 명, 이 종교의 교인이라고 밝힌 사람이 1,500만 명, (일부에 따르면) 소극적인 추종자가 5,000만 명(브라질 인구의 절반에 가까운 숫자다)에 이른다고 알려져 있기 때문이다.

하지만 1500년에 페드루 알바르스 카브랄Pedro Álvares Cabral이 포르투갈 국왕의 이름으로 브라질을 점령한 이후로, 이 나라 사람들의 압도적인 다수는 로마가톨릭에 명목상 충성한다. 오늘날에는 최소 세 가지 형태의 가톨릭 신앙—전통적 가톨릭, 은사주의 가톨릭, 혁명적 가톨릭—이 서로 경쟁하고 있다. 전통적 가톨릭은 개신교인들에게 계속해서 큰 문제를 안겨 준다. 물론, 개신교 교회·목회자·교인에게 물리적으로 폭력을 가하던 시기는 지나갔다. 또한 그리스도께 진지하게 헌신한 가톨릭 신자들도 분명히 있다. 하지만 대중적 혼합주의와 미신이, 특히 성모 마리아와 성인들과 관련한 미신이 여전히 성행하고 있으며, 이는 복음주의 신앙을 가진 사람들의 양심을 매우 불편하게 만들고 있다. 곧 브라질을 방문할 예정인 교황 요한 바오로 2세가, 그 자신이 마리아 공경을 거리낌 없이 이야기하고 있기 때문에, 예수 그리스도의 충만함을 훼손하는 브라질 가톨릭의 혼합주의와 미신에 반대하는 목소리를 내지 않을 것이라고 염려하는 사람도 있다. 그렇지만, 그리스도에 대한 인격적 헌신이 살아 있는 가톨릭 은사주의 운동의 성장은 예수 그리스도만이 받으실 영광을 손상하는 모든 것에 저항하는 사람들이 있음을 보여줄 것이다.

해방신학은 대부분 로마가톨릭에서 출현했는데, 이러한 해방신학이 "새로운 종류의 그리스도인"을 낳았다고 말한다. 해방신학을 이해하려면 이 신학의 배경이 된 라틴아메리카의 거대한 사회 문제를 보아야 한다. 로마가톨릭 주교들은 최근에 열린 두 회의에서 이 문제에 대한 자신들의 입장을 표명했다. 콜롬비아 메데인Medellín 주교회의(여기서는 강력하게)와 멕시코 푸에블라Puebla 주교회의(여기서는 덜 강력하

       4부 온 세상의 교회

게)였다. 또 1970년에는 브라질리아에 모인 브라질 주교들이 사회 개혁을 시작하고, 반대자들에게 발언권을 주며, 고문 혐의를 조사하라고 정부에 촉구했다. 해방신학을 무턱대고 인정하거나 반대하는 것은 둘 다 적절하지 않다. 비판적인 복음주의적 평가가 필요하다. 나는 세 가지 기본만 지적하려 한다.

첫째, 우리는 인간 해방이라는 목적을 두고서 다퉈서는 안 된다. 오히려, 창조된 인간 존엄성이라는 우리의 성경적 교리로, 인간성을 파괴하는 모든 것에 반대하고, 사람을 사람답게 하는 모든 것에 아낌없는 지지를 보내야 한다. 우리가 비판하는 것은 해방신학이 구원을 희생하면서 인간화를 강조하거나 그 둘을 동일시하려는 경향이 있다는 점이다.

둘째, 우리는 해방신학자들이 강조하는 "실천"praxis, 곧 궁핍하고 억압받는 사람들을 위한 그리스도인의 적극적인 참여를 수용해야 한다. 바울이 말한 대로, "믿음은 사랑을 통하여 일하기" 때문이다. 따라서 우리는 호세 미구에즈 보니노 교수가 『혁명적 상황에서 신학하기』에서 한 말에 동의해야 한다. "사랑은……효과가 나타나야 한다. 표현하고 드러내는 것으로는 만족하지 못한다. 사랑은 이루어 내야 한다"(114쪽). 우리가 비판적으로 우려하는 바는 이러한 헌신이 취하게될 형식이다. 개인적으로 나는 마르크스주의가 "기독교적 순종의 불가피한 역사적 매개"(미구에즈, 98쪽)라거나 혁명적 폭력이 억압당하는 자들에게 정의를 보장하는 방법이라고 인정하지 않는다.

셋째, 해방신학자들과의 논쟁은 해석학적 질문에 초점을 맞추어야 한다. 그들이 우리에게 우리의 문화적 전제를 더 비판적으로 면밀하게 점검하라고 촉구하는데, 옳은 지적이다. 우리 복음주의 신학자들이 우리의 이데올로기를 은폐할 때가 많기 때문이다. 하지만 내가 보기에는 그들도 우리처럼 자신들의 숨겨진 이데올로기적 전제를 의심하지 않는다. 그들의 성경 해석이 아무런 원칙이 없어 보일 때도 있다.

17세기 중반에 네덜란드가 브라질을 침략했지만, 개신교가 라틴 아메리카에 도달한 것은 1870년과 1890년 사이였다. 교회 역사가들은 개신교 전파도 16세기 포르투갈의 가톨릭 전파와 마찬가지로 "식민지화"였다고 비판한다. 유럽의 개신교회들은 자신들의 교회 문화도 같이 주입했다. 게다가, 자신들의 전통을 고수하고 브라질화되지 못한 이 교회들은 오늘날 꾸준히 쇠락하고 있다. 계속해서 성장세에 있는 두 개신교회는 침례교회와 (특히) 오순절교회다. 1978년에 8.8 퍼센트 성장을 기록한 브라질 침례교회는 8년간 교인이 두 배로 늘어 50만 명이 되었고, 100주년이 되는 1982년까지 또다시 두 배로 성장할 것을 기대하고 있다. 이 교단은 국외에 4,000개가 넘는 교회가 있고, 72명의 선교사를 파송했다.

많은 사람들이 오순절파의 폭발적인 성장세를 잘 알지만, 그 원인을 자세히 조사해 본 적이 없다. 물론, 오순절파 성도들은 성령의 역사를 원인으로 여긴다. 하지만 성령이 사용하시는 수단이 있으니, 그 원인을 (특히 가톨릭신앙과 심령교, 마르크스주의의 대안이라는 측면에서) 묻는 것이 부적절하지는 않을 것이다.

첫째, 라리브 데피네이 Lalive D'Epinay는 라틴아메리카 오순절파를 "대중의 안식처"로 묘사했다. 확실히, 오순절파 교인의 대다수는 사회적으로 소외된 소작농과 노동자 계층으로, 교회에서 위안과 의미를 찾은 이들이었다. 둘째, 브라질의 오순절 교회는 그 예배와 음악이 보여주듯이, 확실히 외국에서 들어온 교파보다는 남미의 토착화된 교파라고 할 수 있다. 셋째, 가톨릭신앙과 심령교 덕분에 브라질 사람들은 초월적인 것을 받아들이는 데 익숙하고, 오순절 교인들은 성령의 능력을 통한 축사와 치유를 순순히 받아들인다. 넷째, 그리스도의 몸 교리가 이들의 신앙에 굉장히 핵심적이어서, 평신도 사역을 격려하고 모든 교인이 복음전도에 적극적으로 참여할 것을 기대한다.

유감스럽게도 (내게는 분리주의처럼 보이는) 끝없는 분열이 있었지만, 이런 분열이 (아프리카 독립 교회들에서처럼) 오순절파 지도자들이 나름의 봉사 영역을 개발하여 교회 성장에 기여한 측면도 있다. 우리는 하나님이 이 교회들에 복음전도자와 함께 양심적인 목회자와 교사들을 보내 주셔서, 이 교인들이 그리스도 안에서 안정적이고 거룩하게 성숙해 가기를 기도해야 한다.

지난 1월에 브라질 기독학생회 운동Aliança Biblica Universitaria do Brasil의 후원으로 브라질을 방문했다. 1963년에 공식적으로 시작된 브라질 기독학생회는 60개가 넘는 도시의 대학과 고등학교에서 활발한 모임이 이루어지고 있다. 기독학생회는 옛 세상과 새 세상의 충돌에 사로잡힌 학생들에게 사역하고 있다. 이들과 그리스도인 학사 또는 "전문가" 집단에서 브라질의 훌륭한 미래 기독교 지도자들을 배출하고 있다.

John R. W. Stott, "Cornerstone: Brazil: The Spiritual Climate,"
Christianity Today 24, no. 7 (April 4, 1980), 32–33.

31장

유고슬라비아의 개신교 연합

—

여러 민족 집단의 경쟁이 교회에까지 스며들었다.

"유고슬라비아는 논리적 지성에 절망을 안겨 주는 나라다." 이 나라를 어떻게든 이해해 보려는 사람들을 힘 빠지게 하는 이 절망적인 말로, 트레버 비슨 Trevor Beeson은 『신중함과 용기』 *Discretion and Valour*, 1974의 유고슬라비아를 다룬 장을 시작한다. 평론가를 꿈꾸는 사람들에게도, 그들이 아무리 섬세하고 아는 게 많더라도, 유고슬라비아는 "지뢰밭"이라고 그는 묘사했다. 나는 그의 경고를 새겨들었다. 짧은 방문 후에 나눌 수 있는 것은 내가 읽고 보고 들은 잠정적인 단편일 뿐이다.

1918년, 과거 오스트리아, 헝가리, 이탈리아, 터키 영토였던 곳에 인위적으로 세워진 유고슬라비아는 "사회주의 연방 공화국"이다. 세르비아인(42퍼센트)과 크로아티아인(22퍼센트), 기타 10개 민족 집단의 대립의 역사가 지금도 되풀이되고 있다. 안타깝게도, 종교적 차이가 이런 상황을 더욱 악화시키고 있다. 세르비아, 보스니아와 헤르체고비나, 몬테네그로와 마케도니아 주민의 대부분은 전통적으로 정교회 신자이지만, 크로아티아와 슬로베니아에서는 로마가톨릭이 우세하다. 이러한 종교적 전통에서 벗어나는 것은 곧 그 지역의 문화적 유산에 충성하지 않는 것으로 간주된다. 덧붙이자면, 남부 지역은 이슬람이 지배적인 종교다. 이 나라 전체에서는 무슬림이 11퍼센트이고, 자칭 무신론자가 12퍼센트나 된다.

동유럽에 속한 (소련에서 보자면 "서쪽"이지만) 유고슬라비아는 물론 공산주의 국가다. 하지만 1944년 자유의 투사를 이끌고 독일을 격퇴함으로써 유고슬라비아 국민들에게서 무한한 존경을 받은(그의 장례식에서 전 국민이 애도했다) 요시프 브로즈 티토Josip Broz Tito 대통령은 1948년에는 모스코바 노선도 과감히 거부했다. 1953년 스탈린 사망 이후, 티토의 계속된 지도력 아래 유고슬라비아는 혼합 경제와 종교적 자유가 확장되는 방향으로 개혁이 이어졌다.

유고슬라비아에서 교회와 국가의 관계는 역사적으로 복잡해, 종교적 자유가 부침을 되풀이했다. 처음에는, 마르크스주의 이데올로기를 신봉하는 공산주의 지도자들이 종교는 소멸할 것이라는 확신을 선포했다. 하지만 1946년 초대 헌법은 교회와 국가의 분리를 확인하고 교회의 모든 정치 행위를 금하면서 신앙과 예배의 자유를 보장했다. 1940년대 말과 1950년대 초에 이 나라의 로마가톨릭교회에 가한 억압에는 강력한 정치적 의미가 함축되어 있었다. 유고슬라비아와 이탈리아의 갈등은 바티칸이 유고슬라비아 가톨릭교회의 문제에 "개입하면서" 더욱 악화되었다. 1952년에 단절된 유고슬라비아와 바티칸의 외교 관계는 국가의 종교적 자유 보장과 교회의 정치 행위 포기를 재확인한 1966년의 협정 이후에 1970년이 되어서야 재개되었다. 제2차 바티칸 공의회의 정신을 홍보하는 "오늘의 기독교"Christianity Today라는 단체가 1967년에 설립되었다.

1970년대 초, 크로아티아 민족주의와 공산주의 수정주의가 국가의 통일을 위협한다고 판단한 유고슬라비아 정부는 억압 정책을 재도입했고, 이로 인해 교회도 고통을 겪었다. 하지만 이제는 추가 다시 움직이기 시작했다. 학교와 군대에 일부 반종교 선전이 여전하고, 종교적 신념을 공개적으로 표현하는 것은 종교 건물 내에 한정하지만(세례와 결혼식, 장례식은 예외로 한다), 기독교의 고백과 실천과 선전은 아무 제약을 받지 않는다. 일반 서점에서도 성경과 기독교 도서를 판매하고, 그리스도인을 공격하는 일도 없다.

스텔라 알렉산더Stella Alexander는『1945년 이후 유고슬라비아의 교회와 국가』Church and State in Yugoslavia Since 1945, 1979에서 인구의 1퍼센트에도 미치지 못하는 개신교 그리스도인들을 "유고슬라비아 인구에서 극소 비율"이라고 부른다. 맞는 말이다. 여기에는 루터교, 개혁주의, 침례교, 오순절파, 감리교, 기독교 형제교회가 포함된다. 이렇게 소수인데도, 개신교 교회들은 서로 원만한 관계를 유지하지 못했다. 협력하기보다는 경쟁할 때가 많았다.

따라서 150여 목회자와 교회 지도자들이(기대보다 2-3배 많은 숫자였다) 부활절이 지난 주말에 한 세미나에 참석한 것은 좋은 징조였다. 전국 6개 교파에서, 여러 연령층과 언어 집단 출신이 참석하여 굉장히 다양한 구성원을 이루었다. 실제로, 이것은 유고슬라비아 최초의 초교파 목회자 집회였다(참석한 교파 중 한두 곳은 로잔 대회 이후로 거의 만난 적이 없었다). 세미나는 베오그라드 북서쪽으로 80킬로미터 떨어진 노비사드의 침례신학교에서 열렸다. 침례신학교 총장 스테판 오치치Stjepan Orčić, 의사였다가 편집자와 출판사 대표로 변신한 침례교 평신도 브랑코 로브리치Branko Lovreć 박사, 자그레브의 성경신학연구소 Biblical Theological Institute(오순절) 젊은 소장 피터 쿠즈믹Peter Kuzmić●이 의장 을 맡았다. 비록 참석하지는 못했지만, 1976년에 설립된 자그레브의 신학부Theological Faculty 학과장 요십 호락Josip Horak도 이 모임을 지지했 고, 슬로베니아 루터교회 주교 스트루하릭Struhárik과 개혁교회의 주교 세테Csete도 대리인을 보냈다.

세미나 주제는 "현대 교회의 양상들"이었다. 강해 성경 연구는 자 기 백성을 향한 그리스도의 뜻(요한복음 17장), 성령 충만한 교회의 특 징(사도행전 2장), 복음전도(데살로니가전서 1장), 목회 사역의 이상(데 살로니가전서 2장), 일치와 다양성(에베소서 4장), 사회 속의 교회(마태 복음 5-6장)를 다루었다. 성경 연구 후에는 소그룹으로 나뉘어 성경의 가르침을 지역 상황과 연결하여 토론했다. 세미나에서는 아무런 악 감정이나 긴장을 찾아볼 수 없었다. 오히려 성령이 특별한 사랑과 기 쁨과 평안을 허락하셨다. 서로 비판하느라 말도 섞지 않던 지도자들 이 함께 예배하고 웃고 포옹하는 모습을 볼 수 있었다.

마지막 날에는, 소그룹들이 이런 모임을 계속하기를 바라는 마음 을 만장일치로 표현하여, 공통된 복음주의 정체성을 표현하고(부차적 인 문제들에 대한 상대의 관점을 존중하면서 주요 성경 교리에 동의함) 협

● 65쪽 두 번째 '주' 참고

력을 가능하게 할 복음주의 연합을 세웠다. 물론 이것은 시작에 불과하지만, 유고슬라비아의 모든 복음주의 목회자들에게 소그룹 보고서의 요약본과 함께 이 복음주의 연합의 기초와 목적을 전달하고 개인과 지역 교회들에 가입을 권유하기로 만장일치로 결정했다. 우리는 하나님께서, 특별히 부활절을 지난 후에 이 선한 사역을 시작하신 하나님께서 친히 이 사역을 온전히 완성하시기를 기도해야 한다. 나는 사람들이 "역사적" 만남으로 묘사한 이 세미나에 참석한 것을 굉장한 특권으로 여긴다. 여기서 중년들은 나를 세르비아-크로아티아어로 "브라타 스토타"Bratta Stotta(스토트 형제)로, 청년들은 "타타 스토타"Tatta Stotta(스토트 아빠)로 부르곤 했다. 이렇게 불릴 때마다 정말 기분이 좋았다.

John R. W. Stott, "Cornerstone: Protestant Unity in Yugoslavia,"
Christianity Today 24, no. 13 (July 18, 1980): 38 - 39.

32장

폴란드 프롤레타리아의 힘

—

개신교의 가장 큰 약점은 분열이다.

966년에 미에슈코^{Mieszko} 1세가 그리스도인이 된 이후로 1,000년이 넘도록, 폴란드와 로마가톨릭은 사실상 동의어나 마찬가지였다. 트레버 비슨은 『신중함과 용기』에서 이렇게 썼다. "폴란드보다 더 오래된 가톨릭 국가는 없을 것이다. '항상 충실한 폴란드'*Polonia semper fidelis*는 옛 폴란드 상류층과 부르주아의 좌우명이었고, 시간의 경과나 급진적인 정치 변화에도 이 좌우명을 수정할 필요가 없었다." 폴란드인 교황 선출이 이를 더욱더 강조해 줄 것 같다. 폴란드인이 바티칸을 다스리게 되었다는 소식을 듣자 폴란드 가톨릭의 사기는 크게 높아졌다.

인구의 95퍼센트가 세례를 받은 로마가톨릭 신자이고, 75퍼센트 이상이 주기적으로 교회에 출석한다고 알려져 있다. 공산주의가 폴란드의 마음과 영혼을 얻지 못한 것은 대체로 문화 유산과 국가 정체성 때문이다. 개신교에는 독일 냄새가 나고, 공산주의에는 러시아 냄새가 난다. 그리고 이 두 나라는 전통적으로 폴란드의 적대 국가다. 폴란드에 충성을 다하는 아들딸이 되려면 반드시 로마가톨릭 신자가 되어야 한다. 나아가, 교회는 폴란드 국민에 대해 상당한 교육적 권위를 행사해 왔다. 젊은이들은 "교리 문답소"(전국에 1만 8,000개가 있다)에서 매주 한두 시간씩 종교적 가르침을 받아야 한다. 심지어 정당 지도자의 자녀들도 다수가 이를 따른다. 로마가톨릭의 영향력이 줄어들고 있다는 징후는 찾아보기 힘들다. 새로운 교회가 지어지고 있고, 27개 교구 신학교나 35개 특별 신학교 내 수도회에서 1만 명이 사제 훈련을 받고 있다. 뿐만 아니라, 가톨릭 신학 아카데미Academies of Catholic Theology가 네 군데, 가톨릭 종합 대학교가 두 군데 있다.

폴란드의 가톨릭 신앙이 어떤 종류인지 묻는다면, 모호한 답변이 돌아올 것이다. 한편으로, 교황 요한 바오로 2세의 1979년 6월 바르샤바 메시지는 그리스도가 중심이었다. 그는 그리스도가 없다면 사람이 자신을 이해하거나 성취하는 일이 불가능하다고 담대하게 확언했다. 두어 개 오순절파 기도 모임이 있는가 하면, "오아시스"Oasis 운동*은 젊은이들이 성경을 읽고 기도하고 봉사하도록 격려하고 있다. 다른 한편으로, 전통적인 가톨릭 신심도 유지되고 있다. 어느 공식 교회 문서는 "폴란드 가톨릭의 성모 마리아적 특징"을 언급한다. 바르샤바 남서쪽 쳉스토호바Czestochowa 마리아 성소에는 세계에서 가장 유

---

* 폴란드에서 시작된 로마가톨릭 갱신 운동. 정식 명칭은 Light-Life Movement

명한 마리아 성화상●이 있다. 폴란드에서는 1656년부터 성모 마리아를 "폴란드의 여왕"으로 칭한다. 교황이 1979년에 쳉스토호바 성소를 찾았을 때, 그가 바르샤바에서 언급한 그리스도 중심 기독교는 다시 마리아 중심 기독교로 돌아간 듯했다. 이러한 비성경적인 마리아 신임 때문에, 개신교인들의 양심은 괴로워하고, 복음주의 신학은 상처를 입었다.

폴란드 개신교인들의 상황은 어떨까? 10만 명 또는 전체 인구의 0.003퍼센트 정도로 아주 소수다. 카롤 카르스키Karol Karski에 따르면, 초기부터 개신교의 가장 큰 약점은 엘리트주의와 분열이었다. 후자는 지금도 계속되고 있다. 몇몇 개신교 교단이 작은 교회들을 유지하고 있는 도시들에서조차, 서로 교제나 협력이 거의 없다시피 하다. 물론, 로마가톨릭은 이 점을 알아채고 이용하고 있다. 하지만 적어도 개신교인들은 1945년 이후로 폴란드 에큐메니컬 협의회Polish Ecumenical Council를 통해 돈독한 관계를 유지하고 있다. 정교회들과 구가톨릭교회들Old Catholic Churches▲보다 수로는 열세이지만 말이다.

로마가톨릭을 제외하고 폴란드에서 가장 크고 오래된 교파는 14세기까지 거슬러 올라가는 정교회인데, 교인이 거의 50만이나 된다(특히 우크라이나인이 많다). 교황 수위권을 인정하지 않는 구가톨릭교회로는 러시아에서 유래한 "마리아비테 교회"Mariavites와 "폴란드가톨릭교회"Polish Catholic Church, 둘이 있다. 이들은 신도가 6만 명에 이른다. 루터교회가 8만 명, 복음주의 개혁교회가 4,500명, 감리교회가 4,000명,

● "쳉스토호바의 검은 성모"라 불린다.
▲ 1차 바티칸 공의회의 교황 무류 교리 등에 반대하여 로마가톨릭교회에서 독립했다.

침례교회가 3,000명, 연합 복음주의 교회United Evangelical Church(1947년
에 두 오순절 교회, 기독교 형제교회, 복음주의 그리스도인, 그리스도의 교회
가 만든 연합체)가 세례받은 성인 신도 약 9,000명으로 구성되어 있다.
폴란드 에큐메니컬 협의회는 바르샤바 기독교 신학 아카데미Christian
Theological Academy in Warsaw와 긴밀한 관계를 유지하고 있다. 초창기 바르
샤바 대학교 복음주의 신학부Evangelical Theological Faculty at Warsaw University와
직접적인 연속성이 있는 이 신학 아카데미는 1954년에 설립되었다.
정교회, 구가톨릭, 복음주의 섹션이 개별 프로그램을 운영하고 있는
데, 일부 강의와 예배는 공동으로 운영한다. 따라서 사실상 로마가톨
릭을 제외한 모든 목회자 후보생(현재 10개 교회 120명)이 이곳에서
훈련받고 있다.

　지배적인 로마가톨릭교회는 현재의 불평등 체제 속에서 살아
가야 하지만 그렇다고 순순히 따르지는 않는다. 공산주의 당원으로
등록된 300만 명이 인구의 95퍼센트를 차지하는 로마가톨릭 신자
3,500만 명을 통제하는 것이 어떻게 공정하다고 할 수 있을까? 확실
히, 이 교회는 다른 어느 동유럽 국가의 로마가톨릭교회보다는 더 많
은 자유를 누리고 있다. 군대와 병원과 교도소에 로마가톨릭 기관 목
사를 임명한다. 그럼에도, 교회는 여전히 여러 제약을 받고 있다. 교
회에 다니는 아이들은 학교에서 사상 교육을 받고, 공산당이 다시 쓴
폴란드의 역사를 배운다. 뉴스 매체에도 접근할 수 없다. 성직자 임명
은 국가의 승인을 받아야 한다. 교회의 모든 문서는 정부의 검열을 거
쳐야 한다.

　하지만 표현의 자유도 어느 정도 있다. 폴란드의 종교적 자유에

대한 내 질문에 감리교 감독이자 폴란드 에큐메니컬 협의회 회장인 비틀드 베네딕토비츠Witold Benedyktowicz는 이렇게 답했다. "길거리에서 설교하는 것만 제외하면, 뭐든지 다 할 수 있습니다. 어쨌든 길거리 설교는 폴란드 전통과는 거리가 멀지요. 강단에서도 무슨 말이든 할 수 있습니다. 가톨릭 주교들도 그들의 사목 서신에서…… 때로는 정부를 비판하고 공격하기까지 한답니다."

그리스도인들이 자유로이 복음을 전할 수 있는가? 1978년 10월 빌리 그레이엄의 폴란드 방문이 이것을 증명해 주는 것 같다. 고위 공직자가 그를 맞이했고, 국영 텔레비전에서 인터뷰를 했으며, 외신 기자 회견에서는 그 자리에 참석한 많은 기자에게 복음을 선포할 기회를 잡기도 했다. 침례교 교회와 폴란드 에큐메니컬 협의회가 그의 방문을 후원했지만, 로마가톨릭교회도 대형 건물들을 내놓고 신자들에게 참석을 권유하면서 협조했다. 많은 사람들이 참석하여 그의 메시지에 긍정적으로 반응했다.

하지만 복음전도는 특이한 어려움에 처해 있다. 세례를 받고 교회에 출석하지만 예수 그리스도를 구주로 인격적으로 알지 못하는 로마가톨릭 신자들에게 어떻게 다가갈 것인가? 내가 5월에 참석한 집회에서 만난 감리교 사역자들이 이 질문의 답을 실천하고 있었다. 그들은 그리스도인 가정을 복음전도 성경 공부에 활용하는 것을 추천했다. 2차 바티칸 공의회에서 평신도의 성경 읽기를 장려한 데다, 개신교 교회에 나오기 어려워하는 로마가톨릭 신자들도 개신교인 가정에 가는 것에는 거부감이 덜하기 때문이다. 감리교 사역자들은 교인들에게 개인 전도를 훈련하는 프로그램을 개발할 필요성을 인정했다. 그들은 살아 계신 하나님이 자신들의 회중 예배와 공동체 생활에 대한 사랑에 눈에 띄게 나타나야 한다고 강조하기도 했다.

John R. W. Stott, "Cornerstone: Poland's Power of the Proletariat,"
Christianity Today 24, no. 17 (October 10, 1980): 50 – 51.

5

교회가 직면한 도전들

33장

목소리를 높이는 성공회 복음주의자들

성공회라고는 미국 감독 교회밖에 모르는 미국의 복음주의자들은 영국성공회 내에서 복음주의의 영향력을 발견하고 놀라는 경우가 많다. 제2차 세계대전 종전 이후로, 영국의 이 국민 교회 내에서 복음주의 운동이 꾸준히 성장하고 깊어졌다. 경시의 대상이었던 소수에서 시작하여 예의상 관용의 대상이 되었다가 이제는 대다수에게 존중받고, 일부는 리더십을 인정받으며, 아무도 무시할 수 없는 세력으로 자리 잡았다.

영국성공회 전반적으로는, 킬 대학교Keele University에서 열린 제1회 전국 복음주의 성공회 대회National Evangelical Anglican Congress에 수천 명이 모인 1967년에 이러한 발전을 인지하게 되었다. 그로부터 10년 후인 올해 부활절 직후에는 노팅엄 대학교Nottingham University에서 "변화하는 세상에서 그리스도께 순종하기"라는 주제로 열린 2차 대회에 거의 2,000명 가까이 참석했다. 사전 회의 자료는『주 그리스도』The Lord Christ,『하나님 백성』The People of God,『변화하는 세상』The Changing World이라는 세 권의 책으로 출간되었다. 이 대회에서는 저자들이 사전 자료에 대한 반응을 내놓았고, 이후의 토론은 수많은 연구 그룹으로 이어졌다. 2/3가 평신도로 구성된 참석자들은 3박 4일 동안 쉽지 않은 지적 활동에 즐거이 푹 빠졌다. 매일 아침과 저녁에 있었던 전체 모임에서는 예수 그리스도의 주되심을 마음껏 경배했다.

이렇게 해서 2만 단어의 노팅엄 선언Nottingham Statement이 팔콘 출판사에서 출간되었다. 이것은 성공회 복음주의자들이 믿는 바에 대한 포괄적이거나 권위 있는 선언은 아니다. 공백이나 내적인 모순이 있기도 하고, 문서의 어느 부분도 아홉 세션에서 한 군데 이상 최종 지지를 받지 못했기 때문이다. 그럼에도, 노팅엄 선언은 노팅엄 대회의 정신을 충실하게 표현한 것이라고 주장할 만하다. 이 선언은 이후의 더 진지한 논의를 자극하고 그에 자료를 제공해야 한다.

이 선언에는 익숙한 복음주의 신념들이 확신 있으면서도 색다르게 재확인되어 있다. 예를 들어, 성육신을 "기독교의 토대가 되는 진리"(B.1)라고 부르고, "영국성공회 교리의 수호자인 주교들"에게 "주 예수 그리스도의 위격과 관련된 교회의 역사적 신앙을 확인해 주어야 한다"고 진지하게 요청한다(B.2). 동시에, 예수님은 "모든 면에서 진정한 인간"으로 선포되고, 우리는 "예수님의 인간되심을 늘 완전히 고려하지는 못했다"라고 고백한다(B.3). "그리스도께 순종하려면 성경에 순종해야 한다는 것이 복음주의의 변치 않는 확신"이기에(A.7)

"성경의 신적 영감과 전적 신뢰성, 구원에 대한 충분한 가르침, 성경의 독특한 권위"를 재확인한다(D.1). 동시에, 우리는 성경을 연구하고 순종하는 데 실패한 것을 고백하고, 성경 저자와 성경 독자의 문화적 지평을 진지하게 받아들이는 "창의적인 경청"을 서약한다(D.2).

선교라는 주제에 대해서는, 1975년 대주교들의 "국민에게 요청함"Call to the Nation에 사의를 표명한 후에, "'국민에 대한 선교의 노력'이 뒤따를 수 있기를" 희망한다. 그리고 "중앙에서 부과한 계획보다 지역의 계획을 훨씬 더 선호하고" "모든 복음전도 계획에는 공통된 신앙과 목적 진술, 접근법과 방법의 다양성, 지속적인 봉사에 대한 헌신이 필요하다"는 중요한 확신을 추가한다(A.4).

노팅엄 선언은 우리 복음주의자들이 때로 회피해 온 현대의 교회 이슈에 상당 부분을 할애한다. 교회의 정체성을 "기독교의 진리"(하나님의 계시인 성경과 기독교 신앙의 역사적 표현인 신경), "기독교적 생활방식"(복음서의 두 성례를 포함한다), "전 교인 사역"이라는 삼중 "헌신"의 관점에서 재정의한다(E.3). 특히 전 교인 사역이 강조된다. "기독교는 단일 계급 종교다. 모든 그리스도인은 똑같이 세상에서 그리스도께 사역하도록 부름 받는다.……성직의 전문성은 사역의 다양성이 적절하게 발달하지 못하도록 저해했다. 우리는 '1인 사역'이라는 만연한 성향을 개탄한다.……신약에서는 늘 목회자 집단이 리더십을 형성한다"(J.1 및 2). 나아가, "우리는 여성에게 남성과 함께 사역하는 동역자로서 온당한 지위를 주지 못한 점을 회개한다." 이것은 많은 사람들이 성경의 항구적 진리를 담고 있다고 믿는 유보 조항—"교회의 리더십은 복수이고 혼성이어야 하며, 최종적인 책임은 대개 단수이고 남성이어야 한다"(J.6)—과 균형을 맞추는 진술이다.

두 섹션은 영국 교회들에서 현재 논쟁 중인 "10대 발의• 및 로마가톨릭교회와 관련하여 교회 일치에 관한 대담한 문제제기를 한다. 우리의 목표는 그리스도인들이 "공통된 세례와 공통된 신앙고백을 공유하고, 함께 성찬에 참여하고 선교에서 동역할 뿐만 아니라, '서로'라는 개념을 멈추고 모두가 함께하는 공동생활만 남는 지점에까지 이르는 제도적 구조의 통합이 이루어지는" 가시적인 일치임을 성경에 근거하여 재확인한다(L.1). 성공회-로마가톨릭 대화의 현상태에 대해서는 확고하면서도 정중하게 이렇게 진술한다. "형식적인 재결합 조치 이전에 근본적인 교리에 대한 합의가 선행되어야 한다"(M.1). 그리고 로마가톨릭에 분명한 답변을 요구하는 몇 가지 예리한 질문을 던진다. 로마가톨릭교회는 스스로를 "그리스도 아래 있는 최종 권위"인 성경 아래에 두는지, 죄인들은 "믿음을 통해 은혜로 의롭게 되며, 선행은 구원 자격을 얻는 근거가 아니라 칭의의 열매"라고 가르치는지, 어떻게 "성찬이 그리스도의 희생과 연관되는지" 그리고 성모 마리아 교리가 어떤 지위인지(M.2).

영국성공회의 법적 지위라는 골치 아픈 문제에 대해서는, 영국성공회는 "자신을 이 나라의 교회로 세운 고대의 합법적인 유대 관계를

• 1976년 영국의 5개 교파(영국성공회, 감리교회, 연합개혁교회, 모리바아교회, 그리스도의 교회)의 지도자들이 공동으로 제안한 가시적 일치를 위한 10대 발의(Ten Propositions on Visible Unity)

포기하지 않고, 다른 개신교 교회들과 공유하기를 원한다"는 희망을 표현한다. 그리고 사려 깊게 이렇게 덧붙인다. "우리는 특권을 위해서가 아니라 섬기기 위해서, 교회를 위해서가 아니라 나라를 위해서 유대를 소중히 여긴다." 교회가 조국에 대한 사명을 받들기 위해서, 그리고 국가의 양심으로서의 책임을 받들기 위해서라는 것이다(K.7).

노팅엄 선언의 세 번째 섹션은 킬에서 10년 전에 순수하게 잠정적으로 제기했던 사회 윤리에 대한 질문들을 다룬다. 하지만 이번에는 "민주주의에서의 권력"("끊임없이 성장하는 경제적 번영이 책임 있는 사회의 유일한 목표라는 통념"에 도전하고, "전체 공동체가 정치적 권력에 진정으로 참여할 것"을 요청한다─N.3 및 4), "대중 매체의 권력"(사회에 대한 영향력을 따져 보고, 매체가 "예술적 관점에서 인간의 창의성"에 제공할 기회를 환영한다─P.1-3), "법과 교육"(Q.1-3), "결혼과 가정"(독신의 삶, 동성애, 이혼과 재혼, 남녀의 다른 역할 등도 포함한다─R.1-8), "선교에서의 책임"(다인종 사회, 도심 지역, 세상에서─S, T, U), "전 지구적 청지기 의식"(세계의 자원 채취, 인권, 정부 지원, 다국적 기업, 단순한 생활방식 등의 문제─V.1-10) 등의 조목에서 보다 철저한 사고를 담아낸다. 복음주의 그리스도인들이 자신의 성경적 신앙을 오늘날의 복잡한 문제들에 적용하려 애쓰는 모습이 얼마나 큰 격려가 되는지 모르겠다.

노팅엄 대회를 되돌아보면서, 이 논쟁들 가운데 드러난 사랑과 기쁨과 열린 마음에 크게 감명을 받았다. 우리가 항상 의견을 같이하지는 않았지만, 새로운 차원의 존중으로 다른 사람들에게 귀를 기울여 주는 은혜를 누렸다. 10년 전 킬에서는 은사주의 논란을 토론할 준비가 되어 있지 않았지만, 노팅엄에서는 그 일이 이미 과거가 되어 버린 듯했다. 최근 복음주의 합의 선언문 『복음과 성령』*Gospel and Spirit*의 출간으로 그 논란이 이미 완화되었고, "지금부터는, 서로 익숙해져 버린 '그들과 우리'라는 생각을 버리고 함께 살고 사역하고자 하는 바람"을 표현했다(L.5). 몇몇 부분에서는 의견이 엇갈리기도 했다. 예를 들어, 일부는 "민주주의에서의 권력" 부분이 조금은 좌파 성향을 띠었다고 생각하여, 확연히 우파 성향으로 쓰인 "대안적 진술"을 추가한다(N.8). 하지만 그런 차이를 숨기지 않고 사랑으로 대하겠다는 결단력은 복음주의가 성숙하고 있다는 표시로 볼 수 있다. 게다가, 노팅엄은 국내에서 계속되고 있는 복음주의 대화의 (중요하지만) 한 대목일 뿐이다.

John R. W. Stott, "Cornerstone: Anglican Evangelicals Speak Out,"
Christianity Today 21, no. 19 (July 8, 1977): 30–31.

34장

복음주의와 로마가톨릭

"선하신 주여, 로마 주교의 독재와 가증스러운 범죄에서 우리를 구하소서." 딱히 그리스도인의 정서는 아니라고 생각할 수도 있다! 하지만 아주 오래전까지 거슬러 올라가는 이 문구는 1552년 성공회 기도서에서 나온 것이다. 이 기도서의 전체 내용에는 "독재"와 "이단"에 대한 언급이 모두 들어 있는데, 이는 종교개혁 때 영국의 민족주의가 성경적 진리의 회복과 손잡은 것을 떠올리게 한다. 그 이후로, 400여 년이라는 긴 시간 동안, 사실상 화해는 없고 적대감과 격렬한 비판만 오갔다.

그렇다면, 우리 복음주의자들은 제2차 바티칸 공의회 이후의 로마 교회에, 곧 "주님의 말씀이 퍼져 찬양을 받으며"(살후 3:1) 교회에 맡겨진 계시의 보화가 인간의 마음에 더욱더 채워져야 한다"(「계시헌장」*Dei Verbum* 26)고 선언하며, 놀라운 '아조르나멘토'*aggiornamento*•를 단행한 교회에 어떤 태도를 취해야 할까?

우리는 정확히 어떤 로마 교회와 관계를 맺을 수 있을까? 단일 구조라는 오래된 환상은 이미 산산조각이 났다. 오늘날 로마가톨릭은 개신교만큼이나 다양한 형태인 것 같다. 로마가톨릭은 무엇을 믿고 가르치는가? 정말로 변했는가? 아니면, 변하지 않고 변경할 수 없다는 로마가톨릭의 오래된 자랑은 사실인가?

바오로 교황이 "하나님 백성의 신앙고백"*Credo of the People*에서 구원받은 사람이 천국에서 "예수님과 마리아 주위로 모인다"라고 묘사했을 때처럼, 때로 우리의 개신교 양심은 여전히 분노한다. 그런가 하면, 가톨릭 신학자가 성경과 그리스도에 확고히 기초한 내용을 말할 때면, 우리는 만세를 외치며 그를 복음주의자라 부르고 안아 주고 싶은 마음이 생긴다.

그러면 또다시 다른 가톨릭 지도자가 우리가 벗어났다고 생각하는 낡은 자유주의 신학으로 우리를 되돌리는 반대 진술을 들고 나온다. 이렇기에 한스 큉*Hans Küng*은 『그리스도인이 된다는 것』*On Being a Christian*에서 "성경 자체는 신의 계시가 아니다. 성경은 그저 신의 계시를 인간이 증언한 것이다.……"(전에 어디선가 들어 본 적 있는 이야기가 아닌가?)라고 주장할 수 있다. 그는 성경은 하나님의 말씀도 **아니고**, 하나님의 말씀이 **들어 있지도** 않다고 쓴다. "성경은 그 증언과 거기에 계시된 하나님과 예수 그리스도께 충실히 순종하는 사람에게……하나님의 말씀이 **된다**."(한스 큉도 바르트주의자인가?)

• 로마가톨릭교회 현대화 운동

이런 혼란스러운 로마가톨릭 상황 가운데서, 우리는 계속해서 복음주의적인 질문들을 정중하게 강조해야 한다. 로마가톨릭의 개혁 없이는, 로마와의 재결합은 상상할 수도 없다. 최근에 나는 (옥스퍼드 라티머 하우스Latimer House와 영국성공회 복음주의 협의회에서 나온) 공개 서한에 서명했다. 세계 성공회 대주교들과 주교들에게 보낸 이 편지는 성공회 교회들과 로마가톨릭 및 정교회 교회들의 관계를 다룬다. 이 서신은 "더 가까운 교회적 관계의 전제 조건인 진정한 신학적 합의"에 대한 공통된 관심에 큰 기쁨을 표한다. 하지만 계속해서 이 서신은 사실 확인을 위한 질문을 던진다. 예를 들면 이런 것들이다. 종교개혁 밖에 있는 이 교회들the non-Reformed churches은 "우리가 우리의 전통을 점검하듯이, 성경이 인정하지 않는 것을 바로잡기 위해서 성경으로……자신들의 모든 전통을 검토할" 준비가 되어 있는가? "칭의"가 "하나님이 그리스도 안에서, 그리스도를 통해, 순전히 은혜로 죄인들에게 거저 주신, 하나님이 주신 믿음만으로 받을 수 있는 선물"임을 정말로 인정하는가? "진리에 위계질서가 있다"는 2차 바티칸 공의회의 주장이 옳다면, 성경의 최고 권위와 값없는 칭의 교리가 가장 탁월하기 때문이다.

이를 고려하면, 도널드 코건 캔터베리 대주교가 로마-성공회 성찬 교류(교황이 거절했다)를 요청한 것은 시기상조인 것 같다는 생각이다. 복음주의 양심에 거리낄 만한 내용은 절대 말하거나 행하지 않는 로마가톨릭 성찬도 있음을 나는 안다. 이른바 "성찬 합의문"Agreed Statement on the Eucharist(양쪽 교회에서 아무 권위는 없지만)에서, 그리스도의 십자가 죽음이 "세상 죄에 대한 완전하고 충분한 유일한 희생"이요

"그리스도가 영 단번에 성취하신 것을 반복하거나 무언가를 보태는 일은 있을 수 없다"고 분명히 강조하는 것도 나는 알고 있다. 이 합의 문의 본문에는 "화체설"이라는 단어가 없는 것도 안다. 하지만 각주에는 가톨릭 신자들이 성찬식에서 일어난다고 생각하는 포도주와 떡의 "내적 실재의 변화"를 가리키는 이 전통적인 가톨릭 용어가 나온다. 따라서, 개인적으로 말하자면, 로마가톨릭교회의 교리적 입장이 공식적으로 바뀌기 전까지는, 나는 로마가톨릭 미사에 참석하지 않을 것이다.

오히려, 로마가톨릭 신자들과의 개인적인 교제, 공동 성경연구, 솔직한 대화가 나아가야 할 바른 길이지 싶다. 이런 이유로, 나는 4월에 베네치아에서 열린 "선교에 대한 복음주의-로마가톨릭 대화"Evangelical-Roman Catholic Dialogue on Mission에 참여할 수 있어 매우 기뻤다. 로마가톨릭 측에서는 그리스도인 일치 촉진 사무국Vatican Secretariat for Christian Unity이 여덟 명을 임명했지만, 복음주의 측의 여덟 명은 오스트레일리아 시드니의 도널드 카메룬Donald Cameron 주교, 튀빙겐 대학교의 피터 바이어하우스Peter Beyerhaus 교수, 풀러 신학교의 데이비드 허바드David Hubbard 총장 등이 포함된 다국적 임시 그룹이었다. 우리는 "선교" "구원" "회심" 같은 단어의 의미와 공동 증언의 가능성을 토론했다. 상대에 대한 두려움과 의구심으로 시작했지만, 편견은 금세 사라지고 인내심 있는 경청을 통해 성령 안에서 서로 존중하고 사랑하는 법을 배우게 되었다. 예수 그리스도에 대한 개인적인 체험과 증언을 나누면서, 서로에게서 하나님의 은혜를 발견하고 함께 기뻐했던 저녁 시간도 있었다.

5부 교회가 직면한 도전들

개인적으로 나는 로마가톨릭 형제(또는 자매, 메리놀 수녀회Maryknoll Sisters의 조안 챗필드Joan Chatfield가 로마가톨릭 팀의 일원이었다)가 토론에서 장절을 외워 성경 본문을 인용할 때마다 놀랐다. 하지만 가장 놀라웠던 점은, 세례에 대한 의견이 굉장히 많이 일치한다는 것이었다. 나는 늘 로마가톨릭에서는 기계적인 세례관을 가지고 있어서, 모든 세례자를 당연히 거듭난 그리스도인으로 간주한다고 생각했다. 하지만 아니었다! 그들도 다음과 같은 진술에 완전히 동의했다. "세례는 신학적 측면에서든 실천적 측면에서든 회심의 전반적 맥락과 분리되어서는 안 된다. 세례는 성령과 언약 공동체인 교회가 이끄는 회개와 믿음, 거듭남의 전체 과정에 속한다. 우리는 절대 기계적인 세례관을 수용하지 않는다."

우리가 다시 만나서 여전히 우리를 갈라놓고 있는 주요 문제들을 더 심도 있게 다룰 수 있기를 기대한다. 나는 전 세계 복음주의자들이 공동 성경공부에 기초하여 로마가톨릭과의 대화에 더 앞장서기를 고대하고 기도하고 있다. 복음주의자들의 오만함 때문에 하나님의 개혁 목적이 좌절된다면, 참으로 슬픈 일일 것이다. 노팅엄 대회의 최종 "의향서"는 로마가톨릭과 관련하여 이렇게 말했다. "우리는 성경에 기초하여 우리의 공통된 주님께 순종하는 가운데, 로마가톨릭과 함께 하나님의 진리와 하나님이 의도하신 일치를 추구하려는 헌신을 새롭게 한다."

John R. W. Stott, "Cornerstone: Evangelicals and Roman Catholics,"
Christianity Today 21, no. 21 (August 12, 1977): 30 - 31.

35장

복음주의자는 근본주의자인가?

옥스퍼드 대학교 오리엘 칼리지 성서해석학 교수 제임스 바James Barr 박사는 영국 신학계의 석학이다. 사람들은 그를 『성경 언어 의미론』 *The Semantics of Biblical Language*, 1961을 통해 해석학 토론에 기여한 이로 기억할 것이다. 그는 이 책에서, 어원의 역사보다는 현재 맥락에서 어떻게 사용되느냐에 따라 단어의 의미를 결정해야 한다고 설득력 있게 주장했다. 그 뒤로도, 그는 네 권의 주저를 더 냈다.

그런데 작년에는 그가 전혀 다른 종류의 책을 썼다. 차분하기보다는 격론을 벌이는 『근본주의 신학』*Fundamentalism*은 근본주의자들 또는 보수적 복음주의자들(그는 둘을 구분하지 않는다)을 맹렬히 공격한다. 그는 우리의 전반적인 입장이 "일관성이 없고" 심지어 "완전히 잘못되었다"고 주장한다(8쪽). 그가 보기에 "근본주의는 기독교의 병적

5부 교회가 직면한 도전들

인 상태"(318쪽)이기에 "진정한 고대 기독교 신앙"과는 거리가 멀어서, "교회에서 수용 가능한 범위 내"에 있는지조차 확신하기 힘들다(343-44쪽).

우선, 두 가지를 언급해야 할 것 같다. 첫째, 바는 자신의 책 배후에 있는 연구를 여러 차례 언급하면서, "근본주의 문헌을 매우 철저히 검토했다"고 주장한다(9쪽). 이것은 거짓 주장이다. 그는 자신이 "모든 근본주의 문헌 중에서 가장 중요하다"(45쪽)고 말한 스코필드 관주성경 Scofield Reference Bible과 『IVP 성경주석』 New Bible Commentary과 『새 성경사전』 New Bible Dictionary 같은 대중적인 자료에 지나치게 의존한다. 그는 노먼 앤더슨 Norman Anderson과 마이클 그린 Michael Green•을 부당하게—심지어 무례하게—대하고, 브루스 F. F. Bruce와 하워드 마셜 Howard Harshall은 거의 무시하며, 패커 J. I. Packer의 『근본주의와 하나님의 말씀』 Fundamentalism and the Word of God이나 웬햄 J. W. Wenham의 『그리스도와 성경』 Christ and the Bible에 담긴 일목요연한 주장에 대한 정당한 평가는 시작조차 하지 않는다.

미국의 복음주의 상황을 살필 때는 근거가 더 부족해 보인다. 그는 프린스턴 신학교의 핫지 Hodge와 워필드 Warfield를 언급하고, 카넬 E. J. Carnell과 래드 G. E. Ladd를 인용한다. 하지만 칼 헨리 Carl F. H. Henry의 책은 한 권만 언급하고 인용은 두 군데만—그것도 다른 저자에게서 가져다가—한다. 이로 보아 그는 칼 헨리를 읽지 않았다.

두 번째 일반적인 언급은 그가 책을 쓴 목적과 관련이 있다. 그는 우리의 사고를 바꾸기 위해서가 아니라, 우리의 "지적 구조"를 이해

• 65쪽 두 번째 '주' 참고

하고 묘사하기 위해서 책을 썼다고 말한다(9쪽). 조금 이상하다. 우리가 완전히 틀렸다면, 그는 우리의 견해를 바꾸려 하지 않겠는가? 그의 책은 진지한 신학 토론과 거리가 멀다. 자신이 비판하고 있는 사람들을 존중하지 않는다. 그의 어조는 냉소적이고 건방진 데다 경멸적이고 심술궂기까지 하다. 그는 무지와 편견과 위선을 우리 탓으로 돌린다. 또한 "비보수주의 신학자들의 생각을 이해하려고 진지하게 시도하지" 않는다고 우리를 비난한다(164, 316쪽). 우리 중 일부에게 해당하는 이야기일 수도 있지만, 내 생각에는 입장이 뒤바뀌지 않았나 싶다. 『근본주의 신학』은 모든 종교적 토론에서 상대방을 존중하고, 상대에게 귀를 기울이며, 상대를 이해하려 힘쓰겠다는 내 결심을 키워 주었다. 공감 없이는 이해할 수 없고, 존중 없이는 대화할 수 없다.

바의 선택적 공격과 어조를 비판한다고 해서, 그의 공격에서 배울 것이 전혀 없다는 뜻은 아니다. 우리가 그에게 귀 기울여야 할 민감한 부분이 세 군데가 있다고 생각한다.

첫째, '전통'이다. 그는 "근본주의의 핵심은 성경이 아니라, 특정한 종류의 종교에 있다"라고 쓴다(11쪽). 종교 체험과 그 결과인 복음주의자들의 전통이 성경보다 더 중요한 규범이라는 것이다. 우리는 "성경을 사용하여 이 전통에 의문을 제기하고 재확인하지 않는다." 오히려, "이 전통을 성경에 대한 진정한 해석으로 그냥 수용한다"(37쪽). 불편하지만, 때로는 이 말이 사실이다. 우리는 복음주의 전통을 하나님의 말씀의 철저한 도전을 회피하는 방패로 삼을 때가 있다.

둘째, '신학'이다. 바는 근본주의가 "신학 없는 운동"이라고 쓴다 (160쪽). 그는 그 이유가 우리가 성경 연구와 성경의 권위를 변호하는 데 몰두하기 때문이라고 생각한다. 그는 네덜란드 신학자들을 비롯한 여러 신학자들의 혁신적인 연구는 인정하지 않지만, 그가 일반화하여 비판하는 대상으로서의 우리는 그의 혹평을 반대하기 어렵다. 우리가 창의적인 신학 사상가보다 성경학자를 더 많이 배출하고 있기 때문이다.

셋째, '해석'이다. 해석학은 바의 전문 분야여서, 그는 여기서 목표를 잘 겨냥하여 점수를 딴다. 그는 "하나님의 영감으로 된 오류가 없는 본문은 아무것도 결정하지 않는다"(302쪽)라고 말한다. 그가 옳다. 성경 본문은 이해하고 적용해야 한다. 하지만 우리 복음주의자들은 늘 성경 해석을 두고 씨름하기보다는 성경의 권위를 변호하는 데 훨씬 뛰어났다. 성경의 무오성에 대한 교리적 주장이 성실한 연구를 대체할 수 없다.

바는 보수적 복음주의자와 근본주의자, 심지어 "극단주의자"와 "온건주의자"조차 구분하지 않는다. (그가 보기에) 우리는 모두 똑같이 악취를 풍기는 거름더미에 섞여 있다. 이것은 공정한 평가일까? 우리의 특징 중 하나는 "현대적 성경 비평 연구에 대한 강한 적대감"이다(1쪽). 하지만 계속해서 그는 성경의 역사적·문학적 기원에 신경 쓰는 복음주의자들을 인용하면서, 그들이 자신의 원칙과 모순된다고 간주한다. 우리가 같은 일을 한다고도, 하지 않는다고도 동시에 비난하는 것은 공정하지 않다.

개인적으로 나는 모든 진정한 복음주의자는 근본주의자인 동시에 고등 비평가라고 확신한다. 이 용어들의 원래 의미에서 말이다. 실제로, 나는 일찍이 1954년에 어느 소책자에서 이 말을 했다. 원래 근본주의자는 성경의 권위뿐 아니라, 예수님의 신성과 동정녀 탄생, 대속의 죽음과 몸의 부활 같은 근본적인 교리를 주장했고, (하등 비평가 또는 본문 비평가에 반대되는) 고등 비평가는 성경 각 권의 형식과 출처, 연대, 저자, 역사적 배경을 연구하는 문학 비평가였다. 물론, 세월이 흐르면서 두 표현 모두 뜻이 달라졌다. 요즘에는 근본주의자라는 말은 성경에 대한 태도가 몽매하다는 뜻으로, 고등 비평가는 그 태도가 파괴적이라는 뜻으로 사용할 때가 많다.

그렇다면 복음주의자와 근본주의자는 무슨 차이가 있는가? 자의적이라 걱정되기는 하지만, 다음과 같은 구분을 제안한다. 근본주의자는 성경의 신적 기원을 너무 크게 강조한 나머지, 성경이 그 메시지를 담기 위한 자료와 문법, 단어를 사용한 인간 저자들에 의해 기록되었다는 사실을 잊어버리는 경향이 있는 반면, 복음주의자는 성경의 이중 저작권을 잊지 않는다. 성경이 그렇게 진술하기 때문이다. "우리 조상들에게 말씀하신 하나님이"(히 1:1). "사람들이 하나님께 받아 말한 것임이라"(벧후 1:21). 한편으로는, 하나님은 인간 저자의 개성과 충돌하지 않고도 당신이 말씀하시기 원하는 내용을 정하여 말씀하셨다. 다른 한편으로, 사람들은 하나님의 메시지를 왜곡하지 않고도 인간의 능력을 자유로이 사용하여 말했다.

이와 같은 성경의 이중 저작권은 복음주의자가 성경을 읽는 방식에 자연스레 영향을 미친다. 성경이 하나님의 말씀이기에 복음주의

자는 다른 책과 달리 그 맥락과 구조, 문법, 단어에 세심한 주의를 기울여서 읽는다.

이 둘이 충돌하면 어떻게 되는가? 바는 모든 조정자, 곧 과학과 성경 사이, 성경의 각 부분 사이, 성경에 대한 신학적 이해와 성경을 공부하는 역사 비평적 방식 사이의 확연한 차이를 제거하려는 모든 사람에 강력히 반대한다. 이 부분에서 나는 그와 의견이 완전히 갈린다. 물론, 그 조정이 증거의 왜곡이나 조작을 뜻한다면, 부정직한 것이다. 하지만 확연한 차이가 있을 때 성경이 잘못되었다고 선언하기보다 판단을 유보하고 끊임없이 조화를 찾는 것은 부정직한 것이 아니다. 오히려, 그것은 세상에는 살아 계시고 참되신 한분 하나님만 계시고, 그는 성경과 자연의 하나님, 신학과 역사의 하나님이시라는 우리의 기본적인 확신에서 비롯되었기에 그리스도인의 신실함을 표현하는 것이다.

John R. W. Stott, "Cornerstone: Are Evangelicals Fundamentalists?,"
Christianity Today 22, no. 21 (September 8, 1978): 44-46.

36장

신학생은 머리만 있는 올챙이가 아니다

—

목회자가 되고자 준비하는 이들은 신앙과 삶과 선교를 통합해야 한다.

나는 신학교에서 가르친 적이 없다. 그렇다고 해서, 신학 교육 토론에 참여할 자격이 없다고 판단하지는 마시길 바란다. 나도 (아주 오래전이기는 하지만) 한때 신학생이었고, 전 세계 수많은 신학교를 방문하면서 신학생들의 속내를 많이 들었다.

뭔가가 잘못되었다는 것은 대체로 인정한다. 중간에 사역을 그만두는 사람들의 통계를 감추려 해서는 안 된다. 주된 원인은 신학교의 이상과 목회 현실의 괴리감 때문인데, 이런 격차가 환멸로, 심지어는 사임으로 이어진다.

일부에서는 "예수님은 신학교를 세우신 적이 없다"고 주장하면서 신학교 폐지를 요구하지만, 이것은 순진한 과잉반응이다. 신학교는 학문적 수월성의 목표를 유지해야 한다. 우리는 『미국의 반지성주의』

Anti-Intellectualism in American Life, 1962에서, "학식 있는 사역자"에서 신학을 경멸하는 부흥 설교사로 전락한 청교도의 비전을 역사적으로 추적한 리처드 호프스태터Richard Hofstadter 교수에게서 배워야 한다. 그는 이미 1853년부터 "지적인 성직자는 경건이 부족하고, 매우 경건한 사역자는 지성이 부족하다"는 신념이 널리 퍼져 있었다고 주장한다. 하지만 도와주기는커녕 이해하지도 못하는 경건하지만 무지한 목회자들 때문에 힘들어 하는 제3세계 대학생들을 본 사람이라면, 목회자의 교육 수준도 전체 인구의 교육 수준에 맞춰 올라가야 한다는 사실을 아무도 의심하지 않을 것이다. 나는 그런 학생들을 많이 보았다.

이와 동시에, 신학생은 머리만 있는 올챙이가 아니다. 이들의 신학 연구는 현대 세계의 급변하는 영적·윤리적·문화적 동요와 만나야 한다. 신학은 신앙과 삶과 선교와 연결되어야 한다.

첫째, 신앙이다. 신학교 교수라면 누구라도 자기 학생들이 입학할 때보다 더 믿음이 강한 신자가 되어 졸업하기를 기대한다. 하지만 어떻게 이들의 신앙이 성숙할 수 있겠는가? 신앙을 강압하려는 유혹이 들기 마련이다.

그래서 어떤 신학교에서는 학생들에게 입학과 졸업 전에 세밀하게 작성한 교리 진술서에 서명하도록 요구한다. 하지만 학생들이 진지한 신학 연구를 시작하기도 전에, 어떻게 일관성 있게 진술된 신학을 가질 수 있기를 기대할 수 있을까? 시험에 통과해서가 아니라, 신학교 방침을 따르기 때문에 학위를 얻는 것은 과연 공평할까? 정반대 극단에 있는 (특히 자유주의) 신학교도 있다. 신앙을 강요하기는커녕 오히려 신앙을 망가뜨리는 것을 즐긴다. 이들은 학생들이 입학할 때

가져온 신념들을 의도적으로 약화시키려 한다.

신앙을 강압하거나 망가뜨리려는 시도는 둘 다 똑같이 근본적인 실수, 곧 교육과 주입을 혼동하는 실수를 저지르는 것이다. 주입은 교사가 자신의 정신적 권위를 학생의 사고에 부과하는 것이기에 지적 자유와 양립할 수 없다. 반대로, 아서 쾨슬러Arthur Koestler는 "이상적인 교육자는 길들이는 영향력이 아니라 촉매제 역할을 한다"고 쓴다. 이상적인 교육자는 자유로운 지적 발달이 가능한 자극과 맥락을 제공하려 한다.

이 원리를 신학교에 적용한다면, 현명한 학생들은 온실이나 황무지가 아니라, 따뜻하고 지지하는 신앙 공동체를 선택할 것이다. 그리스도의 주되심 아래 기독교적 사고를 개발하여 성숙한 그리스도인으로 성장하도록 격려하는, 헌신되어 있지만 열려 있고, 경건하지만 비판적인 공동체 말이다. 그런 튼튼한 직접적인 신앙만이 믿지 않는 세상의 맹공을 견딜 수 있다.

둘째, 신앙은 삶과 연결되어야 한다. 그리스도인다운 성품이 없다면, 기독교적 사고는 아무 효과가 없다. 신학교는 인격 성장과 성품 형성의 장소가 되어야 하며, 신학은 회중 예배와 개인 기도에서 찬양을 끌어내야 한다. (디모데전서 3장과 디도서 1장에서 분명히 요구하는 대로) 목회 후보자의 성품, 행동, 윤리적 기준, 결혼생활과 가정생활을 점검하는 경우는 거의 없고, 주로 신학 시험을 통해 목회자가 되는 오늘의 현실은 성경적 기준이 왜곡된 슬픈 예다.

신학생들은 어떻게 그리스도를 닮아 성장하도록 도움을 받을 수 있을까? 대체로 신학생들은 교사에게서 본을 찾을 수 있다. 하지만 많은 신학생들이 교수와 거리감을 느낀다고 불평한다. 일부 신학교에서는 이 문제를 해결하기 위해 학생들의 목회적 돌봄을 특별히 책임지는 교목을 두기도 한다. 하지만 그 경우에, 교수진은 자신들의 목회적 책임을 교목에게 위임했다고 생각하게 된다. 내가 가장 인상적으로 본 학교들에서는, 교수와 학생이 정기적으로 만나 교제하고 예배하고 토론하고 상담하곤 했다.

통합이 필요한 세 번째 영역은 선교다. 나는 멀리 떨어진 신학교가 아니라 학습자의 문화적 배경 내에서 신학 연구를 강조하는 신학 연장 교육theological education by extension, TEE 주창자들에게 크게 공감한다. 개인적으로 나는 그런 현장 교육이 예수님을 교육의 본으로 삼는 데 필요하다거나 전통 신학 교육을 대체해야 한다고 믿지 않지만, 많은 신학교들이 그들을 현실 세계로부터 단절시키는 담장을 무너뜨리기 위해 좀 더 노력할 필요가 있다. 그렇지 못하면, 졸업 후에 쓸모없는 것으로 판명되고 환멸의 주된 이유가 되는 상아탑 신학 교육만 조장하게 될 것이다.

따라서 신학교들은 복음전도든 사회운동이든, 아니면 둘 다든, 어떤 식으로든 선교에 깊이 동참해야 한다. 이는 주기적으로, 학기 중에 단기로 또는 방학 중에 이루어져야 한다. 나아가, 신학교에서 가르치는 신학은 성경적이고 체계적이고 역사적일 뿐 아니라, 현대 세계의 맥락과 연결되어야 한다. 일부 신학교에서는 세계적 관점과 세계 선교에 대한 헌신을 긴급하게 개발할 필요가 있다. 그런가 하면 어떤 신학교에서는 과거에 살면서, 교회 전통을 변호하고 유지하는 데 집중한다. 이것은 옳고도 필요한 일이지만, 그런 전통이 현대 세계 기독교에 대한 철저한 검토를 통과할 수 있는 경우에 한해서다.

신학생들에게 성경 해석학 기술을 개발하는 것보다 중요한 것은 없다. 이 고대의 책을 현대 세계와 어떻게 연결할 수 있을까? 이것이 가장 중요한 질문이다. 나는 학생들에게 교회와 강의실은 물론이고, 영화관과 공연장에 가라고 한다. 스크린과 무대는 우리가 사는 세상을 비춰 주는 거울이다. 세상 문화에 대한 그리스도인의 반응을 개발하기 위해서 수업 시간에 현장에서 목격한 현대 문화를 토론해야 한다. 설교는 그런 성실성과 민감함을 가지고 하나님의 말씀을 설명함으로써 현대인들에게 강력한 영향을 미치는 것이다. 하지만 목사들이 거룩한 성경과 세속적인 문화 모두에 푹 잠기어 둘을 연결하기 위해 성실하게 씨름하는 법을 배우지 못한다면, 이 까다로운 분야에 절대 탁월할 수 없다.

아마도 "통합"이 핵심 단어일 것이다. 통합은 온 존재가 예수님의 자유하게 하시는 주되심 아래 들어감으로써 통합된 그리스도인의 자질이다. 통합된 그리스도인은 믿음과 삶과 선교라는 삼차원의 책임에서 성장하고 있다. 신학교는 이런 통합된 그리스도인 지도자들을 육성하는 일에 헌신해야 한다.

John R. W. Stott, "Cornerstone: Seminarians Are Not Tadpoles,"
Christianity Today 25, no. 3 (February 6, 1981): 54–55.

37장

마비된 강사와 청중

—

성경 강해의 회복이 치료제다.

오늘날 교회에서 그리스도인의 피상성보다 나를 더 괴롭히는 것은 없다. 우리 중에 "그리스도 안에서 성숙한" 사람이 드물다. 우리는 바울이 고린도 교인들에게 한 꾸짖음을 받아 마땅한데, 어른이 되어야 할 때에 아직도 아기로 남아서 밥을 먹지 못하고 젖을 먹고 있기 때문이다. 우리는 제3세계 일부 지역에서 놀라운 교회 성장을 보고 기뻐하지만, 그 성장이 폭넓은 만큼이나 깊이도 있는지 질문해 보아야 한다.

교회의 병폐에 대한 진단은 전문가마다 다르다. 나는 주원인이 아모스가 말한 "여호와의 말씀을 듣지 못한 기갈"(암 8:11)이라고 확신한다. 다간E. L. Dargan은 유명한 두 권짜리 책 『설교의 역사』History of Preaching에서 이 현상을 부분적으로는 원인으로, 부분적으로는 결과로 본다. 영성 생활의 쇠락은 "대체로 생명이 없고 형식적이며 열매가 없는 가르침을 동반하는" 한편, "기독교 역사에서 가장 큰 부흥은 대체로 강단 사역으로 거슬러 올라갈 수 있다."

물론, 현대 설교자들은 선조보다 더 큰 문제들에 봉착해 있다. 현대 문화는 대부분 설교에 우호적이지 않다. 반권위주의 분위기 때문에 많은 사람들이 권위 있는 선포에 귀를 기울이지 않고, 인공두뇌기술 혁명과 텔레비전 중독 때문에 그 무엇에도 귀를 기울이지 않는다. 더군다나, 의심하는 분위기와 복음에 대한 신뢰의 상실은 많은 설교자들의 사기를 떨어뜨렸다. 이러니 말하는 사람과 듣는 사람 모두에게 마비 증상이 있다.

성경 이야기를 곰곰이 생각해 보면, 이런 상황의 심각성이 분명해진다. 하나님의 백성은 그들이 하나님의 말씀을 얼마나 잘 받아들이느냐에 따라 흥하거나 쇠했기 때문이다. 하나님이 먼저 은혜로 백성과 언약을 맺으셨지만, 그 언약은 "너희가 내 말을 잘 듣고"라는 조건에 달려 있었다. 따라서 우리는 하나님이 백성에게 귀를 기울이라고 끊임없이 호소하시는 말씀과 그들이 청종을 거부했을 때 꾸짖으시는 말씀을 들을 수 있다. "너희 조상들이 애굽 땅에서 나온 날부터 오늘까지 내가 내 종 선지자들을 너희에게 보내되 끊임없이 보내었으나 너희가 나에게 순종하지 아니하며 귀를 기울이지 아니하고 목을 굳게 하여 너희 조상들보다 악을 더 행하였느니라"(예레미야 7:25-26) 하나님이 우리 나라의 묘비에 쓰신 말씀 같다. 마찬가지로, 신약에서 그리스도는 사도들을 통해 교회를 가르치고 책망하고 꾸짖으셨다. 지금도 계속 그리하신다. 교회의 영적 건강은 교회의 반응에 달려 있다. 살아 있는 교회는 늘 귀 기울이지만, 귀먹은 교회는 죽은 교회다. 이것은 변하지 않는 원리다.

오늘날 교회에 성경 시대 예언자와 사도처럼 권위 있는 예언자와 사도가 없다는 말이 아니라, 설교자는 신실하게 그들의 메시지를 설명하라는 부르심을 받았다는 것이다. 그렇게 신실하게 말씀을 전할 때 하나님이 말씀하시고, 성령이 기록된 말씀에 생명을 불어넣으신다. 따라서 교회가 강해 설교 사역을 회복해야 할 필요가 절실하다. 기독교의 설교는 인간의 견해를 자랑스럽게 표출하는 것이 아니라, 하나님의 말씀을 겸손하게 설명하는 것이다. 성경적인 해설자는 성경에 있는 내용을 그대로 전한다. 성경에 없는 내용을 본문에 마구 집어넣지 않는다. 닫힌 듯 보이는 것을 열고, 모호해 보이는 것을 분명하게 하며, 꼬인 것을 풀고, 단단하게 묶인 것을 펼친다. 강해 설교에서 성경 본문은 전혀 다른 주제를 다루는 설교의 관습적인 도입부도 아니요, 잡다한 생각을 늘어놓기 위한 편리한 구실도 아니다. 설교 내용을 좌우하고 장악하는 주인이다.

그러나 강해는 주해와 다르다. 진정한 성경적 설교는 본문 설명을 넘어 적용까지 이어진다. 실제로, 본문의 원래 의미를 발견하는 훈련은 그 현대적 메시지를 분별하는 데까지 나아가지 않는다면 별로 유익이 없다. 우리는 모든 성경 본문에 대해 "이 본문이 무슨 뜻인가" 뿐만 아니라 "이 본문은 무엇이라고 말씀하는가"라고 물어야 한다.

이 두 질문을 던지고 답을 얻을 때까지 끈질기게 계속 질문하지 못한 것이 현대 설교의 가장 큰 비극인지도 모른다. 복음주의자들은 본문의 의미를 밝힌다는 관점에서 본문을 연구하기 좋아하지만, 현대인의 삶이라는 현실에 말씀을 적용하는 데는 약할 때가 많다. 자유주의 대학에서는 정반대로 실수하기 쉽다. 그들의 가장 큰 관심사는 현대 세계와 연결되는 것이지만, 그들의 메시지는 성경적인 것과는 거리가 있다. 따라서 2,000년의 문화적 간극을 넘어서 성경 세계와 현대 세계 사이에 다리를 놓는 사람은 거의 없다시피 하다. 하지만 설교는 사실상 다리를 놓는 것이다. 동일한 성실성과 적실성으로 하나님의 말씀을 우리 세계에 연결하는 쉽지 않은 과제다.

하나님의 말씀을 세상에 적용하는 것은 선택 사항이 아니다. 우리가 믿는 하나님이 우리와 소통하시는 방법, 곧 그리스도와 성경을 통해 우리에게 부여하신 의무다. 하나님은 그리스도와 성경을 통해 당신을 드러내고 싶으신 사람들이 있는 곳으로 내려오셨다. 인간의 언어로 말씀하시고, 인간의 육신으로 나타나셨다. 하나님의 메시지의 내용을 타협하거나 그 메시지가 전해져야 할 인간의 맥락을 무시하는 것을 모두 거부함으로써 우리가 놓는 다리도 문화적 간극의 양편에 확고히 닻을 내려야 한다. 우리는 두 세계, 곧 고대와 현대, 성경과 현재 세계로 담대하게 뛰어들어 양편에 모두 귀 기울여야 한다. 그때에야 비로소 양편이 하는 말을 이해하고, 현세대에 성령이 전하는 메시지를 분별할 수 있을 것이다.

❖

5부 교회가 직면한 도전들

하나님의 말씀이 현실에 침투할 수 있도록 다리를 놓으려면, 성경 본문과 현대 문화를 진지하게 받아들이고 연구해야 한다. 이 문화적 간극의 어느 편에도 남아 있어서는 안 된다. 세상에서 물러나 성경으로 들어가거나(현실 도피) 성경에서 물러나 세상으로 들어가는 것(순응)은 설교 사역에 치명적이다. 두 실수 모두 다리를 놓지 못하고, 불통을 피할 수 없다. 한편으로, 설교자들은 "주부가 바늘에, 상인이 장부에, 선원이 배에 익숙하듯이" 성경에 익숙해야 한다(스펄전). 다른 한편으로, 우리는 훨씬 더 어려운―그리고 대체로는 마음에 들지 않는―현대 세계를 연구하는 과제와 씨름해야 한다. 텔레비전을 보고 듣고 읽고 시청해야 한다. 공연장과 영화관에 (선택적으로) 가야 한다. 무대와 스크린만큼 현대 사회를 충실하게 보여주는 거울은 없기 때문이다.

내게는 독서 모임에서 받는 자극이 큰 도움이 되었다. 그 독서 모임 회원들은 똑똑하고 젊은 전문가들(의사, 변호사, 교사, 건축가 등)이다. 내가 런던에 있을 때 한 달에 한 번씩 만나 사전에 합의된 책을 읽고 토론을 하거나 연극이나 영화를 보러 간다. 그다음에는 작품에 대한 반응을 나누면서 기독교적 반응을 끌어내려 애쓴다.

19세기 독일 신학자 톨룩Tholuck은 "설교에는 그 아버지가 되어 줄 하늘과 그 어머니가 되어 줄 땅이 있어야 한다"고 말했다. 그런데 그런 설교가 태어나려면, 하늘과 땅이 설교자 안에서 만나야 한다.

John R. W. Stott, "Cornerstone: Paralyzed Speakers and Hearers,"
Christianity Today 25, no. 5 (March 13, 1981): 44–45.

38장

영혼의 해방

—

우리는 교회를 새롭게 하는 오순절의 능력을 되찾을 수 있다.

교회는 세상 여러 곳, 특히 일부 지역에서는 굉장히 빠른 속도로 성장하고 있다. 하지만 교회가 급속히 성장할 때는 민감한 그리스도인들에게 큰 고통을 안겨 주는 피상성의 위험이 뒤따른다. 그런가 하면, 교회가 전혀 성장하지 않는 곳도 있다. 교회의 공기에서 퀴퀴한 냄새가 나고, 성장이 멈추고, 교회의 물은 고여 있다.

많은 사람들이 교회의 갱신을 이야기한다. 신학의 갱신, 전례의 갱신, 구조의 갱신, 은사의 갱신, 목회의 갱신을 이야기한다. 우리에게는 교회 생활의 모든 차원에서 갱신이 필요하다.

어떤 사람들은 교회의 갱신에 대해 너무 편협한 시각을 가지고 있어서 교회 생활 전체가 아니라 일부분의 갱신만 추구하는 경향이 있다. 하지만 성령의 역사 없이는 교회의 갱신이 불가능하다는 데는 누구라도 동의한다. 그렇다면 우리가 던져야 하는 질문은 이것이다. 새로워진 교회는 어떤 모습인가? 새로워진 교회는 성령의 임재와 능력을 보여주는 어떤 증거를 가지고 있는가?

사도행전 2장에서 이 질문들에 대한 답을 찾을 수 있다. 누가는 하나님의 백성이 처음으로 성령 충만한 그리스도의 몸이 되었을 때를 최초의 기독교 교회인 예루살렘 교회의 시작으로 묘사한다. 우리는 이 묘사에서 성령 충만한 기독교 교회의 네 가지 특징을 알 수 있다.

첫 번째 표지: 연구

의외의 특징이다. "성령 충만한 교회의 첫 번째 표지가 무엇이라고 생각합니까?"라고 묻는다면, 많은 사람이 이런 답을 생각했을 것 같지는 않다. 성령 충만한 교회의 첫 번째 특징은 연구다. "그들은 사도들의 가르침에 몰두했다.""그들의 교리에 몰두했다"(42절, 새번역). 그들은 그것에 '몰두했다.' 그들은 사도들의 교리를 연구했다. 배우고 연구하는 교회였던 것이다.

성령이 예루살렘에 학교를 세우셨다. 사도들을 그 학교에 교사로 임명하셨고, 학생이 3,000명이었다. 새로운 회심자들은 자신들의 지성을 경멸하게 만드는 신비 체험을 한 것이 아니었다. 거기에 반지성주의는 없었다. 그들은 지성을 경멸하지 않았다. 신학을 무시하거나 가르침이 필요 없다고도 여기지 않았다. 성령을 받았기에 성령이 유일한 교사요 인간 교사는 없어도 괜찮다고 말하지 않았다.

오늘날에는 그렇게 말하는 사람들도 있지만, 성령 충만한 초기 그리스도인들은 그렇게 말하지 않았다. 그들은 사도들의 발아래 앉아 사도들의 가르침에 몰두했다. 사도들의 교훈을 간절히 바랐다. 배울 수 있는 것은 모두 배우고자 했다. 예수님이 사도들에게 교회의 확실한 교사가 될 권위를 주신 것을 알았기에 사도들의 권위에 순종했다.

오늘의 우리는 어떻게 사도들의 가르침에 몰두할 수 있을까? 어떻게 하면 그들의 권위에 순종할 수 있을까? 답은 하나밖에 없다. 사도들의 가르침은 그 가르침을 담은 신약이라는 최종 형태로 우리에게 전해졌다.

2-3세기에 정경을 정할 때 정경성canonicity 테스트의 기준은 사도성apostolicity이었다. 사도가 직접 쓰지 않은 책이라면, 이런 질문을 다시 던졌다. 사도의 권위가 담겨 있는가? 사도의 가르침을 담고 있는가? 사도의 승인을 받았는가? 사도들 가운데서 나왔는가? 이런 의미에서 사도성이 있다면, 그 책은 독특한 권위를 인정받고, 신약 정경에 포함되었다.

오늘날 우리에게는 사도들의 독특한 권위를 이해하는 것이 긴급하다. 사도들은 그 권위를 인지하고 있었다. 예수님이 그들에게 독특한 권위를 주셨고, 사도들이 죽은 직후의 초기 교회는 그 점을 아주 잘 이해하고 있었다. 예를 들어, 마지막 사도가 죽은 직후에 활동한 안디옥의 이그나티우스Ignatius of Antioch 주교는 이렇게 썼다. "나는 여러분께 베드로나 바울처럼 명령하지 않습니다. '나는' 사도가 아니라, 정죄받은 사람에 불과하기 때문입니다." 그는 주교였지만 사도가 아니었고, 사도들처럼 명령할 권위도 없었다.

그렇다면 성령 충만한 교회의 첫 번째 표지는 사도들의 가르침에 겸손하게 순종하는 것이다. 다시 말해, 성령 충만한 교회는 성경적 교회, 신약 교회, 사도적 교회, 예수 그리스도 사도들의 이 독특하고 무오한 가르침에 대한 이해와 실천을 간절히 따르기 원하는 교회다.

두 번째 표지: 친교

성령 충만한 교회의 두 번째 표지는 친교, '코이노니아'*koinonia* (42절) 다. '코이노니아'는 성령의 친교다. 오순절 이전에는 친교가 없었다. 우정과 동지애 같은 것은 있었지만, 친교는 아니었다.

'코이노니아'의 핵심에는 "공동"이라는 뜻의 형용사 '코이노스'*koinos* 가 있다. '코이노니아'는 두 가지 주요한 측면에서 기독교 교회의 공동성을 표현한다. 첫째, 코이노니아는 우리가 함께 나누어 '갖는'*share in* 것, 곧 공동으로 소유하는 것을 표현한다. 그것은 하나님과 그의 구원하시는 은혜다. 요한은 요한일서 서두에 "우리의 사귐 *fellowship*은 아버지와 그의 아들 예수 그리스도와 더불어 누림이라"라고 썼고, 바울은 "성령의 교통하심*fellowship*"이라고 덧붙인다.

친교 곧 '코이노니아'는 우리에게 아버지 되신 같은 하나님, 구주되신 동일한 예수 그리스도, 내주하는 위로자 되시는 동일한 성령이 계시기에 삼위일체의 개념이다. 이것은 모든 그리스도인에게 공통된 요소다.

'코이노니아'는 우리가 공동 소유물을 서로 나누어 '갖는' 것일 뿐아니라, 우리가 다른 사람들에게 공동의 선물로 나누어 '주는'*share out* 것을 증언한다. 우리가 우리 자신과 우리 돈과 우리 소유를 '주는' 것

역시 진정한 '코이노니아'에 빠져서는 안 될 표지다. 넉넉한 베풂이 없는 곳에는 친교도 없다.

누가는 사도행전 2장에서 이 베풂에 대해 이렇게 말한다. "믿는 사람이 다 함께 있어 모든 물건을 서로 통용하고"('코이네'^{koine}, 44절). "또 재산과 소유를 팔아 각 사람의 필요를 따라 나눠 주며."

풍요로운 미국과 유럽에 사는 사람들이 너무 빨리 지나치기 쉬운 충격적인 사실이 여기 있다. 이 가르침이 함의하는 바는 무엇인가? 모든 성령 충만한 교회는 이 본을 말 그대로 따라야 하는가?

나는 예수님이 여전히 일부 그리스도인을 전적인 자발적 가난으로 부르고 계신다고 믿는다. 그런 그리스도인은 인간의 삶이 물질적인 풍요로 유지되지 않음을 증언해 준다. 예수님이 모든 제자를 전적인 자발적 가난으로 부르시지는 않는다는 것도 이해한다. 그리스도와 사도들은 사유 재산을 부정하지 않았다.

초기 예루살렘 교회에서 소유를 팔아 헌금하는 것은 자발적이었다. 아나니아와 삽비라의 죄는 땅을 판 값의 일부를 감춘 것이 아니라, 일부를 가져와 놓고 전부를 가져온 것처럼 행세한 것이었다. 탐욕이 아니라 속임수와 위선이 죄였다. 베드로는 이들에게 "그 땅은 팔리기 전에도 그대의 것이 아니었소?"(행 5:4, 새번역)라고 말했는데, 이는 사도들의 가르침에서 매우 중요한 부분이다. 다시 말해, 재산은 당신 것이고, 당신은 그것을 관리해야 할 청지기다. 재산과 소유를 어떻게 할지, 얼마를 기부하고 얼마를 남길지를 하나님 앞에서 양심적으로 결정하는 것은 당신 몫이다.

재산의 처분과 헌금은 자발적이었지만, 우리는 너무 쉽게 그 도전을 피해 가거나 너무 빨리 곤경을 면하려 해서는 안 된다. 이 초기 그리스도인들은 그들 가운데 있는 가난한 사람들에게 정말로 관심이 있었다. 그 필요에 따라, 자신들의 부와 풍족한 것을 나누었다.

세상에서 빈곤이 사라져야 할 공동체가 하나 있다면 바로 기독교 공동체다. 우리는 교회가 하나님 나라를 증언하며, 그 나라는 의와 정의의 나라라고 믿지 않는가? 어떻게 불의가 사라져야 마땅한 나라를 증언하는 기독교 공동체 안에서 경제적 불평등을 허용할 수 있겠는가?

부유한 나라들과 가난한 나라들 사이의 경제적 불평등도 있다. 세상에는 극빈층이 8억이나 된다. 매일 1만 명이 기아로 사망한다. 공식 수치가 그렇다. 이런 현실이 그리스도인의 양심에 무겁게 자리해야 한다. 성령은 성령 충만한 사람들에게 사회적 양심을 주신다. 우리는 가난한 사람들, 특히 우리 가운데 있는 가난한 이들, 기독교 가정 중에 가난한 이들을 사랑해야 한다. 또한 제3세계에서 고통받고 있는 수많은 형제자매를 도와야 한다.

세 번째 표지: 예배

성령 충만한 교회의 세 번째 표지는 예배다. "그들이 사도의 가르침을 받아 서로 교제하고 떡을 떼며(성찬과 식탁 교제를 가리키는 것이 거의 확실하다) 오로지 기도하기를 힘쓰니라"(42절). 이것은 개인 기도가 아니라, 공적 기도 모임이나 예배를 가리킨다. 성령 충만한 공동체는 예배 공동체다.

성령은 우리에게 "아바, 아버지"와 "예수는 주"로 시인하게 하신다. 우리는 성령 가운데서, 성령의 영감으로 예배한다. 누가는 초기 기독교 예배의 놀라운 균형을 두 측면에서 묘사한다. 첫째, 그들의 예배는 공식적인 동시에 비공식적이었다. 그들은 성전에서도, 각자의 가정에서도 예배했는데, 이는 매우 흥미로운 조합이다. 그들이 계속해서 성전에서 예배한 것은 놀랍지만, 확실히 그들은 복음에 따라 그 점을 개혁하기 원했을 것이다. 나는 그들이 예수님의 죽음으로 이미 죄 사함이 성취된 것을 알기에 성전 제사에는 참여하지 않았으리라고 생각한다. 하지만 여전히 성전 기도 모임에는 참석했다.

과거로부터 내려오는 교회 구조를 받아들이기 힘들어 하는 젊은 이들은 여기서 소중한 교훈을 얻을 수 있다. 성령은 인내하시는 영이라는 사실이다. 교회 제도를 대하시는 성령의 방식은 못 참고 거부하는 방식이 아니라, 참고 개혁하는 방식이다.

초기 그리스도인들은 조금 덜 형식적인 가정 예배로 성전 기도 모임을 보완했다. 우리는 왜 그렇게 하지 못하는가? 왜 늘 양극화만 초래해야 하는가? 나 같은 옛날 사람은 교회에서 드리는 엄숙한 예배를 좋아한다. 나이가 지긋한 교인들은 덜 형식적인 가정 예배의 풍성함과 즉흥성에 가끔은 당황하기도 한다. 반면, 때로 교회의 위엄과 격식을 갖추기 힘들어 하는 젊은이들은 가정 예배에서 기타를 꺼내 들고 큰소리로 고백하고 손뼉을 친다. 하지만 기성세대는 즉흥성과 풍성함을, 젊은 세대는 위엄을 경험할 필요가 있다. 다시 말해, 우리는 서로가 필요하다.

건강한 지역 교회는 주일에 격식을 갖춘 연합 예배를 드려야 할 뿐 아니라, 소그룹으로 나뉘어 주중에 각 가정에서 모여야 한다. 둘 중에 하나를 선택하는 것이 아니라, 둘 다 필요하다.

공식·비공식 예배에 더하여, 두 번째 균형의 예는 예배가 기쁘면서도 경건했다는 점이다. 이 초기 그리스도인들이 기뻐했다는 점은 의심의 여지가 없다. 이들은 함께 만나 즐겁고 진실한 마음으로 하나님을 찬양했다. 헬라어에서 기쁨에 해당하는 단어는 기뻐서 어쩔 줄 모른다는 뜻이다. 그들에게는 기쁨이 충만해야 할 이유가 있었다. 하나님이 그 아들을 사람의 본성을 취하게 하시어 친히 세상에 보내셔서 이 땅에서 살고 죽고 부활하여, 성령을 보내게 하시지 않았는가? 성령이 그들의 마음에 내주하기 위해 오시지 않았는가? 어떻게 그들이 기쁘지 않을 수 있었겠는가? 성령의 열매 중 하나가 바로 기쁨이다.

예배에 참석했는데 실수로 장례식에 온 게 아닌가 하는 생각이 들 때가 있다. 다들 검은 옷을 입고, 웃거나 미소 짓는 사람이 아무도 없다. 분위기가 무겁다. 찬송가는 마치 장송곡처럼 아주 느릿느릿 연주되고, 전반적으로 침울하다. 내가 영국인의 내향성만 극복할 수 있었다면, 예배 도중에 이렇게 소리쳤을지도 모른다. "기운 좀 내요! 기독교는 기뻐하는 종교라고요!"

어느 구세군 드럼 연주자가 북을 너무 세게 치자 그 밴드의 리더가 시끄러우니 소리를 좀 줄여 달라고 말했다고 한다. 그랬더니 그 드러머가 런던 토박이 억양으로 이렇게 대답했다. "하나님을 믿고 나서 얼마나 기쁜지 북이 찢어져라 연주할 수밖에 없답니다!" 모든 예배는 하나님이 예수 그리스도 안에서 행하신 놀라운 일을 즐거이 경축하는 시간이 되어야 한다.

하지만 초기 그리스도인들의 기쁨은 불경하지 않았다. 모든 이의 영혼에 두려움이 임했는데, 그 두려움은 하나님의 임재 가운데 느끼는 경외였다. 살아 계신 하나님이 예루살렘 성을 찾아오셨다. 그가 그들 가운데 계셨고, 그들은 그것을 알았다.

어떤 사람들은 성령이 능력으로 임하실 때마다 큰 소음이 발생한다고 생각한다. 소리가 클수록 더 좋다고 말한다. 나도 그 소리를 싫어하지 않는다. 손뼉 치고 발을 구르고 기뻐 노래하는 것을 뭐라 하지 않는다. 하지만 때로는 성령이 능력으로 임하실 때 침묵이 가득하다. 아무 말도 나오지 않는다. 전능하신 하나님의 크심과 영광 앞에 경외에 가득 차 말없이 고개를 숙일 뿐이다. "오직 여호와는 그 성전에 계시니 온 땅은 그 앞에서 잠잠할지니라"(합 2:20).

기독교 예배에서는 굳이 기쁨과 경외를 구별할 필요가 없다. 경외와 기쁨은 서로 배타적이지 않다. 우리는 초기 기독교 예배의 균형, 곧 공식성과 비공식성, 기쁨과 경외를 회복해야 한다.

네 번째 표지: 복음전도

성령 충만한 교회의 네 번째 표지는 복음전도다. "주께서 구원받는 사람을 날마다 더하게 하시니라"(행 2:47). 성령이 교회에 임재하신 표지가 연구와 친교와 예배뿐이라면, 교회는 매우 자기중심적인 공동체일 것이다. 성경을 연구하고, 서로 사랑하고, 친교 가운데 서로 돌아보며, 성소에서 하나님을 예배하는 것은 교회 내부의 삶과 관련이 있었다. 하지만 교회 밖 세상은 어떻게 되는가? 성령은 거기에도 관심이 있으시다.

복음전도와 관련하여 눈여겨보아야 할 사실이 몇 가지 있다. 첫째는 주 예수님이 친히 복음을 전하셨다는 점이다. '주께서' 구원받는 사람을 날마다 더하게 하시니라. 교회에 구원받는 사람을 더하게 하실 분은 예수님뿐이다. 예수님이 교회의 머리요, 교회의 주시다. 예수님은 교회에 사람을 더하시는 특권을 자신에게만 부여하신다.

물론, 예수님은 세례를 주어 사람들을 눈에 보이는 교회로 맞이하는 책임을 목회자들에게 위임하시지만, 눈에 보이지 않는 교회, '진정한' 교회, 신자 공동체에 사람들을 더하신다.

우리는 자신감이 넘치는 시대를 살고 있다. 어떤 사람들은 복음전도 테크닉에 몰두해 있다. 세계 복음화가 곧 전산화될 것이라고 이야기하는 책과 기사도 있다. 우리는 하나님이 우리에게 허락하신 기술도 활용할 필요가 있다. '그 기술이 도구에 불과하다는 점을 염두에 두는 한에는' 말이다.

복음전도와 관련된 두 번째 사실은 예수님이 두 가지를 함께 하신다는 점이다. 예수님은 당신이 구원하고 계신 사람들을 교회에 더하신다. 그들을 교회에 더하시지 않고 구원하시기만 하지도 않고, 구원하시지 않고 교회에 더하시지만도 않는다. 구원과 교인이 되는 것은 같이 간다. 과거에도 지금도 마찬가지다.

셋째, 예수님은 매일 복음을 전하셨다. 예루살렘 교회의 복음전도는 가끔 있는 일이 아니었다. 5년마다 선교 대회를 조직하고, 그 사이에는 선교를 중산층의 품위 유지 정도로 여기지 않았다. 그들은 끊임없이 전도했다. 예수님은 사도들의 가르침을 통해, 그리스도인들의 증언을 통해, 서로 사랑하는 그리스도인들의 공동생활을 통해 교인들의 숫자를 더하고 계셨다.

이런 현상은 오늘날 많은 교회에 꽤 낯설다. 나는 수십 년 동안 회심자를 단 한 명도 낳지 못한 교회들을 알고 있다. 그들은 회심자를 기대하지도 않고, 회심자를 얻지도 못한다. 우리는 주님이 구원받는 사람을 주기적으로 교회에 더하신다는 기대감을 불러일으켜야 한다.

성령 충만한 교회의 네 가지 표지를 돌아보면서, 네 가지 중요한 관계맺음에 주목해 보라. 첫째, 초기 그리스도인들은 사도들과 관계를 맺었다. 그들은 사도의 가르침을 받는 데 열심을 냈다. 성령 충만한 교회는 사도적 교회, 신약 교회, 사도들에게 배우고 사도들에게 순종하는 데 힘쓰는 교회다. 둘째, 그들은 서로 관계를 맺었다. 계속해서 교제했다. 궁핍한 자들을 돌보았다. 성령 충만한 교회는 사랑하는 교회, 돌보는 교회, 넉넉하게 베푸는 교회다.

셋째, 그들은 하나님과 관계를 맺었다. 성전과 가정에서, 기쁘고 경건하게 하나님을 예배했다. 성령 충만한 교회는 예배하는 교회다. 넷째, 그들은 교회 밖 세상과 관계를 맺었다. 지속적으로 복음전도에 참여했다. 성령이 선교하는 영이시니, 성령 충만한 교회는 선교하는 교회다.

(내가 크게 오해한 것이 아니라면) 성령 충만한 교회의 이 네 가지 표지가 오늘날 특히 젊은이들이 교회에서 찾고 있는 바로 그것이라는 사실이 내게는 굉장히 인상적이었다. 두어 해 전에 아르헨티나에 갔을 때 그리스도인 학생들을 만났다. 그들은 자기가 사는 도시에 있는 개신교 교회를 모두 다녀 봤다고 했다. 만족한 교회가 단 한 군데

도 없어서 교회를 떠났다고 고백했다. 그들은 스스로 "크리스티아노스 데스깔가도스"라고 불렀다. 이 말은 벽에 붙은 그림을 떼어 낼 때 쓰는 표현이다. 그들은 "떼어 낸" 그리스도인, 떨어져 나간 그리스도인이었다.

나는 물었다. "이유가 뭡니까? 여러분이 교회에서 찾았지만 찾지 못한 것은 무엇인가요?" 그들 자신들도 미처 알지 못하는 사이에 교회문제의 핵심을 꿰뚫고 있다는 것을 발견했을 때, 내가 얼마나 놀랐을지 상상할 수 있을 것이다. 첫째, 그들은 성경을 충실하게 강해하면서도 현대 세계와 연결하는 가르침, 곧 성경에 충실하면서도 현대 세계에 적실성 있는 사려 깊은 가르침을 찾고 있었다. 둘째, 그들은 따뜻하고 사랑이 넘치며 배려하고 지지하는 친교를 찾고 있었다. 셋째, 그저 형식적인 의식이나 예전이 아니라, 살아 계신 하나님과 그의 크심을 인식하는 예배를 찾고 있었다. 경외와 사랑과 찬양으로 하나님 앞에 엎드리는 사람들 가운데 살아 계신 하나님을 만나기 원했다. 넷째, 긍휼히 여기는 사역을 찾고 있었다. 너무도 자기중심적인 교회들에 신물이 난 상태였다. 그들은 교회가 사회적 행동이나 복음전도의 측면에서 밖으로 눈을 돌려 긍휼을 품고 지역 사회로 나가야 할 필요를 보았다. 가르침, 친교, 예배, 선교는 다름 아닌 성경이 말해 주는 성령 충만한 교회의 네 가지 표지다.

우리는 더는 성령이 오시기를 기다릴 필요가 없다. 오순절에 성령은 이미 임하셨고, 절대 교회를 떠나지 않으신다. 우리가 할 일은 성령의 주권에 날마다 순복하고, 성령의 자유케하시는 능력을 구하며, 개인적으로나 공동체적으로 성령께 나아가 합당한 자리를 그분께 드리는 것이다. 그러면 사도적 교리와 사랑의 친교, 진정한 예배, 긍휼이 넘치는 선교에서 거룩한 이상에 접근한 교회를 찾을 것이다. 하나님이 우리 교회를 그런 교회로 만드시기를.

John R. W. Stott, "Setting the Spirit Free: We Can Reclaim the Power of Pentecost to Renew the Church," *Christianity Today* 25, no. 11 (June 12, 1981): 17-21.

6

사회적 관심사

39장

인간 생명에 대한 경외심

현대 사회는 생명의 가치에 대해 이상한 양가적 태도를 취한다. 아무런 확실한 원칙도 없이 생명이 값싼 것이 되기도 하고, 귀한 것이 되기도 한다.

예를 들어, 영국 정부는 사형 폐지와 낙태 허용을 개혁 프로그램에 동시에 포함시키면서도 전혀 모순을 감지하지 못했다. 작년에 영국 예술위원회Arts Council는 대중의 압박에 굴복하여 60마리 메기에 대한 3초 감전사 허용을 취소했는데*, 바로 그 주에 언론은 벨파스트 선술집에 폭탄을 설치하여 두 명을 죽이고 스물일곱 명을 다치게 한 사건에 대해서는 그다지 관심을 보이지 않았다.

- 1971년 일단의 예술가들이 대형 수조에서 메기를 기르는 단계부터 최종적으로 잡아먹는 단계까지 일련의 과정을 행위 예술로 기획하자, 동물보호단체와 언론 등이 감전사 반대 여론을 조성했다.

생명의 시작에 대한 존중(수정과 출생), 성숙에 이르는 꾸준한 성장, 생명이 다하는 죽음에 이르기까지 생명 존중은 당연히 모든 의사가 꾸준히 관심을 갖는 주제다. 나는 그랜빌 윌리엄스^{Granville Williams}가 『생명의 신성함과 형법』^{The Sanctity of Life and the Criminal Law, 1958}에서 인용한 다음 말을 읽고 나서는, 그중에서도 특히 생명의 시작에 대해 이야기하기가 가장 꺼려진다. "인간의 생식 계통에는 교회의 지성이 평정심을 잃게 하는 뭔가가 있다." 확실히 이 주제 전체가 철학적·윤리적 함의뿐 아니라, 법적·의학적·사회적·경제적 함의가 얽힌 굉장히 복잡한 문제이기는 하다.

내 관심은 기독교 신앙이 의료 윤리라는 미로에서 길을 찾도록 도와주는 원리를 제공할 수 있는가 하는 것이다. 나는 그럴 수 있다고 믿는다. 그렇다면, 우리가 고찰하고자 하는 영역을 먼저 확인해 보자.

첫째, 나는 이 기본 원리를 일반적인 생명의 신성함보다는 구체적인 '인간' 생명에 대한 존중으로 구별하고자 한다.

둘째, 나는 이 원리를 진정한 (신학적) 근거에서 변호하려 한다.

셋째, 나는 인간 생명 존중 원리를 의료 행위와 몇 가지 의료 문제들에 적용할 것이다.

원리의 구별

내 논지에 토대가 되는 성경 본문은 창세기 9:1-6이다.

하나님이 노아와 그 아들들에게 복을 주시며 그들에게 이르시되 생육하고 번성하여 땅에 충만하라. 땅의 모든 짐승과 공중의 모든 새와 땅에 기는 모든 것과 바다의 모든 물고기가 너희를 두려워하며 너희를 무서워하리니 이것들은 너희의 손에 붙였음이니라. 모든 산 동물은 너희의 먹을 것이 될지라. 채소같이 내가 이것을 다 너희에게 주노라. 그러나 고기를 그 생명 되는 피째 먹지 말 것이니라. 내가 반드시 너희의 피 곧 너희의 생명의 피를 찾으리니 짐승이면 그 짐승에게서, 사람이나 사람의 형제면 그에게서 그의 생명을 찾으리라. 다른 사람의 피를 흘리면 그 사람의 피도 흘릴 것이니 이는 하나님이 자기 형상대로 사람을 지으셨음이니라.

이것이 창조주의 말씀이라고, 사람, 동물, 식물을 비롯한 모든 생명의 근원이신 분의 말씀이라고 성경은 말한다. 하나님은 홍수 심판 이후에 사람에게 새로이 복을 주신다. 하나님은 사람의 생식력(생육하라는 명령)과 모든 동물에 대한 사람의 지배권을 확인해 주신다. 하나님은 "이것들을 너희의 손에 붙였음이니라"라고 말씀하신다. 동물들은 사람의 음식이 될 수 있다. 하지만 동물의 피를 흘릴 수는 있어도 그 피를 먹어서는 안 되는데, 피는 생명을 상징하고 생명은 하나님의 소유이기 때문이다. 나아가, 어떤 짐승이나 사람도 '사람의' 피를 흘리면 벌을 받게 된다. "다른 사람의 피를 흘리면 그 사람의 피도 흘릴 것이니 이는 하나님이 자기 형상대로 사람을 지으셨음이니라."

하나님이 사형을 인정하신 것은 사람(살인자)의 생명이 무가치해서가 아니라, 사람(피해자)의 생명이 소중하기 때문임을 인식하는 것이 중요하다. 모세 율법에서 사형은 인간 생명의 가치와 신성함을 증언하기 위한 것이었다. 그 배경을 보면 의심의 여지가 없다. 동물의 생명은 (음식과 옷으로) 취할 수 있다. 하지만 사람의 생명은 취할 수 없는데, 사람에게 하나님의 형상이 있기 때문이다. 이 법칙에서 유일한 예외는 살인자를 사법적으로 처형하는 경우뿐이었다. 살인자는 인간 생명의 신성함을 침해했기 때문에 그 생명을 박탈당했다.

동물의 생명과 사람의 생명의 구분, 곧 동물의 생명을 취하는 것에 대한 허용과 (사법적인 사형을 제외하고) 사람의 생명을 취하는 것에 대한 금지의 구분이 우리 토론의 기본 배경이다. 이렇게 구분함으로써는 우리는 극단적인 두 입장으로부터 보호받을 수 있다. 나는 1930년대와 1940년대 초에 동시대를 살았던 두 명의 영향력 있는 독일인을 예로 들어 이 두 극단을 설명하려 한다.

알베르트 슈바이처Albert Schweitzer의 철학은 어떤 면에서 기독교와 불교의 혼합이었다. 그의 철학의 근본 원리는 **모든** "생명에 대한 존중"이었다. 슈바이처는 고차원적 존중과 저차원적 존중, 가치 있는 생명과 가치 없는 생명을 구분하지 않았는데, (그에 따르면) 그렇게 구분하면 주관적 판단이 개입하기 때문이다. 어떤 종류의 생명이 중요한지 우리가 어떻게 알 수 있느냐고 그는 질문했다. 그가 랑바레네 Lambaréné•의 수술실에서 파리 한 마리도 때려죽이려 하지 않았다는 소문이 돌았을 정도다.

아돌프 히틀러Adolf Hitler가 정반대의 극단이었음은 두말할 필요 없다. 수많은 유대인이 가스실에서 목숨을 잃고, 25만 명이 넘는 비유대인도 그의 강제 안락사 센터에서 희생되었다. 그리고 그보다 더 많은

• 슈바이처가 의료 봉사를 한 가봉의 도시

　　　　　　　　　　　　　　　6부 사회적 관심사

사람들이 그가 세계를 도탄에 빠트린 그 전쟁에서 생명을 빼앗겼다.

성경의 계시를 진지하게 받아들이는 그리스도인은 어느 쪽 극단
도 따를 수 없다. 사람들은 확실히 히틀러보다는 슈바이처의 철학을
선호하기는 하지만 말이다.

우리는 슈바이처를 따라서 **모든** 생명이 신성불가침하다고 주장
할 수 없다. 물론, 우리는 하나님이 모든 생명을 창조하시고 유지하시
는 분이심을 안다. 예수님이 가르치신 대로, 공중의 새를 먹이시고 들
에 핀 꽃을 입히시는 이도 결국 하나님이신 것을 우리는 안다. 우리는
타당한 이유 없이 동식물의 생명을 파괴하는 것에 마땅히 반대해야
한다. 하지만 동시에 우리는 하나님이 사람에게 동물을 다스리는 권
한을 주셨으며, 그래서 우리가 고기를 먹고, 동물의 노동력을 이용하
며, 사람의 유익을 위해 통제된 실험을 하고, 해충은 박멸하고, 고통
이 심한 동물은 안락사할 자유가 있다는 것도 안다.

우리는 또한 다른 극단인 히틀러를 따라서 신성불가침의 생명은
없다고 주장할 수도 없다. 사회에 "무익하다"라는 이유로 사이코패스
나 지적장애인, 치매 환자를 강제로 안락사시킬 수 있다는 주장은 정
말 끔찍하다. 무조건 낙태를 강요하는 현대의 압박과, 낙태를 (어느 의
사의 표현을 빌리자면) "이 하나 뽑는 것보다도 신체적·윤리적으로 덜
진지하게 생각하는" 많은 미혼 십대들의 성향도 끔찍하기는 마찬가
지다.

그러나 태아는 치아와는 비교가 되지 않는다. 태아와 사이코패스
둘 다 최소한 인간이니 말이다.

그래서 모든 생명을 똑같이 신성하게 여기는 생명 존중이 아니라,

인간 생명 존중이 이 글에서 구분하여 말하고자 하는 우리의 원리다. 그리고 인간 생명 존중은 하나님을 닮은 독특한 피조물로서의 인간에 대한 존중의 결과다.

원리의 변호

인류에 대한 존중, 곧 인간과 인간 생명 존중은 (최소한 이론상으로는) 거의 보편적이라고 할 수 있다. 예를 들어, 세계 인권 선언Universal Declaration of Human Rights, 1948은 서두에서 "인류 가족 모두의 존엄성과 양도할 수 없는 권리"를 주장했다. 같은 해에 세계 의사회World Medical Association 총회에서 채택한 제네바 선언Declaration of Geneva에는 다음과 같은 서약이 포함되었다. "나는 임신의 순간부터 인간의 생명에 대한 최고의 경의를 지킬 것이다." 이는 주전 5세기로 거슬러 올라가는 히포크라테스 선서("나는……치명적인 의약품을 누구에게도 투여하지 않겠다")의 긍정적인 버전이다.

하지만 이 인간 생명 존중의 근거는 무엇인가? 인본주의자들은 적절한 답을 내놓지 못한다. 사람이 근본적으로 동물이라면, 다른 동물을 대하듯이 사람을 대하면 안 되는가? 진화의 정점에 도달한 것이 사람이라면, 가치 있는 진화를 밀어 주고 나치가 꿈꾼 "우월한 종족"의 발전을 촉진하기 위해 인공적 인종 개량과 신체적·정신적 결함이 있는 이들에 대한 강제 안락사를 채택하면 안 될 이유가 어디 있겠는가?

하지만 거의 모두가 주춤한다. 이렇게까지는 나아가지 않으려는 우리의 태도는 우리에게서 없애 버려야 할 비합리적 편견일까? 아니

6부 사회적 관심사

면 인간의 진정한 본능 곧 인간의 고유한 가치에 대한 인식일까? 우리가 사람을 동물로 대하는 것을 꺼리는 것은 사람은 동물이 아니라 인격체이며, 따라서 조종의 대상이 아니라 섬겨야 할 존재요, 폐기되어야 할 대상이 아니라 존중받아야 할 존재라는 단순하고 충분한 이유 때문일까?

그리스도인만이 인간 자의식의 독특성에 대한 합당한 설명이 있다고 주장한다. 그것은 신학적 설명인데, 그 기초에 두 가지 중요한 교리가 있다.

첫째, 창조 교리다.

창조하실 때 어떤 방식을 사용하셨건(창조 방식은 창조 사실에 비하면 덜 중요하다), 하나님은 당신의 형상 또는 모양대로 사람을 만드셨다. 성경 어디에서도 이것이 무엇을 의미하는지 정확히 설명하지 않지만, 그 함의는 분명하다. 성경은 모든 곳에서 사람이 동물과 질적으로 다르다고 전제하며, 사람의 행동이 짐승보다 더 부조리하고 사악하고 이기적일 때면 사람을 꾸짖거나 조롱하기 때문이다.

인간에게 있는 이러한 하나님의 형상은 다음과 같이 요약할 수 있는 복잡한 성격을 띤다.

1. 인간에게는 지성, 곧 자신을 이성적으로 판단하고, 심지어 평가하고 비판할 수 있는 능력이 있다.
2. 인간에게는 양심, 곧 도덕적 가치를 인지하고, 도덕적 선택을 할 수 있는 능력이 있다.
3. 인간에게는 사회, 곧 개인적 관계와 사회적 관계에서 사랑하고 사랑받을 수 있는 능력이 있다.

4. 인간에게는 지배권, 곧 다른 피조물에 대한 주인의 권한을 행사하고, 땅을 정복하고, 창조성을 발휘할 수 있는 능력이 있다.

5. 인간에게는 영혼, 곧 하나님께 경배하고, 기도하고, 하나님과 교제하며 살 수 있는 능력이 있다.

이러한 (지적·윤리적·사회적·창조적·영적) 능력이 하나님의 형상을 구성하며, 이 때문에 인간은 독특한 존재다.

둘째, 구속 교리다.

"구속"이라는 단어는 사람이 그가 창조된 상태에서 추락했음을 전제한다. 사람은 원래 운명에서 떨어져 버렸다. 사람은 자신 안에서 왜곡되어진 하나님의 형상을 다시 회복해야 한다.

그리스도인은 하나님이, 비록 세상이 당신에 대한 죄와 거역으로 망가져 버렸지만, 당신이 창조하신 그 세상을 너무나 사랑하셔서, 아들 예수 그리스도를 보내셔서 회복의 일을 맡기셨다고 믿는다. 그리고 예수님의 그 소명이 하나님이 사람에게, 심지어 타락한 사람에게 여전히 부여하시는 가치를 분명하게 보여준다. "너희는 많은 참새보다 귀하다. 사람이 양보다 얼마나 더 귀하냐?"라고 예수님은 말씀하셨다. 예수님은 특히 인간 사회에서 소외된 이들을 위한 긍휼의 섬김으로 인간에 대한 관심을 드러내셨다. 무엇보다도, 예수님은 우리를 대신하여 자신의 생명을 내어 주시고, 자신을 우리의 죄와 죄책과 완전히 동일시하셔서 우리 대신 죄의 형벌인 죽음을 짊어지셨다. 그리고 이제 부활하셔서 하늘에 오르신 예수님은 성령을 보내셔서 우리 안에 거하시면서 우리를 자신의 형상으로 바꾸어 가신다.

창조(인간의 독특한 능력)와 구속(예수 그리스도의 나심과 삶, 죽음, 부활, 성령 강림), 이 둘은 하나님의 생각과 목적 가운데 있는 인간의 독특성을 무엇보다도 명확하게 보여준다. 이 둘이야말로 인간의 가치를 평가할 수 있는 최적의 기준이요, 인간이 맡은 모든 섬김의 논리적 근거를 제공한다. 하나님이 당신의 형상대로 인간을 만드시고 인간을 섬기고 구원하시려고 그리스도 안에서 겸손히 낮아지셨다면, 인간을 섬기는 것, 특히 인간 생명을 존중하는 것은 우리의 영광이기도 해야 한다. 리처드 백스터Richard Baxter의 표현대로, 하나님은 오늘 우리에게 말씀하신다. "내가 그들을 위해 죽었다면, 너희도 그들을 돌보아야 하지 않겠느냐? 내가 그들을 위해 피를 흘렸다면, 너희도 그들을 위해 수고해야 하지 않겠느냐?"

원리의 적용

잠정적이기는 해도 우리를 안내해 줄 윤리적 원리가 여기에 있다고 나는 제안하고 싶다. 배아나 신생아, 청년, 중년, 노년 중에 누구를 생각하든, 핵심 질문은 이것이다. "이는 인간인가?" 환자가 하나님의 형상으로 창조된 인간이라면, 그의 생명을 존중하고 인격적인 의사-환자 관계를 유지해야 한다. 환자가 동물이 아니라 인간이라면, 의료인은 수의사가 아니라 의사이기 때문이다.

이 원리를 적용할 때 먼저 '태아'와 낙태 문제를 생각해 보자. 로마가톨릭 신자들은 태아는 온전한 인간이고, 수정 단계가 인간이 되는 결정적 순간이라는 전제로 낙태를 반대한다. 제대로 된 질문(태아는 인간인가, 아닌가)을 던지고, 그 질문에 긍정의 답을 내놓고, 논리와 원리에 충실한 로마가톨릭의 공로를 우리는 인정해야 한다. 하지만 나는 이 결론의 기초가 되는 전제를 받아들일 수 없다. "태동" 또는 "생존 가능성"이라 불리는 어느 시점에 임의로 선을 긋고, 그 시점 전후로 태아가 인간인지 아닌지를 확정할 수 있다고 나는 생각하지 않는다. 내가 보기에는, 태아가 아직 독립적인 개인은 아니지만, 임신 기간 내내 '잠재적인' 인간이요, 형성되고 있는 인간으로 생각하는 편이 더 성경적이다.

반드시 선택해야 하는 상황이라면, (신체 건강이나 정신 건강도 포함하여 해석할 때) 어머니의 생명이 심각하게 위험할 때 낙태를 윤리적으로 허용할 수 있을 것 같다. 그때의 선택은 실제적 인간과 잠재적 인간 사이의 선택이기 때문이다.

여기서 나는 이제 '기형아 출산'이라는 두 번째 사례로 넘어가게 된다. 이 이슈는 1960년대 초 탈리도마이드Thalidomide 사건*의 결과로 대중에게 초미의 관심사가 되었다. 반 드 푸트 부인Madame van de Put은 팔과 어깨가 없고 발이 기형으로 태어난 8일 된 딸을 살해했다. 그녀는 벨기에 리에주에서 재판을 받고 살인죄를 선고받았다. 이 어머니에게 깊은 동정을 느끼는 사람도 있을 것이다. 하지만 나는 이 사건은 '윤리적' 살인이 맞다고 생각한다. 그 신생아 코린느 반 드 푸트는Corinne van de Put는, 아무리 기형이 심하더라도, 틀림없는 인간이었다.

성경은 심각한 장애가 있는 사람들을 자주 이야기하며, 볼 수 없는 사람, 들을 수 없는 사람, 말하지 못하는 사람, 불구인 사람과 나환자를 존중하라고 말한다. 죄조차도 사람에게 있는 하나님의 형상을

• 1960년 초에 이 입덧 진정제를 복용한 많은 여성들이 기형을 가진 아기를 출산했다.

완전히 망가뜨리지는 못했다. 도덕적으로 온전하지 못한 사람도 여전히 하나님의 형상으로 창조되었다고 말할 수 있다면(약 3:9), 신체에 심각한 장애가 있는 사람은 더 말할 필요도 없다. 우리에게는 손상되고 온전하지 못한 몸을 갖고 태어난 아기를 인간이 아니라고 말할 자유가 없다.

이른바 몬스터 베이비monster babies의 경우는 조금 다르다고 생각한다. 몬스터 베이비에는 여러 형태가 있어서 일반화하기가 어렵다. 나는 뇌간은 있지만(따라서 숨을 쉴 수 있다) 대뇌피질 없이 태어난(따라서 생각하거나 선택하거나 사랑하거나 인간으로 성장할 능력이 전혀 없다) 무뇌증을 예로 들겠다. 물론, 인간 부모에게서 잉태되고 태어난 모든 생명은 인간이라고 주장할 수도 있다. 하지만 로마가톨릭교회가 의심쩍기는 하지만 "네가 사람이라면, 세례를 주겠다……"라며 조건부로 "몬스터" 베이비에게 세례를 주겠다고 한 것은 의미심장하다. 나는 이 아이들을 적극적으로 죽이는 것이 아니라, 자극하여 소생시키지 않고 숨을 거두게 두는 것이 널리 인정받는 (그리고 내 생각에는 정당한) 의료 행위라고 이해한다.

이는 가장 어려운 경우, 때로 '식물인간'이라고 불리는 이들을 어떻게 보아야 하는지로 이어진다. 이들은 사고나 질병, 노화로 뇌가 손상되어 깊은 혼수상태에 빠진다. 그래서 인간보다는 식물과 같은 상태로 보인다.

그런 사람을 더는 인간이 아니라고 말해도 되는가? 이 사람은 사고, 선택, 사랑, 기도 같은 독특한 인간의 능력을 더는 행사할 수 없으니 하나님의 형상을 잃어버렸고, 그래서 식물 취급을 받아도 되는가?

나는 그렇게 생각하지 않는다. 인간이 될 능력이 아예 없는 선천적인 "몬스터"와 인간의 능력을 박탈당한 인간은 차이가 있다. 우리는 뇌가 손상된 그런 사람의 영혼 상태에 대해서도, 뇌와 영혼의 관계에 대해서도 무지하다. 또한 친지들이 그런 환자를 "그것"이 아니라 여전히 "그 사람"으로 생각한다는 점도 중요하다.

그럼에도 뇌가 정말로 죽었다면, 심장을 다시 살리지 않고 숨을 거두게 두는 편이 타당할 것이다.

더 나아가, 뇌가 (그리고/또는 몸이) 그런 회복 불가능한 심각한 손상을 입었고 소생 가망성이 없어서 사실상 죽음의 과정이 시작되었다면, 이 경우에도 이른바 특단의 조치로 환자의 생명을 연장하지 말고 존엄하고 평화롭게 죽음을 맞도록 허용해야 하는 시점이 온다.

노먼 세인트 존 스테바스Norman St. John Stevas는 『생명권』The Right to Life, 1963에서 호더 경Lord Horder의 말을 인용한다. "좋은 의사는 생명을 연장하는 것과 죽어 가는 시간을 연장하는 것의 차이를 잘 알고 있다." 마찬가지로, 영국성공회 사회적 책임 위원회Church of England Board of Social Responsibility를 위해 출판된 유용한 보고서 『생사에 대한 결정』Decisions about Life and Death, 1965에서는 "인공적으로 죽음을 억제한 상태"를 언급한다.

이런 이유로 칼 바르트Karl Barth는 "이런 종류의 인공 생명 연장 장치가 인간의 오만함에 해당하지" 않는지를 묻기까지 했다. 그는 계속해서 이렇게 말한다. "이것은 임의적인 안락사의 문제가 아니라(그는 이것을 반대한다), 죽어 가는 생명조차도 주장할 수 있는 존중의 문제다." 프린스턴의 폴 램지Paul Ramsey 박사는 바르트를 인용하면서 자신

6부 사회적 관심사

의 의견을 덧붙인다. "죽는 것은 인간이 되는 한 가지 방식이고, 죽도록 허용되는 것은 소중한 인간의 권리다."

요약하자면, 내가 설명하고 적용하려는 신학적 원리는 인간은 독특한 피조물, 곧 창조와 구속에서 하나님의 사랑의 돌봄을 받는 대상이라는 것이다. 성경이 사법 집행을 제외하고 인간의 피를 흘리는 것을 (곧 인간 생명을 취하는 것을) 금하는 이유는 인간의 생명에 하나님의 형상이 담겨 있기 때문이다. 따라서 생명과 죽음에 대한 복잡한 의료 윤리 문제들에서 우리가 던져야 할 근본 질문은 당사자가 인간인지, 제안된 치료가 (또는 비치료가) 이 질문에 대한 우리의 대답과 일관성이 있는지의 여부다.

결론적으로, 나는 의료 행위를 위한 간단한 교훈 두 가지를 제안한다.

첫째, 의사는 자신의 환자가 사람이라는 점을 끊임없이 되새겨야 한다. 그는 수의사가 개를 치료하듯이 그렇게 다룰 동물도 아니고, 의료 기록에 추가할 만한 흥미로운 케이스도 아니다. 의사 앞에 있는 그는 하나님의 형상으로 창조된 인간이다. 따라서 환자의 성질이 고약하거나 증상이 불쾌하더라도 특별한 가치를 지닌 존재로 그를 돌보아야 한다.

둘째, 의사는 환자를 존중하고 섬겨야 한다. 빈센트 에드문즈Vincent Edmunds와 짐 스코어Jim Scorer는 『의료의 윤리적 책임』Ethical Responsibility in Medicine, 1967에서 현대 수술의 선구자 조지프 리스터Joseph Lister를 인용한다. "의료 행위에는 딱 한 가지 규칙밖에 없다: 환자의 입장이 되어 보라." 나도 이 말을 겸허하게 반복하고 싶다. 목회자도 방법은 달라도 똑같이 사람을 돌보는 일에 부름을 받았기 때문이다. 나 자신에게 이 말을 해주고 싶다. "하나님이 당신의 형상대로 그 사람을 만드셨다. 예수 그리스도가 그 사람을 구원하려고 죽으셨다. 그 사람을 섬기는 것은 나에게 큰 영광이다."

내가 말하고 싶은 것을 이보다 더 잘 표현해 준 사례는 없다. 프레드릭 트레브스 경Sir Frederick Treves은 1884년에 런던 병원 맞은편 청과물 가게에서 "코끼리 인간"을 발견하고는 철저히 기독교적 방식으로 그를 돌보았다. 트레브스는 그를 자신이 목격한 "가장 역겨운 인간 표본"으로 묘사한다. 그의 머리는 "기형에다 엄청 거대했다." 이마와 입 위쪽에 돌출된 뼈 덩어리 때문에 코끼리 같은 얼굴을 하고, 버섯이나 갈색 꽃양배추처럼 보이는 피부가 뒤통수, 등, 가슴, 오른팔에 스펀지처럼 부풀어 있고 악취가 났다. 다리는 기형에다 발은 둥글납작했고, 고관절에 질병이 있었다. 무표정한 얼굴에 더듬거리며 하는 말은 알아듣기가 힘들었다. 그와 대조적으로, 왼손과 왼팔은 마치 여자 손처럼 섬세하고 날씬했다.

이런 고통에 더하여, 그는 짐승처럼 취급받고 있었다. 시골 장터를 전전하면서 (경찰의 허락도 없이) 2펜스를 받고 호기심 많은 사람에게 자신을 보여주었다. 트레브스는 이렇게 썼다. "사람들은 그를 나환자처럼 기피하고, 야생 동물처럼 수용했다. 서커스 수레에 난 작은 구멍으로 훔쳐보는 바깥세상이 그가 아는 세상의 전부였다." 그는 개가 받는 것보다 못한 동정이나 친절을 받았고, 뚫어져라 쳐다보는 사람들의 눈길이 무서워서 어둡고 후미진 곳을 찾아 숨어들었다.

하지만 트레브스는 그의 인간성을 발견했다. 그의 이름은 존 메릭

John Merrick, 지능이 뛰어나고 예민한 감성과 따뜻한 상상력을 지닌 스물한 살 청년이었다. 트레브스는 서커스단에서 쫓겨난 그를 런던 병원 뒤쪽에 방을 마련해 돌보았고, 3년 반 후에 그는 잠을 자다 숨을 거두었다.

처음에 어떤 여자가 메릭을 찾아와 미소와 인사를 건네고 악수를 했을 때 그는 걷잡을 수 없이 흐느끼며 무너져 내렸다. 하지만 그날 이후로 그는 변하기 시작했다. 당시 왕세자비였던 알렉산드라 여왕Queen Alexandra을 포함한 많은 유명인이 그를 찾아왔고, 팬터마임 공연과 시골을 찾아다니며 재미를 느꼈다. 트레브스는 그가 "냉소주의나 분노를 전혀 찾아볼 수 없는……아무에게도 불쾌한 말을 하지 않는……다정하고 사랑스러운 인간"임을 알게 되었다.

그는 "사냥감에서 인간으로" 서서히 변했다. 하지만 사실 그는 처음부터 늘 인간이었다. 존 메릭이 볼품없는 기형의 머리를 들고 하나님의 형상대로 창조된 인간의 자존심을 얻게 된 것은 트레브스의 남다른 인간 생명 존중 정신 때문이었다.

John R. W. Stott, "A Guide for Doctors and Others: Reverence for Human Life,"
Christianity Today 16, no. 18 (June 9, 1972): 8 - 12.

40장

그리스도인과 동물

그리스도인은 동물에 어떤 태도를 취해야 하는가? 최근 동물 복지의 해Animal Welfare Year, 1976를 맞아 이 질문이 많은 영국인의 관심을 끌게 되었다. 70개 동물 복지 단체가 지지한 동물보호법Cruelty to Animals Act 100주년은 실험실 동물, 반려 동물, 농장 동물, 야생 동물에 대한 인도주의적 행동을 고취하는 것을 목표로 했다.

하나님은 인간에게 하나님과 동물 중간의 지위를 주셨다. 생리학적 측면에서 인간은 동물과 같다. 동물처럼 숨을 쉬고("생물"이라는 표현은 동물과 생물 모두에 적용된다, 창 1:20, 24; 2:7), 먹고 마시고 재생산한다("생육하라"라는 명령도 동물과 생물 모두에게 주셨다, 창 1:22, 28). 하지만 인간은 고차원의 능력과 그로 인해 가능한 활동(사고, 선택, 사랑, 창조, 예배)에서 동물과는 다르고, 하나님과 비슷하다. 그 결과, 인간은 하나님의 다른 모든 피조물처럼 그를 의지하는 동시에, 다른 모든 피조물과는 달리 독특하게 인간 아래 피조물을 책임 있게 다스린다.

자연과 동물에 대한 한 가지 극단적인 태도는 숭배다. 많은 고대 종교에는 자연을 신과 동일시하는 범신론 경향이 있었다. 이집트 사람들은 태양, 하늘, 공기, 땅, 물의 신을 숭배했고, 가나안 사람들은 "바알"이나 생식력이 있다고 생각되는 자연 신들을 숭배했다. 두 집단 모두 자신들의 신을 새나 짐승 형태로 표현했다.

오늘날에도 힌두교에는 범신론 성향이 있고, 원시 정령숭배자들은 산과 숲, 강과 동물 속에 거한다고 믿는 영들을 두려워하며 산다. 살아 계신 하나님이 해와 달과 별, 땅과 바다를 비롯한 모든 피조물을 창조하셨고 만물의 주시라는 단호한 성경의 주장은 이 모든 미신을 일소한다.

하지만 우리는 자연과 동물을 숭배하는 더 미묘한 방식에 주의해야 한다. 19세기 낭만주의자들은 자연의 부름으로 돌아간 현실도피주의자였다. 알베르트 슈바이처는 명석하고 헌신적이었지만, 모든 생명이 신성불가침하다는 유사 불교적 관점을 지니고 있어서 생명이 있는 존재라면 해로운 질병을 일으키는 파리 한 마리조차 죽이는 법이 없었다. 그런가 하면, 반려동물을 사랑하는 사람들은 강아지나 고양이, 앵무새에 대한 애착이 지나치게 감상적이어서 동물에게 사람에게만 해당하는 가치를 부여할 때도 있다.

이와 정반대의 극단은 동물에게 무심한 태도로, 심지어는 고의로 살해하는 경우도 있다. 인간은 지구와 동물을 지배하는 권한을 받았지만, 이 지배는 파괴는 물론이고 장악과도 거리가 멀다. 오히려 우리는 동물을 돌보는 선한 청지기로서, 우리의 청지기 역할에 대해 하나님께 책임을 져야 한다.

그렇다면 성경의 가르침으로 동물에 대한 인간의 태도를 좀 더 확실하게 정의할 수 있을까? 나는 그럴 수 있다고 생각한다. 첫째, 동물을 연구해야 한다. "그 일을 보고 기뻐하는 사람들이" 하나님의 작품을 "모두 깊이 연구"한다(시 111:2, 새번역). 모든 그리스도인이 자연사에 관심을 가져야 하는데, 특히 도시에 사는 사람일수록 더 앞장서야 한다. 하나님의 창조세계를 연구하고 "하나님을 따라서 하나님의 생각을 생각하면서"•우리는 창조세계에 경탄하게 된다.

과학자들은 뱀의 송곳니에서 피하주사기를, 새의 비행에서 항공기술을, 박쥐에서 레이더를 개발했다. 도덕적 교훈도 배울 수 있다. 인간은 선택해서 해야 할 행동을 동물은 본능적으로 함으로써 우리를 부끄럽게 만든다. 개미에게서 근면과 신중함을(잠 6:6-11), 멀리 떠나지만 늘 돌아오는 철새에게서 회개를(렘 8:4-7), 소와 나귀에게서 순종을(사 1:3), 참새에게서 믿음을(마 10:29-31, 참고. 6:26) 배울 수 있다.

둘째, 동물을 활용해야 한다. 하나님이 우리가 동물을 길들이도록 허락하셨으니 동물의 힘을 사용하여 짐을 옮기고(참고. 민 7:1-11), 가죽

• 천문학자요 수학자이면서 신학자이기도 했던 요하네스 케플러가 남긴 말이다.

으로 옷을 만들고(참고. 창 3:21), 고기를 먹을 수 있다(참고. 창 9:1-3; 막 7:19).

두어 해 전에, 세상 병폐가 "인간이 선택한 건강하지 못하고 비정상적인 식생활, 곧 동물을 죽인 고기를 먹기" 때문이라고 주장하는 여성에게서 편지를 한 통 받았다. (그녀의 주장에 따르면) "성경은 '죽이지 말라'라고 여러 차례 반복한다." 이 여성은 이것이 살인을 금지한 명령일 뿐, 성경은 동물을 죽여 음식과 의복으로 삼도록 허용한다는 것을 보지 못했다.

셋째, 동물에게 자비를 베풀어야 한다. 성경은 동물을 자비롭게 대하라고 명령한다. 하나님이 인간을 창조하고 돌보시듯이, 친히 동물을 창조하고 돌보시기 때문이다. "주님은 사람과 짐승을 똑같이 돌보신다"(시 36:6). 그래서 구약에서 동물은 사람과 마찬가지로 안식일에 쉴 수 있었고(출 20:10; 23:12), 새끼나 알을 품고 있는 어미 새를 잡지 못하게 했으며(신 22:6, 7), 곡식 떠는 소에게 망을 씌울 수 없었다(신 25:4). 간단히 말해, "의인은 자기의 가축의 생명을 돌본다"(잠 12:10).

❖

이런 성경의 원리를 현대의 문제에 어떻게 적용해야 할까? 물론, 우리에게 반려동물이 있으면, 먹이고 보호하고 적절히 운동을 시켜야 한다.

그렇다면 이른바 공장 사육에 대해서는? 나는 "동물의 타고난 행위를 구성하는 대부분의 주요 활동을 방해하는 동물 감금 행위"라면, (경제적 이득이 얼마나 되건) 모든 집약 사육을 금해야 한다는 브램벨 위원회Brambell Commission의 보고에 동의해야 한다고 생각한다. "적어도 동물들이 몸을 돌리고, 털을 다듬고, 누워서 사지를 뻗는 데 어려움이 없을 정도로 충분한 이동의 자유를 누려야 하기 때문이다."

아마도 가장 논란이 분분한 동물 복지 영역은 생체 해부, 곧 살아 있는 동물에 대한 실험과 관련이 있을 것이다. 그런 실험실 실험이 의학 연구에 꼭 필요하고 고통을 최소화하여 진행한다면, 윤리적으로 정당화할 수 있다는 데 대부분이 동의할 것이다. 요즘 영국 대중에게 가장 충격을 안겨 준 사실은, 1975년에 보고된 실험 500만 건 중에서 350만 건이 의료 목적과는 상관이 없고, 향료·세제·제초제부터 담배 대체물과 화장품에 이르기까지 이른바 상품 개발을 위한 목적이었다는 것이다. 소어비의 휴튼 경Lord Houghton of Sowerby이 이끄는 그룹에서 제출한 이 보고서에 반응하여, 작년에 내무 장관이 동물학대금지법을 더 엄격하게 집행할 필요를 인정한 것은 고무적이다.

유명 국제 그룹에서 올해 10월에 세계 동물 권리 선언Universal Declaration of the Rights of Animals을 유네스코에 제출하려고 계획하고 있다. 내가 보기에, 이 초안은 "동물의 한 종으로서 인간"이라고 부르는 것의 독특함을 충분히 인식하지 못한 것 같다. 그럼에도, 그리스도인들은 우리 창조주의 다스림 아래 "모든 동물에게 권리가 있다"라는 사실을 기쁘게 단언해야 한다.

마지막으로, 성경은 모든 자연이 "함께 탄식하며 함께 고통을 겪고 있는 것"을 안다(롬 8:22). 하지만 우리는 창조세계가 현재의 속박에서 벗어날 날을 고대한다. 그때는 모든 포식이 그치고, 이리와 양, 표범과 염소, 소와 곰, 송아지와 어린 사자가 함께 먹을 것이다. 어린 아이들이 이런 동물들과 어울려도 전혀 두려워하거나 위험하지 않을 것이다(사 11:6-9).

John R. W. Stott, "Cornerstone: Christians and Animals,"
Christianity Today 22, no. 9 (February 10, 1978): 38 - 39.

41장

인간 생명이란 과연 무엇인가?

—

기독교의 안락사 개념은 생명 연장과 죽음 연장을 구분한다.

안락사, 이 단어를 여전히 원래 의미대로 사용할 수만 있다면, 우리는 이것을 지지할 것이다. 안락사는 "잘 죽는다"는 뜻이고, 잘 살기 원하는 사람들은 잘 죽기도 원하니 말이다. 게다가, 죽는 과정이 "좋다"는 것에는 주변을 정리하고 유언을 남길 때 실제적인 배려, 그리스도를 통해 죽음을 정복하신 하나님에 대한 차분한 신뢰, 현대 약물이 증상을 완화하고 대부분의 불치병에 동반되는 통증을 조절해 줄 수 있다는 합리적 기대도 포함되어야 한다.

더 나아가서, 기독교의 안락사 개념은 생명 연장과 죽어 가는 과정의 연장 사이에 타당한 선을 그어 준다. 히포크라테스 선서에서 의사들은 인간 생명을 위해서는 싸울 것이지만, "개입하는 의료"는 절대 하지 않겠다고 맹세한다. 회복이 불가능한 환자에게 아무런 의미도 없고 심지어 고통만 더하는 치료는 하지 않겠다는 것이다. 진정한 임종 간호는 죽어 가는 사람이 평화롭고 존엄하게 죽을 수 있게 도와야 한다. 실제로, 프린스턴의 폴 램지 교수는 "죽도록 허용되는 것은 소중한 인간의 권리다"라고 썼다. 마찬가지로, 약물 사용에서도 "죽음의 트라우마를 최소화하기 위해 고통을 완화하려는 결정과 고통의 트라우마를 끝내기 위해 죽음을 유발하는 의도적인 결정"은 구별된다(앤더슨J. N. D. Anderson, 『생사의 문제들』Issues of Life and Death, 1976).

하지만 요즘에는 (대개 "자발적"이라는 형용사와 함께) "안락사"라는 용어가 "자비로운 살해"mercy-killing의 완곡어로 사용된다. 이것은 견디기 매우 힘든 상태이기는 하나 위중하지는 않은 환자에게 치사량의 약물을 의도적으로 주입하는 것을 표현한다. 1969년에 의회에서 거부한 자발적 안락사 법안Voluntary Euthanasia Bill은 "심각한 신체 질환이나 장애로 (고통받는 환자가) 치료가 불가능하여, 심한 고통을 초래하거나 이성을 가진 존재로 살아가기 불가능한" 경우에 안락사를 허용했다. 하지만 "이성을 가진 존재로 살아가기"가 불가능한 시점은 과연 언제일까? 현대의 논의에서, "자비로운 살해"를 지지하는 이들은 무뎌진 정신력이 신체 고통을 줄여 주는 노인들보다는 멀쩡한 사고 때문에 몸의 제약을 더 괴롭게 느끼는 젊은이들에 집중한다.

런던 사보이 극장에서 열성 관중을 끌어모은 브라이언 클라크Brian Clark의 연극 「내 인생은 나의 것」Whose Life Is It Anyway?은 안락사를 강력하게 지지하는 주장을 펼친다. 톰 콘티Tom Conti가 열연한 주인공 켄 해리슨은 교통사고로 사지가 마비되어 다시는 작업을 할 수 없는 조각가다. 머리를 움직이고 말만 할 수 있는 주인공은 병원 침대에 누운 채 연극 내내 무대 중앙을 차지하고 있다. 간호하는 수녀의 무정한 전문성, 의사의 얄팍한 회피("나는 판사가 아니라 의사예요"), 환자를 "하나님이 사람들의 동정을 쏟아붓는 그릇으로 선택하신 존재"로 묘사하는 병원 원목의 당황스러운 불감증(객석에서 실소가 터져 나왔다)이 깊은 공감을 유발한다.

켄 해리슨이 삶을 끝낼 수 있도록 도와 달라고 간청하는 근거는 간단하다. "더 살고 싶지 않습니다. 나는 이제 인간이 아니니까요." "나는 이미 죽은 목숨입니다.…… 생명은 자립할 수 있어야 하는데, 나는 아니에요." "이것은 존엄의 문제입니다. 나는 뇌만 제구실하니, 사실상 죽은 겁니다. 이건 굴욕입니다. 내 생명을 연장하는 것은 비인도적입니다. 존엄은 선택에서 출발합니다." 그의 주장은 역설적이다. 선택이 없는 삶은 인간의 삶이 아니기에 그가 다시 인간이 될 수 있는 유일한 길은 죽음을 선택하는 것뿐이다. 따라서 이 연극의 제목은 잘못되었다. 이 연극은 "누구의 인생인가?"라는 질문이 아니라, "인간의 생명이란 과연 무엇인가?"라는 질문을 던지기 때문이다.

그렇다면 켄 해리슨의 경우에 대한 기독교적 비판은 여기에서부터 시작해야 할 것이다. 삶이 선택을 의미한다면, 그는 똑같이 죽음보다 삶을 택할 수도 있지 않을까? 게다가, 인생은 단순한 선택을 초월하고, 그가 더는 실현할 수 없는 예술적 창의성도 초월한다. 삶은 관계다. 그리고 해리슨은 자신의 예리한 지성, 유머 감각, 따스한 성품 때문에 풍성한 관계를 맺을 수 있다. 하지만 그는 그런 것들을 회피하고, 이 점이 내게는 연극에서 가장 중대한 결함으로 다가온다. 의사, 정신과 의사, 수련의, 수녀, 간호사, 사회복지사, 청소부, 변호사, 판사까지 다들 자기 할 일을 하러 병동을 드나들지만, 켄 해리슨을 만나러 오는 이는 아무도 없다. 그는 약혼이 깨지고 나서 약혼녀와 자기 부모에게 찾아오지 말라고 부탁했다. 친구들도 발길을 끊었다. 하지만 이것은 인위적인 상황을 만든다. 자신을 가장 사랑하는 사람들을 끊어낸 그는 의도적으로 자신의 삶을 비인간화한 셈이었다. 더 나아가, 하나님과의 관계나 사후세계의 가능성도 언급되지 않는다.

조니 에릭슨Joni Eareckson은 놀라운 대조를 보여주는데, 그의 이야기는 연극이 아니라 현실이기에 더 강력하다. 그녀 역시 활발한 열일곱 소녀 시절에 체사피크 만에서 다이빙 사고로 사지가 마비되었다. 베스트셀러가 된 자서전 『조니』Joni, Zondervan, 1976에서 그녀는 절망과의 싸움을 솔직히 털어놓는다. "왜 사람들은 내가 죽도록 그냥 내버려 두지 않지?" 다시는 걸을 수도, 팔을 쓸 수도, 남자친구와 결혼할 수도 없다는 사실을 알게 되었을 때 혼란스럽고 화가 났다. 하나님이 자신을 버렸다고 느끼고, 망상의 세계로 도피하려 했다. 그런 그녀를 현실로 되돌리려고, 친구 다이애나는 이렇게 말했다. "조니, 과거는 죽었고, 너는 살았어." 조니가 대답했다. "정말 그럴까? 이건 사는 게 아냐."

그렇다면 어떻게 조니는 인간 생명의 근본 의미를 재평가하게 되었을까? 그녀가 입으로 그림을 그리는 놀라운 재능을 터득한 것도 한 가지 이유가 되었다. 뿐만 아니라, 그녀 주변에는 그녀를 지지하고 사랑해 주는 부모와 자매, 친구들이 있었다. 하지만 무엇보다도, 그녀에게는 영적인 관점이 있었다. 그녀는 사지마비는 일시적일 뿐, 언젠가는 새롭고 영광스러운 몸을 얻게 되리라는 것을 알게 되었다. 그때까지는 그녀의 의자가 그녀를 그리스도처럼 빚는 "도구"가 되어 줄 것이다. 언젠가 그녀가 캔자스시티의 2,000여 명 젊은이들에게 말했듯이, "하나님은 미숙하고 고집불통인 십대를 독립적인 여성으로 변화시키셔서 고통 가운데서 기뻐하는 법을 배우게 하신다." 두 번째 책 『한 걸음 더』*A Step Further*, Zondervan, 1978는 "하나님을 하나님의 자리에 모시는" 더 강력한 결단과 "고난이 우리에게 천국을 준비해 준다"라는 더 분명한 확신을 표현한다(36쪽). 나는 그녀가 그 모든 좌절과 슬픔에도 지금의 자신이 더 진정한 인간이라는 데 동의하리라고 믿는다. 그녀의 본보기는 많은 사람들에게 감동을 준다.

John R. W. Stott, "Cornerstone: What Is Human Life Anyway?,"
Christianity Today 23, no. 13 (April 6, 1979): 32-33.

42장

화해는 섬김과 협력의 문제다

—

그리스도인에게는 상호 섬김이 상호 의심을, 협력이 경쟁을 대체한다.

1978-1979년 겨울, 영국에서 산업 전쟁이 벌어졌다. 제빵사, 청소차를 비롯한 화물 운송 노동자, 철도 노동자, 구급차 운전자, 기자와 교사, 병원 사회복지사들이 파업했다. 그 때문에 1979년 1-3월에 500만 일이 넘는 노동 일수가 사라졌는데, 이는 1978년 전체의 절반 이상에 해당한다. 우리 사회가 뭔가 잘못되어도 한참 잘못되었다.

사회적 혼란은 그리스도인에게는 특별한 관심사인데, 올바른 관계를 회복하는 것이 우리가 할 일이기 때문이다. 복음의 핵심에 있는 화해는 그리스도인의 최우선 의제다. 예수님은 세계 최고의 평화의 중재자peacemaker이시다. 그는 우리에게도 평화의 중재자가 되라고 말씀하신다. 그런데 어떻게?

열왕기상 12장은 꼭 필요한 성경적 원리를 자세히 설명한다. 솔로몬은 지혜가 많았지만, 폭군이었다. 그의 야심 찬 건축 계획은 강압적인 노동력 착취로만 완성될 수 있었고, 노사관계는 사상 최저 수준이었다. 그래서 솔로몬이 죽자, 백성은 그의 억압적인 통치가 "멍에를 무겁게" 했다고 말하면서 그의 아들 르호보암에게 그 멍에를 가볍게 해 달라고 간청했다. 나아가, 원로들은 르호보암에게 백성의 요청에 귀 기울이라고 충고했다. "왕이 만일 오늘 이 백성을 섬기는 자가 되어 그들을 섬기고 좋은 말로 대답하여 이르시면 그들이 영원히 왕의 종이 되리이다"(7절).

이 원리는 입헌제와 민주주의 제도의 기초로 남아 있다. 이것이 상호 존중에서 비롯되는 상호 섬김의 원리다. 이것은 단순한 편의가 아니라 정의에 기초한 섬김이다. 사람들을 하나님의 형상으로 지음 받은, 우리와 똑같이 존중받아야 하는, 인권을 가진 존재로 인정하기 때문이다. 바로 이것이 장애를 가진 사람들과 궁핍한 사람들을 돌보고 법정에서도 공평하게 정의를 집행하라는 구약의 가르침과, 상전과 종이 같은 주요 심판자를 모시기에 서로 존중해야 한다는 신약의 가르침의 배후에 있는 기본 진리다.

성경 원리에서 현대 사회로 눈을 돌리면, 확연히 대조된다. 우리에게 있는 것은 신뢰에서 비롯된 섬김의 상황이 아니라, 의심에서 비롯된 적대의 상황이기 때문이다. 더군다나, 이런 태도는 계층화된 영국 사회 깊숙이 배어 있다. 자유당 대표 데이비드 스틸David Steel이 최근 총선 직전에 말했듯이, "영국 사회의 주요한 한 가지 단점은…… 계급 지배 속성이다. 계층 분류……가 노사관계를……몹시 괴롭히고 있다." 그 결과, 많은 사람들이 박탈감과 소외감을 느낀다. 이들이

6부 사회적 관심사

더 높은 급여를 원하는 동기는 탐욕이 아니라 불만이다.

이런 반목 상황은 예수 그리스도의 정신과 공존할 수 없다. 예수의 사람들은 예수의 이름으로 이에 반대해야 한다. 하지만 어떻게 상호 의심을 상호 섬김으로, 경쟁을 협력으로 대체할 수 있을까?

첫째, **차별을 철폐해야** 한다. 이 원리는 "그들 대 우리"라는 대치를 고착시키는 모든 것에 적용된다. 예를 들어, 사무실 직원과 달리 근로자는 출근 카드를 찍게 하는 이유는 무엇인가? 근로자는 허름한 "구내식당"에서 식사하고, 사무실 직원은 고급 "직원식당"에서 따로 식사하는 타당한 이유가 있는가?

이런 차별의 상징 배후에는 사회적 불공평, 곧 고소득층과 저소득층 사이의 부당한 차이라는 현실이 있다. 나는 절대적 평등주의는 그리스도인의 방식이 아니라고 생각한다. 하나님이 우리를 똑같은 재능을 타고나게 만드시지는 않았기 때문이다. 하지만 그리스도인이라면 불공평한 특권에 반대해야 한다. 훈련, 기술, 책임, 성취, 장기근속, 위험하고 더러운 현장(수요 공급 법칙에 대한 대응은 물론)을 고려하면서도, 그 차이가 합리적으로 타당하기에 공평해 보이는, 노동자·관리자·경영자 등 전 분야에 걸친 단계적 급료 규모를 고안하는 것은 인간의 지혜로는 정말로 불가능할까?

둘째, 의사결정과 수익 분배에 **참여를 늘려야** 한다. 많은 회사에서 노동자들이 자긍심이 부족한 이유는 책임이 별로 주어지지 않기 때문이다. 힘이 없기에 억압감을 느낀다. 멀리 있는 익명의 다른 사람들이 그들을 위해 대신 만사를 결정한다. 그들의 유일한 역할은 복종하는 것뿐이다. 하지만 의사결정은 인간성의 일부다. 인간이 된다는 것은 책임 있는 선택을 한다는 뜻이다. 성인이 자신에게 영향을 미치는 문제에 대한 의사결정에 참여하지 못하는 것은 그를 어린이처럼, 어쩌면 기계처럼 다루는 셈이다.

19세기 그리스도인들은 다른 사람을 '소유하여' 비인간화한다는 이유로 노예제에 반대했다. 20세기의 우리는 타인을 '이용하여' 인간성을 말살하는 일체의 노동 방식에 반대해야 한다. 설령 그들이 자발적 계약으로 자신의 책임을 양도했다 하더라도 말이다. 미국과 유럽에서 관리자와 노동자가 함께 회사 전략을 개발하고 의사결정과 실행에 이르기까지 긍정적 동반자 관계를 목적으로 하는 다양한 산업 민주주의의 실험이 진행되고 있어 다행이다.

수익 분배 역시 성경의 원리에 기초한다. "일꾼이 그 삯을 받는 것은 마땅하다." 회사가 성공하면, 주주처럼 근로자도 상여금이든 주식이든 수당이든 이익을 얻어야 한다.

셋째, **협력을 강조해야** 한다. 착취하는 상사에게서 근로자를 보호하기 위한 필수적인 장치로 19세기에 노동조합이 발달했다. 20세기에 노동조합은 시대착오가 아닐까? 비극은 그런 대치가 산업 구조에 붙박이가 되었다는 사실이다. 왜 우리는 이런 구조적 대치를 어쩔 수 없는 영구적 환경으로 가정하는 것일까? 왜 협력을 표현하는 더 나은 구조를 꿈꿀 수 없는 것일까? 관리자와 노동자가 대치 상태에 빠지면, 대중이 고통을 받는다. 하지만 양측이 대중을 위해 협력할 때 노사 관계도 좋아진다.

현대 사회에서 좋은 노사 관계는 하나님이 사업이나 산업으로 부르신 그리스도인들이 회사를 상호 존중과 상호 섬김의 원리로 조직하도록 돕고, 모든 불공정한 차별을 없애며, 권력과 소득 분배에 온전히 참여하여 조화로운 노사 관계의 가능성을 보여주도록 강력하게 도전한다.

그리스도인은 어쩔 수 없다는 듯이 나쁜 노사 관계를 묵인해서는 안 된다. 아무리 갱생의 의지가 없는 사람이라 하더라도 타고난 정의감과 동정심이 있다. 더 좋은 관계가 얼마든지 가능하다. 우리는 그리스도인의 교제에서 좋은 관계의 본을 보이고, 세상에서 일하면서 좋은 관계를 위해 힘써야 한다. "화평하게 하는 자는 복이 있나니 그들이 하나님의 아들이라 일컬음을 받을 것임이요"라는 주 예수님의 말씀을 기억하면서 말이다.

John R. W. Stott, "Cornerstone: Peacemaking Is a Management Responsibility,"
Christianity Today 23, no. 22 (September 22, 1979): 36 – 37.

43장

인종 다양성 보존하기

"나에게는 꿈이 있습니다.……흑인 소년 소녀들이 백인 소년 소녀들과 손을 잡고 형제자매처럼 함께 걸어갈 수 있는 상황이 되는 꿈입니다.……이런 희망을 가지고 있으면 우리는 이 나라의 이 소란스러운 불협화음을 형제애로 가득 찬 아름다운 음악으로 변화시킬 수 있을 것입니다." 암살당하기 얼마 전에 워싱턴 DC에서 한 "나에게는 꿈이 있습니다" 연설에서, 마틴 루터 킹은 이렇게 말했다. 그의 꿈은 계속되고 있다. 미국과 남아프리카뿐 아니라, 영국도 이 꿈을 꾸어야 한다.

영국은 노팅 힐(런던)과 노팅엄에서 인종 폭동이 일어난 1958년부터 시작하여 20년간 인종 갈등을 겪고 있다. 이후 10년간 4개 영연방 이민법*Commonwealth Immigration Acts*이 통과되었다. 이는 그리스도인들을 부끄럽게 만들었는데, 이 법안이 이민을 제한해서가 아니라(모든 나라에서 그렇게 해야 한다), 유색 이민자들에게 불리하게 적용되었기 때문이다. 그러는 사이, 하원의원 에녹 파월Enoch Powell은 감정을 자극하는 연설로 인종 긴장을 조장했다. 그는 연설에서 "영국이 화장을 위한 장작더미를 쌓고" 있으며, 영국인들은 "자기 나라에서 이방인이 되어 가고 있다"고 했다. 그 이후에, 인종관계법Race Relations Acts, 1968, 1976이 제정되어 소수 인종을 위한 정의로운 조치가 마련되었다. 첫 번째 법안은 불평을 듣고 화해를 끌어내기 위한 위원회를 조직했고, 두 번째 법안은 "인종평등위원회"Commission for Racial Equality를 만들어 법 집행의 실효성을 높였다.

하지만 1967년에 극우 국민전선당이 생겼다. 국민전선당의 정책은 이민을 막고, 본국 송환을 촉진하며, 공산주의와 싸우는 것이었다. 당 지도부가 모두 나치 활동 전적이 있는, 히틀러의 열렬한 지지자들이었다. 콜린 조던Colin Jordan은 1959년에 "나는 흑인을 혐오한다. 우리는 그들을 영국에서 몰아내기 위한 전쟁을 하고 있다"고 말했는가 하면, 존 틴들John Tyndall의 "영국 민족주의의 원리"Principle of British Nationalism, 1966 중 네 번째는 "인종 통합에 반대하고, 인종 분리를 주장하는" 것이었다. 다행히도, 이런 극단적 발언은 소수의 인종차별주의자들의 발언이다. 그럼에도, 데이비드 스미스David J. Smith의 면밀한 연구서 『영국의 인종적 약점』Racial Disadvantage in Britain, Penguin, 1977은 유색 인종에 대한 "여전히 상당한 인종차별이 있다"는 결론을 뒷받침한다.

우리 사회의 이런 오점이 점점 더 많은 영국 그리스도인의 양심을 괴롭히고 있어서, 복음주의 인종관계 그룹Evangelical Race Relations Group에서는 사실을 알리고, 두려움을 가라앉히며, 관심을 불러일으키려 애쓰고 있다. 무엇보다도, 우리는 이 문제를 성경적으로 생각해야 한다. 바울의 아레오바고 연설에서 몇 가지 기본 원리를 찾아보자(행 17장).

첫째, 바울은 인류의 하나 됨, 또는 창조의 하나님을 확인해 주었다. 하나님이 "인류의 모든 족속을 한 혈통으로"(26절) 만드셔서 모든 인간은 그의 "소생"(28, 29절)이기 때문이다. 복음주의자들은 "보편적인 하나님의 아버지 되심과 보편적인 인간의 형제 됨" 개념이 하나님이 구속받은 당신의 백성에게 주신 특별한 아버지 되심과 교제를 부인하는 데 사용된다면, 거부하는 것이 옳다. 하지만 창조세계가 표현하는 진리는 인정해야 한다. 하나님의 형상대로 창조된 모든 인간은 하나님 앞에서 동등한 가치를 지니기에 존중받을 권리도 동등하다. 뿐만 아니라, 이러한 인류의 하나 됨은 혼혈에 의해 무너지지도 않는다. 국민전선당 마틴 웹스터^{Martin Webster}는 1975년에 자신의 관점을 이렇게 진술했다. "인종차별은 민족주의의 유일한 과학적·논리적 근거"이고, "영국의 정체성"은 "인종 간 혼혈로 파괴될" 것이다. 하지만 이는 역사적·생물학적 신화에 불과하다. 영국은 사실상 혼혈로 만들어진 나라이기 때문이다. "순수한 영국 혈통" 같은 것은 없다.

둘째, 바울은 민족 문화의 다양성, 또는 역사의 하나님을 확인해 주었다. 열방의 "연대"와 "경계"가 하나님의 손에 있기 때문이다(26절). 바울 사도는 번성하여 땅에 충만하라는 태초의 명령을 암시하는 듯하다. 이런 인류의 확산은 다양한 문화의 발전으로 귀결되었다. 이

제 문화가 자연을 보완한다. "자연"은 하나님이 주신 유전적인 것을 가리키고, "문화"는 인간이 만들고 습득한 것을 가리킨다. 문화는 모든 사회가 발전시키고 후세에 전달하는 신념, 가치관, 관습, 제도의 총합이다. 성경은 인류 문화의 다양한 모자이크를 경축하고, 그 "영광"이 새 예루살렘까지 들어온다고 선언한다(계 21:24). 그렇기에 우리는 인류가 단일 문화가 아닌 다문화 사회로 남게 해야 한다. 문화 다양성이야말로 인류 번영의 근원이기 때문이다.

셋째, 바울은 예수 그리스도의 최종성, 또는 계시의 하나님을 확인해 주었다. 예수님을 죽은 자들 가운데서 일으키고 우주의 심판자로 삼으셔서 "이제는 어디든지 사람에게 다 명하사 회개하라 하셨다"(30, 31절). 바울 사도는 아테네의 다종교 상태를 묵인하지 않는다. 그는 아테네를 살아 있는 종교 박물관으로 묘사하지 않는다. 아테네의 우상숭배를 혐오한다. 따라서 문화의 다양성을 환영하는 것이 종교의 다양성을 묵인한다는 의미는 아님을 알 수 있다. 오히려, 문화적 성취를 인정하는 그리스도인은 그와 동시에 많은 문화의 핵심에 있는 우상숭배를 거부해야 한다. 우리는 예수 그리스도의 경쟁 상대를 용납해서는 안 된다. 우상을 본 바울이 마음에 격분한 것처럼(16절), 우리도 "격분해야" 한다. 그리고 그들이 "알지 못하는 신"(23절)이 사실은 예수 그리스도 안에서 독특하고도 확실하게 자신을 계시하셨다고 모든 인류에게 선포해야 한다.

넷째, 바울은 기독교 공동체의 영광, 또는 구속의 하나님을 확인해 주었다. 하나님이 예수 그리스도를 통해 인류를 갈라놓은 벽을 허무시고 하나 된 새로운 인류를 창조하셨기 때문이다. 에베소서가 이 주제를 잘 설명한다. 누가는 사도행전 17장에서 두 회심자의 이름 곧 "아레오바고 관리 디오누시오와 다마리라 하는 여자"(34절)를 이야기하며 이 주제를 암시하기만 한다. 모든 사회 · 인종 · 문화 출신 남녀가 예수님을 통해 화해하는, 예수님의 새로운 사회의 핵심이 여기에 있었다.

국가가 어떤 인종 통합 정책을 내놓건 그 정책은 이러한 네 가지 신학적 진리를 반영해야 한다. 어떤 타협도 있어서는 안 된다. 인류의 하나 됨 때문에 우리는 소수 인종에게도 동등한 권리를 요구해야 한다. 민족 문화의 다양성 때문에 문화 제국주의를 버리고 모든 문화의 풍성함을 보존해야 한다. 예수 그리스도의 최종성 때문에 종교적 자유에 믿음을 전파할 그리스도인의 권리도 포함된다고 주장하고, 이 권리를 다른 사람들에게 부인해서는 안 된다. 그리스도 안에 있는 새로운 공동체의 영광 때문에 모든 인종차별을 제거하고, 이를 다인종 화합의 모델로 삼기 위해 힘써야 한다.

예수님은 당신을 따르는 모든 사람을 화평을 이루는 자로 부르신다. 우리는 다인종 사회의 꿈이 이루어지는 최후의 그날까지 기도하고 증언하고 힘써야 한다.

John R. W. Stott, "Cornerstone: Preserving the Richness of Racial Diversity," *Christianity Today* 23, no. 25 (November 2, 1979): 42 – 43.

핵무기 시대에 평화의 중재자 되기 1

—

채찍이 아니라 십자가가 그리스도의 사역을 상징한다.

현대 초강대국들의 핵무기 비축은 끔찍한 현실이다. 포세이돈 잠수함 한 대마다 미사일 10기를 탑재하고 각 미사일마다 MIRV(다탄두 미사일) 14기가 있는데, 개별 탄두 하나가 히로시마 폭탄에 맞먹는다. 따라서 잠수함 한 대에는 히로시마 140개를 파괴할 능력이 있다. 미국의 1만 1,000개 핵탄두는 전 세계 인구를 열두 번이나 전멸할 수 있을 정도인데, 2차 전략무기제한협상SALT II은 미사일 수와 유형만 제한하고 탄두는 제한하지 않기 때문에 얼마 안 있어 두 초강대국이 2-3만 개의 핵탄두를 보유할 전망이다. 이 얼마나 미친 짓인가?

현재 5개국이 핵무기와 그 운반체를 보유하고, 추가로 5개국이 핵무기 개발 능력이 있다고 알려져 있다. 스톡홀름 국제 평화 연구소 Stockholm International Peace Research Institute, SIPRI에서는 1985년까지 핵무기 보유국이 35개국으로 늘어날 것이라 예측한다.

핵전쟁이 얼마나 큰 재앙을 초래할지는 아무도 정확히 예상할 수 없다. 그 재앙의 규모는 여러 요인에 달려 있지만, 미국 의회 문서 『핵전쟁의 영향』 *The Effects of Nuclear War*, 1979은 "최소의 결과도 막대할 것이다"라고 말한다. 이 문서는 디트로이트나 레닌그라드 크기의 도시에 대한 단일 메가톤 무기 공격에서부터 소련이 먼저 공격하고 미국이 보복하는 "다양한 군사적·경제적 목표를 겨냥한 대규모 공격"까지, 네 가지 사례 연구를 제공한다. 전자는 200만 명, 후자는 미국 인구의 77퍼센트(약 1억 6,000만 명)와 러시아 인구의 40퍼센트까지 사망한다는 뜻이었다. 게다가, 훨씬 더 많은 사람이 추후에 부상으로 죽음에 이르거나 다가오는 겨울에 아사나 동사할 것이다. 장기적으로는, 암으로 인한 사망자도 생길 것이다.

이런 끔찍한 현실을 배경으로, 우리는 예수님의 다음 말씀에 다시 한번 귀 기울여야 한다. "화평하게 하는 자는 복이 있나니 그들이 하나님의 아들이라 일컬음을 받을 것임이요." 화평하게 하는 것은 하나님의 사역이고, 하늘 아버지가 하시는 일을 우리도 할 때 비로소 하나님의 진정한 자녀라고 주장할 수 있다. 따라서 화평하게 하는 일의 기본은 신학이고, 그 신학은 우리의 신론에서 비롯된다.

성경의 하나님은 구원과 심판의 하나님이시다. 하지만 이 둘이 하나님의 본성을 똑같이 표현해 주지는 않는다. 성경은 심판을 하나님이 보시기에 "낯선 일"로 표현한다. 하나님의 특징적인 사역, 하나님이 기뻐하시는 일은 구원 또는 화평하게 하는 일이다. 이와 비슷하게, 예수님도 고의적인 악에는 분노하셨고, 위선은 가차 없이 비난하셨으며, 성전에서 환전하는 이들을 밖으로 내쫓으셨다. 반면, 십자가의 굴욕과 가혹 행위는 저항하지 않고 견디셨다. 그래서 우리는 같은 예수님의 사역에서 폭력과 비폭력을 모두 볼 수 있다. 하지만 예수님이 말씀이나 행동에서 폭력을 사용하시는 경우는 일상적이지 않고 가끔 볼 수 있는 사례일 뿐, 그의 성품은 폭력과는 거리가 멀었다. 채찍이 아니라 십자가가 예수님의 사역을 상징한다.

이 신학, 곧 그리스도와 성경에 계시된 하나님의 모습을 기반으로 그리스도인은 전쟁에 반대하고 평화에 힘써야 한다. 물론, 역사를 통해 다양한 그리스도인이 다양한 결론을 표출했다. 일부 절대적 평화주의자들은 예수님의 본과 가르침이 제자들에게 어떤 형태의 힘도 사용해서는 안 되고 비폭력 사랑의 길인 십자가의 길을 따를 것을 명령한다고 주장했다. 또 다른 사람들은, 바울에 따르면, 국가 공무원은 선행에는 보상하고 악행에는 벌을 주라고 임명받은 "하나님의 일꾼"이므로 그리스도인 시민은 하나님이 국가에 주신 역할을 공유하고 그 역할을 "정당한 전쟁"just war이라는 관점에서 국제적인 영역에도 확장할 수 있다고 주장했다. 이런 개념은 다양한 형태로 표현되었지만, 최소한 네 가지가 중요하다.

첫째, 이유가 정의로워야 한다. 곧 공격하는 전쟁이 아니라 방어하는 전쟁이어야 한다. 전쟁의 목적은 정의와 평화를 수호하는 것이어야 하고, 다른 모든 화해 시도가 무위로 돌아갔을 때 최후의 수단으로 정당화될 수 있다.

둘째, 수단이 통제 가능해야 한다. 폭력에 제한을 두는 것과 관련하여 두 핵심 단어가 사용되었다. 하나는 "비례적"이라는 단어인데, 곧 피해를 입힌 정도가 피해를 입은 정도보다 적어야 한다는 뜻이다. 다른 하나는 "차등적"이라는 단어다. 경찰의 행동은 체포, 재판, 특정 범죄자에 대한 처벌 등 차등적으로 이루어진다. 마찬가지로, 전쟁이 시민들을 무사하게 보호하며 적의 전투원만을 겨냥하지 않는다면, 어떤 의미에서도 "정당할" 수 없다. 이 원리에 따르면, 2차 세계대전때 독일 도시들에 대한 영국의 집중 폭격을 비난하기에 충분하고(치체스터Chichester의 조지 벨 주교가 용기를 내어 상원에서 주장했듯이), 히틀러가 폭격을 시작했다는 사실은 변명이 되지 않는다. 두 사례는 차등없이 전투원과 민간인을 똑같이 파괴했기에 내가 보기에는 윤리적으로 변명의 여지가 없다. 나는 같은 원리가 전략핵무기 사용을 정죄하기에 충분하다고 생각한다. 모든 그리스도인은 재래식 무기의 "정당한" 사용 가능성을 어떻게 생각하든지 간에 핵 평화주의자가 되어야한다. 2차 바티칸 공의회에서 로마가톨릭 주교들이 표현했듯이, "도시 전체나 광범한 지역과 그 주민들에게 무차별 파괴를 자행하는 모든 전쟁 행위는 하느님을 거스르고 인간 자신을 거스르는 범죄이다. 이는 확고히 또 단호히 단죄 받아야 한다"(사목헌장, 80).

셋째, 동기가 순수해야 한다. 어떤 상황에서도 기독교가 증오나 만행, 시기, 탐욕을 용납해서는 안 되기 때문이다. 넷째, 결과가 예측 가능해야 한다. 승리와, 전쟁을 통해 정당한 목적을 달성할 수 있는 합리적인 전망이 있어야 한다.

하지만 내 주장의 핵심은 일부에서는 절대적 평화주의를 제시하고 또 일부에서는 "정당한 전쟁" 입장을 취하는 각 주장을 따져 보는 것이 아니라, 각 입장을 지지하는 이들이 **모두** 전쟁에 반대한다는 점을 강조하는 것이다. 양측 모두 세계 성공회 주교들이 램버스 회의(1930, 1948, 1968)에서 내놓은 다음 진술을 인정할 수 있어야 한다. "국제 분쟁을 잠재우기 위한 수단으로서 전쟁은 주 예수 그리스도의 가르침과 모범과 양립할 수 없다."

"정당한 전쟁" 지지자들은 특정한 제한된 환경에서 전쟁에 가담하는 것을 정당화할 수 있을지는 몰라도, 절대 그것을 미화해서는 안된다. 엄청난 양심의 가책을 느끼고 마지못해 그 전쟁을 따를 수는 있겠지만, 그조차도 모든 차악 중에서 그나마 낫다고 간주할 때라야 한다. 전쟁을 미화하는 일은 확고히 거부해야 한다. 전쟁은 비인간적이고 비기독교적이며 야만적이다. 오히려 화평하게 하는 일을 미화해야 한다. 간단히 말해, 그리스도인이 전쟁을 정당화할 수 있는 유일한 방법은 그것이 화평하게 하는 유일한 방법임을 제시하는 것뿐이다.

다음 글에서는 그리스도인의 화평하게 하는 일에 대해 실제적인 제안을 할 수 있기를 기대한다.

John R. W. Stott, "Cornerstone: Calling for Peacemakers in a Nuclear Age, Part I," *Christianity Today* 24, no. 3 (February 8, 1980): 44–45.

45장

핵무기 시대에 평화의 중재자 되기 2

—

그리스도인에게 국제사회의 열기를 식힐 수 있는 실제적인 방법이 있다.

앞 글에서는 초강대국의 엄청난 무력 규모, 전 세계가 "방위"에 사용하는 막대한 지출, 핵전쟁의 예측 가능한 결과, 화평을 이루는 사역의 신학적 근거에 대해 썼다. 예수님의 일곱 번째 지복에는 화평하게 하는 사역의 타당성이 잘 드러나 있다. "화평하게 하는 자는 복이 있나니 그들이 하나님의 아들이라 일컬음을 받을 것임이요."

핵무기라는 무시무시한 현실에서 화평하게 하는 그리스도인이 된다는 것은 무슨 뜻일까? 어떤 실제적인 평화 사역이 가능할까?

첫째, 화평하게 하는 그리스도인은 사기morale**를 회복해야 한다.** 오늘날 교인들은 공포의 균형에 너무 익숙해져서 의분을 잃어버리거나 너무 염세주의적 절망에 빠져 현실을 쉽게 묵인하는 성향이 있다. 하지만 감정이나 희망을 포기하는 것은 예수 그리스도와의 교제를 끊는 것이다. 우리는 군비 경쟁을 역전시키기 위해 다른 사람들과 협력해야 한다.

둘째, 화평하게 하는 그리스도인은 더 열심히 기도해야 한다. 이 말을 현실과 동떨어진 경건주의로 치부하지 말기 바란다. 그리스도인에게 이 말은 당치도 않다. 우리 주 예수님은 원수를 위해 기도하라고 구체적으로 우리에게 명령하셨다. 바울은 국가 지도자들을 위해 기도할 책임을 모든 회중의 첫 번째 의무로 규정하여 "우리가……고요하고 평안한 생활을 하려 함이라"(딤전 2:1-2)고 했다. 따라서 그는 기도 덕분에 평안하다고 여겼다. 오늘날 사실상 모든 교회의 회중 예배에 중보기도 시간이 있다. 그 시간은 형식적인가, 실제적인가? 이 시간에 전체 교회 가족이 하나가 되어 통치자와 원수, 평화와 자유, 세계 정의를 위해 집중해서 간절히 기도하는가? 하나님이 어찌 응답하시지 않겠는가?

셋째, 화평하게 하는 그리스도인은 평화 공동체의 본을 보여야 한다. 교회가 평화의 공동체로 드러나지 않는다면, 그리스도인은 세상에서 평화의 증인이 될 수 없다. 자선이 가정에서 시작된다면, 화해도 마찬가지다. 우리는 형제와 화해하라는 예수님의 가르침에 먼저 순종하고 나서, 예배에 나아와 헌금을 드려야 한다(마 5:23-24). 원수를 용서하고, 깨진 관계를 고치고, 가정을 사랑과 기쁨과 평화의 안식처로 만들며, 교회에서 모든 악의와 분노와 비통함을 몰아내야 한다.

하나님의 목적은 화해를 이룬 새로운 사회를 만드시는 것이다. 하나님은 당신의 새로운 공동체가 세속 공동체의 가치관에 도전하고, 실행 가능한 대안을 제공하길 원하신다. 이것이 쉬운 일은 아니다. 그래서 하나님의 화평하게 하는 사역에는 십자가의 피가 필요했다.

넷째, 화평하게 하는 그리스도인은 신뢰 구축에 이바지해야 한다. 인간이 위협을 느낄 때 취하는 공격적 자세에 대한 연구는 수없이 많다. 하지만 위협을 받을 때의 행동에 대한 연구는 부족하다. 얼마나 많은 소련의 침략 행동이 권력을 탐해서가 아니라 위협을 느껴서인지 자문해 본 적이 있는가? 그들의 공격적인 입장은 어느 정도 제국주의가 아니라 불안감을 상징하는가?

이 문제에 대해서는 의견이 첨예하게 대립한다. 어떤 사람들은 소련이 무력으로 세계 정복을 시도한다고 확신한다. 그들은 한국(1950), 헝가리(1956), 쿠바 미사일 위기(1962), 체코슬로바키아(1968)와 오늘날 아프가니스탄, 앙골라, 에티오피아를 예로 들고, 러시아의 제국주의 설계가 완전히 비양심적이라고 확신한다.

어떤 사람들은 세계 정복이 마르크스의 목표이기는 하지만, 소련은 사상 전쟁과 정치 침투를 시도한다고 믿는다. 소련의 주요 관심사는 광범위한 국경의 안전이다. 이들은 소련이 조마조마해 하는 타당한 이유가 있다고 덧붙인다. 20세기 들어 벌써 두 차례나 독일이 소련 영토를 침공했기 때문이다.

어느 쪽의 설명이 옳든지, 우리는 각 초강대국이 상대를 위협으로 인식하고, 그리스도인은 이 의심과 두려움의 대치를 줄일 수 있는 모든 수단을 지지해야 한다는 데 동의해야 한다.

헬싱키 최종 의정서Helsinki Final Act, 1975는 "신뢰 구축 조치"confidence building measures, CBMs를 언급하는데, 그 목적은 갑작스러운 공격에 대한 공포를 없애고 상호 신뢰를 발전시키는 것이었다. 여기서 언급한 신뢰 구축 조치는 비무장 완충 지대 건설, 군사 작전 사전 통고, 정보와 참관인 교환, 군축 협정을 집행하는 확인 조치 등이었다. 내가 보기에는, 그리스도인도 신뢰 구축 조치를 발전시킬 여지가 있는 듯하다. 나는 메노나이트 중앙위원회Mennonite Central Committee에서 미국과 폴란드와 동독 간 교환 학생 제도를 도입한 것을 알고 있다. 기독교 여행사라면 소련을 찾는 단체 여행을 더 많이 모집해야 하지 않겠는가? 러시아 인구의 15-20퍼센트가 여전히 신자라는 믿을 만한 보도가 있다. 하지만 미국과 러시아 그리스도인의 교류는 미미하다. 이 교제를 더 장려하면 영향력이 클 것이다.

다섯째, 화평하게 하는 그리스도인은 공개 토론을 더 많이 조성해야 한다. 영국에서는 1950년대와 1960년대에 핵무기 축소 운동이 머리기사를 장식하곤 했다. 1970년대에는 논란이 잠잠해지는가 싶지만, 1980년대에는 다시 살아나야 한다. 새로운 관점에서 질문을 던져야 한다. 핵무기는 더는 억제력이 없는가? 이제 핵무기는 안전보다 위험을 더 조장하지 않는가? 수많은 시민의 목숨을 희생할 국가 방위 무기를 구매하는 것을 과연 정당화할 수 있는가? 성경은 "무고한 피를 흘리는 것"을 강력하게 정죄하지 않는가? 결국, 국가의 안전보다 국가의 도덕성이 더 중요하지 않은가?

하지만 이와 동시에 그리스도인들은 현실적이어야 한다. 즉각적이고 전적이며 일방적인 핵무기 축소 요청은 내 생각에는 비현실적인 것 같다. 하지만 그리스도인이 할 수 있는 일은 교황 요한 바오로 2세가 지지를 호소한 "대담한 평화의 몸짓"의 모범으로써 일방적인 무장해제의 몸짓을 요청하는 것이다. 나는 우리가 정부를 압박하여 전략적 핵무기를 먼저 사용하는 일이 없도록 확실히 공약하게 만들어야 한다고 믿는다. 또한 최소한 일시적으로라도 새로운 핵무기 개발과 실험의 중단을 선언하도록 정부에 요청할 수 있다.

물론, 우리가 이 땅에 평화롭고 풍요로운 유토피아를 건설하지는 못할 것이다. 예수님은 "너희는 여기저기서 전쟁이 일어난 소식과 전쟁이 일어나리라는 소문을 들을 것이다"(마 24:6, 새번역)라고 말씀하셨다. 그가 다시 오실 때는 모든 칼을 쳐서 보습을 만들고 창을 쳐서 낫을 만들 것이다. 하지만 이 사실이 칼과 창을 만드는 핑계가 되어서는 안 된다. 그리스도가 기근을 예언하신 사실이 우리가 굶주린 사람들을 먹이고 양식의 공평한 분배를 추구하는 일을 막아서는 안 된다. 마찬가지로, 그가 전쟁을 예언하신 사실이 우리가 평화를 추구하는 일을 막아서는 안 될 것이다. 하나님이 친히 화평하게 하시는 자다. 하나님의 온전한 자녀가 되기 원한다면, 우리도 화평하게 하는 자가 되어야 한다.

John R. W. Stott, "Cornerstone: Calling for Peacemakers in a Nuclear Age, Part II,"
Christianity Today 24, no. 5 (March 7, 1980): 44 - 45.

46장

국가 간 경제적 평등: 그리스도인의 관심사인가?

—

우리는 국제 경제의 복잡한 실태를 핑계로 아무것도 하지 않으려는 유혹을 받는다.

1980년대에 유엔의 3차 개발계획 10년^{Third Development Decade}이 시작되었지만, 전망이 그리 밝지는 않다. 1, 2차 개발 시기에 제3세계 국가들의 경제 성장과 공중 보건, 기대 수명, 문맹률에서 일부 발전이 있었지만, 부유한 국가와 가난한 국가의 1인당 평균 수입 격차는 아직도 상당히 크다.

1979년에 세계은행이 펴낸 세계 빈곤 보고서에 따르면, "여전히 약 8억 명이 수입이 너무 적어서 적절한 영양 상태를 보장할 수 없고, 필수 공공 서비스도 받기 어려운 절대 빈곤 상태에 있다." 지난 2월에 발표한 브란트 위원회 국제 개발 문제 보고서^{Brandt Commission Report on International Development Issues}는 매년 5세 이하 아동 1,700만 명이 사망하고, 34개국의 문맹률이 80퍼센트가 넘는다고 덧붙인다. 전 서독 총리 빌리 브란트Willy Brandt는 이런 현실이 "20세기 후반 인류의 가장 큰 도전"이라고 말한다.

그리하여 "신 국제 경제 질서"New International Economic Order에 대한 요청이 등장했고, 1973년 알제리 수도 알제에서 열린 비동맹국 회의에서 처음 공식화되었다. 이는 개발도상국의 이익을 위해 세계 경제의 철저한 재건을 요구하고, '정치적' 독립과 함께 '경제적' 독립도 얻겠다는 개발도상국들의 결의를 표현한다. 유엔 총회에서는 1974년에 이를 지지하여 "국가의 경제적 권리 및 의무 헌장"Charter of Economic Rights and Duties of States을 발표했다. NIEO는 더 많은 직접 원조 및 신용 편의 제공, 다국적 기업에 대한 규제, 무역 장벽 제거, 국제 통화 기금 International Monetary Fund, IMF 같은 국제 의사결정 구조의 적절한 대표성을 요청한다. 이런 제안들을 실행하기 위한 진전은 거의 이루어지지 못했다. 1976년 나이로비와 1979년 마닐라에서 각각 열린 유엔 무역·개발 회의United Nations Conference on Trade and Development는 대체로 실망스럽고, 일부에서는 실패라고 평가할 정도다.

그리스도인은 제3세계의 경제 정의 요청에 어떻게 반응해야 하는가? 우리가 이 부분에서 "기독교적으로" 사고하고 느낄 수 있게 도와줄 주요 성경 원리가 두 가지 있다.

첫째는 **연합의 원리**다. 1965년에 애들레이 스티븐슨Adlai Stevenson은 지구를 "공기와 토양의 취약한 공급에 의존하여" 우리가 함께 여행하는 작은 우주선에 비유했다. 바버라 워드는 『지구 우주선』Spaceship Earth, 1966에서 이 주제를 상세히 설명하고, 『하나뿐인 지구』Only One Earth, 1972에서 한층 더 발전시켰다. 워드는 "행성 공동체 의식"이 부족한 것을 한탄하고, 인류의 생존이 "아름답고 연약한 하나뿐인 지구에 대한 절대적 충성"을 성취하는 데 달려 있다고 덧붙였다.

이것은 확실한 성경적 관점이다. "땅과 거기에 충만한 것과 세계와 그 가운데에 사는 자들은 다 여호와의 것이로다"(시 24:1). 하나님은 한 백성(인류)을 창조하시고, 우리를 한 거주지(지구)에 두셨다. 그리고 "생육하고 번성하여 땅에 충만하라. 땅을 정복하라"고 명령하셨다(창 1:28). 온 백성이 공동선을 위해 전 지구를 개발해야 했다. 모두가 하나님이 주신 자원을 공유해야 했다. 하지만 지표면을 나눠서 자기 몫의 화석연료와 광물자원을 지키는 데 여념이 없는 경쟁심 많은 국가가 등장하여 하나님의 이 목적은 좌절되었다. 가난한 사람들이 다른 나라에 있고 우리와 상관이 없다고 해서 그들에 대한 책임을 피할 수는 없다. 선한 사마리아인 비유에서 핵심은 진정한 이웃은 인종과 국가의 경계를 무시한다는 것이다. 그리스도인은 이기적인 민족주의를 회개하고 세계적인 관점을 발전시킴으로써 그 길을 개척해야 한다. 바버라 워드가 『작은 지구를 위한 진일보』*Progress for a Small Planet*, 1979에서 썼듯이, "20세기의 중요한 새로운 통찰"은 모든 인류의 "피할 수 없는 물리적 상호의존"이기 때문이다. 우리는 한 지구에 거주하는 한 백성이다. 우리가 바로 우리 형제를 지키는 자다.

두 번째 성경적 진리는 바울이 고린도후서 8:8-15에서 이야기한 **평등의 원리**다. 바울은 부요하지만 가난해지셔서 그 가난으로 우리를 부요하게 하시려는 그리스도의 낮아지심(9절), 곧 성육신 신학에 근거하여 가난한 유대 교회들에 대한 도움을 요청한다. 이것은 평등을 염두에 둔 포기였다. 고린도 교인들도 그렇게 해야 했다. "너희의 넉넉한 것으로 그들의 부족한 것을 보충함은······균등하게 하려 함이라"(14절).

하지만 중요한 조건이 있다. 성경이 명령하는 평등은 절대적 평등주의는 아니다. 모든 사람이 똑같은 월급을 받고, 똑같은 가구를 갖춘 똑같은 집에 살고, 똑같은 옷을 입어서 획일화되는 상황을 가리키지는 않는다. 평등은 정체성이 아니다. 우리는 이를 창조 교리에서 알 수 있다. 하나님이 우리를 똑같이 존엄한 존재(모든 사람이 하나님의 생명을 공유하고 하나님의 형상을 닮는다)로 만드시되 (지적 · 신체적 · 심리적) 능력은 차등적으로 주셨기 때문이다. 새 창조는 "그리스도 예수 안에서 하나"인 우리에게 섬김을 위한 다양한 영적 은사나 능력을 주셔서 오히려 이 차이가 커졌다.

그렇다면 어떻게 이 성경적 연합과 다양성, 평등과 불평등을 하나로 아우를 수 있을까? 아마 이런 식이지 않을까? 사람마다 능력은 달라도 모든 사람은 동등한 가치를 지녔기에 각자가 하나님의 영광과 다른 사람들의 유익을 위해 자신의 특정한 잠재력을 개발할 동등한 기회를 보장해 주어야 한다. 불평등한 특권은 없애고 평등한 기회를 주어야 한다. 지금은 하나님의 형상대로 창조된 수많은 사람이 문맹이나 기아, 가난, 질병 때문에 잠재력을 개발하지 못하고 있는 형편이다. 따라서 모든 사람에게 교육(보편 교육은 사회적 정의를 이루기 위한 주된 수단이다), 교역(세계 시장에 접근할 동등한 기회), 힘의 분배(국제 경제 관계를 결정하는 영향력 있는 세계 기구에 대한 대표성)에서 기회의 평등을 찾는 것은 근본적으로 기독교적인 추구다.

모든 사람은 세계 경제의 복잡한 상황을 아무것도 하지 않는 핑계로 삼고 싶은 유혹을 받는다. 하지만 이것이 비유에 나오는 부자의 죄였다. 부자가 나사로의 물건을 빼앗거나 착취하여 그의 가난에 책임이 있다는 암시는 없다. 부자에게 죄가 있는 이유는 자기 집 대문의 거지를 무시하고 그의 궁핍함을 해결하기 위해 아무 노력도 하지 않았기 때문이다. 그는 나사로를 온전한 인간에 미치지 못하는 존재로 만들어 버린 막대한 경제적 불평등 상황에 그저 휩쓸려 갔다. 나사로의 상처를 핥던 떠돌이 개가 오히려 부자보다 더 긍휼을 보여주었다. 부자는 그 무관심 때문에 지옥에 갔다.

다음 글에서는 상대적으로 풍족한 곳에 사는 우리가 궁핍한 세계 인구 8억을 돕기 위해 할 수 있고 또 해야 할 일을 몇 가지 제안하려 한다.

John R. W. Stott, "Cornerstone: Economic Equality among Nations: A Christian Concern?," *Christianity Today* 24, no. 9 (May 2, 1980): 36-37.

47장

경제적 불평등에 대한 정당한 요구

—

우리가 현 상황에 타협한다면 비난을 받아도 마땅하다.

지난 글에서 나는 평등이 똑같다는 뜻이 아니라고 주장했다. 창조는 인간 가치의 평등과 인간 능력의 불평등을 의미하기에 우리는 (교육, 의료, 주거, 영양, 교역을 통해) 모든 인간이 하나님이 주신 온전한 잠재력을 발전시킬 평등한 기회를 추구해야 한다. 이것이 사랑과 정의가 요청해야 할 최소한의 내용이다.

이런 책임을 받아들이는 것은 죄를 인정 하는 것과는 다르다. 내가 보기에는, 세계 경제 불평등이라는 현 상황을 두고 서로를 비난하는 것은 가능하지도 않고, 유익도 없는 듯하다. 경제 불평등은 확실히 하나님의 잘못이 아니다. 하나님은 모든 사람에게 충분한 자원을 공급하셨기 때문이다. 그렇다고 가난한 사람들의 잘못도 아니다. 그들은 거의 예외 없이 가난을 타고났기 때문이다. 우리의 식민 조상이 경제적 불평등을 만드는 데 일조했고, 그 문제를 좀 더 적극적으로 다루지 않은 우리 정부에서 불평등을 영속화한 것이 사실이지만, 둘 다 반드시 우리 잘못이라고는 할 수 없다. 하지만 우리가 아무것도 하지 않은 채 현 상황에 타협할 때는 비난을 받아 마땅하다. 그렇다면 실제로 우리는 무슨 일을 할 수 있을까?

우선, 하나님은 자선 활동이나 제3세계 개발, 정치나 경제 분야에서 가난하고 힘없는 사람들을 섬기는 일에 헌신하라고 더 많은 그리스도인을 부르고 계신다. 나는 나라마다 자격을 갖춘 그리스도인 경제학자들이 모여 새로운 국제 경제 정책을 계획하고 정치적 해결책을 위해 애쓰는 팀이 결성되는 모습을 보고 싶다. 하지만 이 일은 소수의 소명과 관련이 있다. 나머지 우리는 어떤 일을 할 수 있을까?

가장 먼저, **우리의 가슴**에 대한 도전이 있다. 예수님은 많은 사람이 지도자 없이 굶주린 것을 보시고 긍휼히 여기사 그들을 먹이고 가르치셨다. 불쌍히 여기는 마음이 예수님의 행동을 끌어냈는데, 우리에게도 이 긍휼이 가장 필요하다. 우리도 예수님이 느끼신 것을 느껴야 한다. 이 땅의 굶주린 자들의 아픔, 힘없는 자들의 소외감, 비참한 자들의 수모를 느껴야 한다. 궁극적으로는, 북반구와 남반구의 용납할 수 없는 불평등이 정치나 경제 문제가 아니라 윤리 문제라고 할 수 있기 때문이다. 세계에 만연한 사회적 불평등에 모욕을 느끼고 인류의 고통에 불쌍히 여기는 마음이 생길 때까지는 행동을 취할 마음이 생기지 않을 것이다.

그다음은, **우리의 머리**에 대한 도전이 있다. 우리는 사실을 제대로 파악해야 한다. 나사로가 부자의 집 앞에 누워 있었듯이, 오늘날 우리 집 문 앞에 제3세계가 있다. 부자는 나사로의 존재를 몰랐을 수도 있지만, 몰랐다는 이유로 무죄가 성립하지는 않는다. 우리도 마찬가지다. 많은 사람들이 설탕을 넣은 차와 커피를 마시고, 바나나를 먹고, 옷감으로 만든 옷을 입는다. 그런데 그 생산자들의 급여와 생활환경, 우리에게 오기까지 거친 무역 협정에 무관심하다면, 이런 것들을 책임 있게 누릴 수 없다. 그래서 이러한 사실을 알 수 있도록 조처해야 한다. 우리가 날마다 읽는 신문은 제3세계를 적절히 다루고 있는가? 제3세계의 필요를 다룬 잡지를 구독하고 있는가? 우리나라에는 (영국처럼) 대중에게 실제적인 정보를 주기 위해 존재하는 "직업 개발 운동"Work Development Movement이 있어서 거기에 가입할 수 있는가? 좀 더 개인적으로는, 직접 보고 듣고 배우기 위해서 제3세계 국민과 친구가 되거나 제3세계 지역으로 여행할 수 있는가? 개발도상국에서 단기 봉사 활동을 할 수 있는가? 우리 교회에는 "세계 선교 그룹"에 더하여, 관련 정보를 연구하고 교인들에게도 전달하기 위한 "세계 개발 그룹"이 있는가?

우리의 입에도 도전이 필요하다. 친척과 친구, 동료의 관심을 불러일으키기 위해 우리가 습득한 정보를 전달할 의무가 있다. (사람은 누구나 잘 모르면서도 아는 체하는 성향이 있기에) 우리가 가진 사실들을 확신할 수 있을 때만 어떤 형태로든 정치적 시위에 참여할 준비를 갖출 수 있다. 대부분의 공동체에는 압력 단체가 있어서, 개발 문제와 관련하여 여론에 영향을 미치고 대중의 관심을 불러일으키려 힘쓴다. 그들은 그리스도인들이 그들의 사고와 행동에 기여한 부분에서 유익을 얻을 수 있다. 때로 인도주의자들이 그리스도인들보다 궁핍한 이들에게 더 큰 긍휼을 보여주는 것은 이례적이다. 대부분의 국회의원이 대중에게 시간을 내주는 때가 있는데(영국 국회의원들은 의료계 용어를 빌려 "진료 시간"이라고 부른다), 그리스도인들은 그런 기회를 잘 활용하여 무역 관세 및 할당 제도에 대해 질문하고, 공적 개발 원조Official Development Assistance, ODA를 늘리도록 정부를 압박하고, 탄자니아 대통령 줄리어스 니에레레Julius Nyerere의 표현을 빌리자면 많은 개발도상국이 "싸게 팔고 비싸게 사라"는 강요를 받는 이유를 따져야 한다.

마지막으로, **우리의 주머니**에도 도전이 필요하다. 정서적 각성, 자기교육, 정치 시위, 이 모두가 필요하다. 하지만 개인적인 헌신이 따르지 않는다면, 이 모든 것에 위선의 요소가 있다. 세상의 극빈자 8억 명과 비교한다면 『크리스채너티 투데이』를 구독하는 우리는 부자다. 그렇지 않다면, 이 매거진을 손에 들고 있지 못했을 것이다! 우리는 우리에게 주신 모든 좋은 것의 창조주요 아버지이신 하나님께 감사해야 한다. 자기부인이라는 목적만을 위한 부정적인 금욕주의는 성경적 창조 교리에는 반대되는데, "우리에게 모든 것을 후히 주사 누리게 하시는"(딤전 6:17) 하나님의 후하심을 간과하기 때문이다. 동시에, 우리는 부의 위험(교만, 물질주의, 거짓 안정감), 탐욕이라는 악, 특권의 불평등을 용납하는 불의에 대해 경고하는 수많은 성경 말씀을 기억해야 한다. 따라서 앞 장에서 자세히 설명한 연합과 평등의 원리를 되새겨볼 때 (나를 포함한) 우리 대부분은 세계 복음화는 물론이고 원조와 개발에 더 넉넉히 헌금하고 기부해야 한다. 그러려면 단순한 생활방식을 개발해야 한다. 로잔 언약(1974)에서 가장 많이 논의한 두 문장은 다음과 같다. "수많은 사람들이 겪는 빈곤에 우리 모두가 충격을 받으며, 이 빈곤의 원인인 불의에 대하여 분개한다. 우리 중에 풍요한 환경 속에 살고 있는 이들은 검소한 생활양식을 개발해서 구제와 전도에 보다 많이 공헌하는 것이 우리의 의무임을 확신한다."

나는 런던에서 열릴 예정인 단순한 삶에 대한 국제 협의회 International Consultation on Simple Lifestyle●를 며칠 앞두고 이 글을 쓰고 있다. 내가 그 결과를 예측할 만한 위치에 있지는 않지만, 그 결과가 탐욕을 버리고 만족을 추구하라는 성경의 요청을 일깨워 주리라고 확신한다. 세상의 가난한 사람들과 연대의식을 품고, 우리가 감당할 수 있는 것보다 낮은 생활수준을 의도적으로 개발하도록 요청할 것이라고 기대한다. 이렇게 호화로운 생활을 의도적으로 포기한다고 해서 세계 경제 문제가 해결되거나 극빈층이 넉넉해지지는 않겠지만, 그리스도인의 순종과 궁핍한 자들에 대한 사랑, 부요하지만 가난해지셔서 우리를 부요하게 만드신 우리 주 예수 그리스도의 은혜를 따르려는 결심을 나타내는 표지와 상징이 될 것이다.

John R. W. Stott, "Cornerstone: The Just Demands of Economic Inequality," *Christianity Today* 24, no. 10 (May 23, 1980): 30–31.

● 이 회의는 이 글이 게재되기 전인 1980년 3월에 열렸다. 스토트는 『제자도』*The Radical Disciples*, 2010의 한 장(5장, 단순한 삶)을 할애하며 이 회의를 소개한다.

48장

생명은 출생 전에 시작되는가?

—

인간성의 기준을 고정시켜 놓고, 거기에 미치지 못한 태아는
인간이 아니라고 결론 내릴 수 없다.

최근 미국과 영국에서 낙태법이 진보화된 것은 그리스도인에게 중요
한 윤리적 문제다. 데이비드 스틸의 1967년 낙태법 이후로, 잉글랜드
와 웨일스에서 불법 낙태가 줄어들지는 않았지만, 합법적인 낙태가
연평균 10건에서 10만 건으로 늘었다. 신생아가 5명 태어날 때마다 1
명이 낙태되고, 5분마다 태아가 낙태되고 있다.

　무엇이 문제인가? 낙태 지지자들은 어머니의 권리(특히 선택권)에
서부터 출발하여 낙태를 소급된 피임 정도로 본다. 낙태 반대자들은
태어나지 않은 아기의 권리(특히 생명권)에서부터 출발하여 낙태를
태아 살해와 같은 것으로 본다. 전자는 특히 긍휼에 호소하면서, 원치
않는 임신을 끝까지 유지해야 할 때 어머니와 그 가족이 받는 견디기
힘든 부담을 언급한다. 후자는 특히 정의에 호소하면서, 스스로 보호

할 수 없는 태아의 권리를 보호해야 할 필요를 강조한다. 하지만 긍휼과 정의를 서로 대척점에 놓아서는 안 된다. 긍휼에는 윤리적 지침이 필요하다. 정의라는 요소가 없다면 잘못된 길로 갈 수밖에 없다.

윤리적 질문은 인간 태아의 본질과 상태를 다룬다. "그것"이 젤리 덩어리나 작은 조직에 불과하다면, 양심의 가책 없이 얼마든지 제거할 수 있다. 하지만 "그것"이 사실은 "그/그녀" 곧 태어나지 않은 아기다. 이렇게 주장하는 증거는 무엇인가?

(항상 그래야 하듯이) 성경에서부터 출발한다. 시편 139편 기자는 자기 존재가 출생하기 이전 단계를 되돌아본다. 그가 강조하는 것을 세 단어로 요약할 수 있는데, 첫째는 **창조**다. 그는 하나님을 "내 장기를 창조하시고 내 모태에서 나를 짜 맞추신"(13절) 토기장이와 베 짜는 사람에 비유한다. 성경이 발생학 교과서는 아니지만, 태아의 성장이 우연이나 자동이 아니라 하나님의 창조적인 솜씨임을 분명히 확인해 준다.

두 번째 단어는 **연속성**이다. 시편 기자는 자기 인생을 과거(1절), 현재(2-6절), 미래(7-12절), 출생 전(13-16절)의 4단계로 정리하면서, 모든 과정에서 자신을 "나"라고 말한다. 온전히 성장한 사람으로 글을 쓰고 있는 그는 모태에 있었을 때도 똑같은 인격 정체성을 지닌다. 그는 출생 전과 출생 후 존재의 직접적인 연속성을 확인해 준다.

세 번째 단어는 **교제** 또는 관계다. 시편 139편은 구약에서 하나님과 인간의 인격적인 관계를 말해 주는 가장 급진적인 진술이다. 인칭대명사와 소유격이 1인칭으로(나, 나를, 나의) 46회, 2인칭으로(너, 너의) 32회 나타난다.* 더 나아가, 하나님이 우리를 친밀하게 아시고(1-7절) 우리를 가까이하사 우리가 하나님에게서 벗어날 수 없는 (7-12절) 근거는 하나님이 모태에서 우리를 지으시고 그때부터 우리와 관계를 맺으셨기 때문이다(13-16절).

이 세 단어가 우리가 생각해야 할 성경적 관점을 제공해 준다. 태아는 모체에 있는 (편도선이나 맹장처럼 쉽게 제거할 수 있는) 종양도 아니고, 잠재적인 인간도 아니다. 아직 성숙하지 못했을 뿐이지 온전한 인간성으로 성장할 잠재력이 있는 인간 생명이다. 우리는 (자의식이나 이성, 독립성, 언어, 도덕적 선택, 반응하는 사랑 같은) 인간됨의 기준을 정하여 거기에 미치지 못하는 태아는 인간이 아니라고 결론 내릴 수 없다. 신생아와 치매에 걸린 노인도 그런 기준에 못 미치기는 마찬가지다. 어느 지점에 선을 긋고, 여기서부터는 아이가 인간이고 그 이전에는 인간이 아니라고 말할 수도 없다. 수정 이후에 "인간이 되는 결정적 순간" 같은 것은 없다. 그것이 착상이든 "생기"^{animation}든(일부 초기 교부들은 아리스토텔레스를 기초로 태아가 남아의 경우에 약 1개월, 여아의 경우에 약 2개월에 이성적인 영혼을 받는다고 가정했다), "태동"(어머니가 태아의 움직임을 처음 느끼는 때를 가리키는 순전히 주관적인 개념), 생존 능력(점점 더 빨라지고 있다)이나 출생(아이가 처음으로 독립적인 호흡을 할 때)이든 말이다. 이 모든 단계는 개별 인간 생명이 발달하여 성숙한 인격이 되어 가는 지속적인 과정이다. 수정 이후로 태아는 계속해서 "아직 태어나지 않은 아이"다.

성경의 나머지 부분도 이 관점을 뒷받침한다. 출산을 기다리는 어머니는 "아이를 둔 여성"이다. (예수님을 잉태한) 임신한 마리아가 (세

• 개역개정 성경은 "주께서" "주의"로 번역한다.

례 요한을 잉태한) 임신한 엘리사벳을 찾아 문안하자 "아이가 복중에서 뛰놀았다"(눅 1:41, 44). 사도신경도 똑같은 진리를 고백한다. "성령으로 잉태되어 동정녀 마리아에게서 나시고, 본디오 빌라도에게 고난을 받은" 분이 잉태부터 죽음까지 동일한 한분 "예수 그리스도, 하나님의 독생자, 우리 주"이시기 때문이다.

현대 의학은 태아의 인간성에 대한 성경의 평가를 확인해 준다. 1960년대에 유전 암호의 비밀이 풀렸다. 이제 우리는 난자와 정자가 만나 수정된 순간부터 수정란이 부모에게서 독특한 유전자형을 물려받는다는 사실을 안다. 염색체 23쌍이 완성된다. 아이의 성별, 키, 체형, 피부색, 머리카락, 눈, 지능, 성격이 이미 결정된다. 3주에서 3주반 정도에 자그마한 심장이 뛰기 시작한다. 4주가 되면, 배아의 키는 6밀리미터밖에 되지 않지만, 머리와 몸을 구분할 수 있고, 눈과 귀와 입도 구분할 수 있다. 6-7주에는 뇌 기능을 확인할 수 있고, 8주에는 손가락과 발가락을 포함하여 팔다리가 발달하기 시작하며, 9-10주가 된 태아는 손을 움켜쥐고, 입으로 엄지를 빨 수 있다. 13주면—대개 낙태가 시작되는 시기다—임신 기간의 1/3밖에 되지 않았는데도 배아는 조직이 완성되어 신생아 축소판이 태중에 있게 된다. 태아는 자세를 바꿀 수 있고, 통증과 소리와 빛에 반응하며, 딸꾹질도 한다. 지문도 이미 발달한다. 이때부터는 크기와 힘만 커지는 셈이다.

태아의 생명이 성인으로 성장할 수 있는 잠재력을 갖춘 인간의 생명이라면, 어머니와 태어나지 않은 아이를 다른 성숙 단계에 있는 두 인간으로 생각해야 한다. 의사는 한 환자가 아니라 두 환자를 본다고 생각하고, 둘의 건강을 다 고려해야 한다. 변호사와 정치인도 유엔 아동 권리 선언United Nations Declaration of the Rights of the Child, 1959에 따라서 그렇게 생각해야 한다. 아동은 "**출생 전후의** 적절한 법적 보호를 포함하여 특별한 관리와 보호를 받아야 한다." 그리스도인은 출생 이전의 안전과 돌봄을 "더 많이" 요구해야 하는데, 이 단계에서 아동은 자신을 보호할 힘이 없고 성경의 하나님은 힘없는 자를 보호하시기 때문이다.

따라서 "우리는 태아의 신성불가침을 규범으로 주장해야 한다"(마이클 램지Michael Ramsey 대주교, 1967). 대부분의 개신교 신학자는 긴급한 필요가 있는 극단적인 경우, 곧 임신을 지속할 경우 산모가 죽거나 자살하거나 "신체적으로나 정신적으로 완전히 망가져서"(1938년 맥노튼McNaughten 판결) 산모의 생명을 심대하게 단축할 위험이 있을 때는 산모를 구하기 위해 태아를 희생하는 것을 도덕적으로 정당화될 수 있다고 말한다. 하지만 그런 경우에도, 일정 형태의 죽음이 이미 존재하고, "의사가 해당 사례에 죽음을 불러와서는 안 된다"(올리버 오도노반Oliver O'Donovan, 『그리스도인과 태아』The Christian and the Unborn Child, 1973). 기독교적 양심은 태아의 출생이 어머니나 그 가족에게 "부담"이 되기 때문에 아이를 파괴할 수도 있다는 개념에 반대한다. 이 주장은 신생아나 교통사고로 혼수상태인 환자, 지적장애가 있는 아기를 파괴하는 것도 똑같이 정당화할 수 있다. 하지만 프랜시스 쉐퍼Francis Schaeffer 박사와 에버레트 쿠프Everett Koop 박사가 『인간, 그 존엄한 생명』Whatever Happened to the Human Race?에서 강하게 주장한 것처럼, 그런 가혹한 "자비로운 살해"는 문명사회에서는 절대로 받아들일 수 없다.

우리 그리스도인이 엄격한 낙태 정책을 주장한다면, 원치 않는 임신을 줄이고 그 사회적 영향에 대한 온전한 책임을 수용하며 어머니가 개인적·사회적·의료적·재정적 지원을 받을 수 있는 교육 프로그램으로 지원해야 한다. "버스라이트"Birthright 설립자 루이즈 서머힐Louise Summerhill이 한 말이 옳았다. "우리는 낙태하지 말고 도와야 합니다. 아기들을 죽이지 않고, 그 아기들이 태어날 더 좋은 세상을 만들어야 합니다."

John R. W. Stott, "Cornerstone: Does Life Begin before Birth?,"
Christianity Today 24, no. 15 (September 5, 1980): 50–51.

49장

누가 가난한 사람인가?

우리는 객관적인 통계의 측면에서 이 질문에 이성적으로 답할 수 있다. 지구에는 43억 인구가 사는데, 그중에 1/5이 극빈층이다. 날마다 1만 명이 기아에 희생되어 죽는다. 그러는 사이에 또 다른 1/5이 넘는 사람들은 풍족하게 살면서 세계 수입의 4/5를 소비하고, 제3세계 개발에는 연간 450억 달러라는 미미한 돈을 제공하면서 그 21배나 되는 돈을 군비에 투자한다.

또는 같은 질문에 가난을 보고 듣고 냄새 맡을 때 일어나는 피 끓는 분노를 느끼며 감정적으로 접근할 수도 있다. 두어 주 전에 캘커타에 도착한 나는 소똥 연료로 불을 피워 악취를 풍기는 자욱한 연기에 뒤덮인 도시를 발견했다. 뼈만 남은 아기를 끌어안은 수척한 여인이 앙상한 손을 내밀어 돈을 구걸했다. 25만 명이 이 도시의 길바닥에서 자고, 사람이 쓰레기 처리장을 헤집는 개 취급을 당한다.

가난의 문제에 접근하는 세 번째 방법, 곧 우리의 이성과 감정을 동시에 자극해야 하는 방법은 성경을 통해서다. 시편 113:5-8을 생각해 보자. "여호와 우리 하나님과 같은 이가 누구리요? 높은 곳에 앉으셨으나 스스로 낮추사 천지를 살피시고 가난한 자를 먼지 더미에서 일으키시며 궁핍한 자를 거름 더미에서 들어 세워 지도자들……과 함께 세우시며."

시편 기자는 여호와의 독특한 특징은 그가 높은 곳에 앉으시거나 스스로 낮추신다는 것만이 아니라, "가난한 자를 먼지 더미에서 일으키신다"는 것이라고 고백한다. 하나님은 그런 분이시다. 한나는 사무엘이 태어나고 나서 이 말씀을 인용했고, 마리아도 메시아의 어머니가 된다는 사실을 알고 나서 이 말씀을 암시한다. 예수님은 "무릇 자기를 높이는 자는 낮아지고 자기를 낮추는 자는 높아지리라"라고 반복해서 말씀하셨다.

그렇다면 하나님이 "먼지 더미에서 일으키시는""가난한 자"는 누구인가?

첫째, 경제적으로 말하자면, 이들은 인생의 기본 필수품을 박탈당한 **궁핍한 가난한 사람들**이다. 하나님은 율법을 통해 자기 백성에게, 가난한 사람들에게 마음을 강퍅하게 하거나 손을 거두지 말고 스스로 부양할 수 없는 사람들을 집에 데려다가 먹여서 부양하라고 명령하셨다. 이스라엘 백성이 돈을 빌려줄 때는 이자를 받으면 안 되었다. 담보를 취할 때는 가난한 사람의 집에 들어가서 직접 가져와서는 안 되고, 그 사람이 가지고 나올 때까지 집 밖에서 기다려야 한다. 외투를 담보로 잡았을 때는 해가 지기 전에는 돌려주어야 하는데, 낮 동안에는 외투이지만 밤에는 이불이기 때문이다. 고용인은 같은 날에 근로자들에게 임금을 지급해야 했다. 농부들은 농작물을 "경계 끝까지" 수확하거나, 이삭을 주워 모으거나, 포도나무나 올리브나무 열매를 다 거두어서는 안 되었다. 남은 작물은 가난한 사람들과 외지인, 과부, 고아들의 몫이었다.

지혜서는 이 점을 강조한다. "가난한 자를 보살피는 자에게 복이 있음이여." 왜 그런가? "가난한 사람을 조롱하는 자는 그를 지으신 주를 멸시하는 자"이지만, "가난한 사람을 불쌍히 여기는 것은 여호와께 꾸어 드리는 것"이기 때문이다. 우리 주님이 굶주린 사람들을 먹이시고, 가난한 사람들과 친구가 되시고, 우리도 그렇게 하면 (마더 테레사의 표현을 빌리자면) "비참한 모습으로 변장한" 분을 섬기는 것이라고 약속하신 것은 당연하다.

둘째, 사회정치적으로 말하자면, 이들은 압제의 피해자인 **힘없는 가난한 사람들**이다. 구약은 때로는 게으름이나 탐욕, 낭비 때문에 가난해질 수 있다고 인정하지만, 대개는 그 원인을 다른 사람들의 죄로 돌린다. 게다가, 가난한 사람들은 그런 상황을 바꿀 힘이 없기에 불의는 악화하는 경향이 있다. 하지만 가난한 이들에게 인간 도우미가 없다면, 하나님이 "궁핍한 자의 오른쪽에 서사" "궁핍한 자에게 정의를 베푸실" 것이다. 그래서 율법은 가난한 사람들에게 정의를 왜곡하는 것을 강력하게 금하고, 지혜서는 왕과 재판관들에게 "가난한 자와 고아를 위하여 판단하며 곤란한 자와 빈궁한 자에게 공의를 베풀지며"라고 요구하고, 선지자들은 "힘없는 자의 머리를 티끌 먼지 속에 발로 밟는" 국가 지도자들을 맹렬히 비난했다. 따라서 성경 저자들은 단순한 자선 활동을 넘어서서 사회 정의에 관심을 둔다.

셋째, 영적으로 말하자면, 이들은 **겸손한 가난한 사람들**이다. 사람들에게 억압당한 이들은 하나님께 도움을 청하고, 하나님을 신뢰한다. 그래서 "가난한 사람들"은 "경건한 사람들"과 동의어가 되었고, 이들의 조건은 믿음을 의지하는 상징과 자극이 되었다. 이 점은 시편에서 특히 분명한데, 다음 구절을 예로 들 수 있다. "이 곤고한 자가 부르짖으매 여호와께서 들으시고 그의 모든 환난에서 구원하셨도다"(시 34:6).

이렇게 하나님은 가난한 사람들을 빈곤과 억압, 무력함에서 일으키시고 "먼지 더미에서 일으키신다." 하나님은 **물질적으로** 가난하고 힘없는 사람들과 **윤리적으로** 겸손하고 온유한 사람들 모두에게 관심이 있으시지만, 이들 집단에 대한 태도는 다르다. 전자는 하나님이 반대하시는 외적이고 사회적인 상태이고, 후자는 하나님이 승인하시는 내적이고 영적인 상태이기 때문이다.

❖

이런 개념들이 결합된 유일한 공동체가 하나님 나라를 증언하는 교회다. 구약은 "공의로 가난한 자를 심판하며" "정직으로 세상의 겸손한 자를 판단하며" "온유하고 겸손한" 자에게 이런 축복을 줄 이상적인 왕을 기대했다. 예수님께 성취된 내용이 이에 부합하는데, 예수님은 그 나라가 의롭다고 말씀하신 동시에, 복음이 선포되고 하나님 나라가 "가난한 자들"에게 주어진다고 말씀하셨기 때문이다. 그들은 사회적으로 가난한 이들(그러면 구원이 프롤레타리아에 국한될 것이다)이나 영적으로 가난한 이들(그러면 가난하고 굶주린 사람들에 대한 예수님의 사역을 간과하게 될 것이다)이 아니라, 둘 다인 사람들이었다. 그들에게 구원의 선물과 정의의 약속인 하나님 나라를 선포하신다.

기독교 교회는 이 진리의 본을 보여야 한다. 한편으로, 교회에는 하나님 나라를 주장할 가치가 없기에 그것을 선물로 받은 영적으로 가난한 사람들이 모두 모여 있다. 다른 한편으로, 교회는 교인들 가운데 물질적 가난을 용인해서는 안 된다. 세상에서 가난한 사람들을 위한 정의가 보장되고 모자람이 없는 공동체가 있다면, 그곳은 바로 교회여야 한다.

교회가 하나님 나라의 이상을 둘 다 본으로 보여준다면, 가난의 역설을 입증하게 될 것이다. 우리가 주변 세상에 철저한 대안을 제공하는 새로운 예수 공동체를 원한다면, (불의를 미워하기에) 물질적 가난이라는 악을 뿌리 뽑는 동시에, (겸손을 사랑하기에) 영적 가난이라는 선을 키우는 일에 헌신해야 한다.

부유한 그리스도인이 가난한 사람들과의 연대를 어떻게 표현해야 하는지 묻는다면, "가난해지는" 첫 번째 선택은 일부의 소명이지 모두의 소명은 아니라는 것이다. 초기 예루살렘 그리스도인들이 재산을 팔고 기부한 것은 확실히 자발적인 행동이었다. "부자로 살면서 가난한 사람들을 무시하는" 반대의 극단은 생각해 볼 만한 대안이 아니다.

부자들은 이 세상의 가난한 사람들을 무시해서는 안 되고, 그들을 위해 무슨 일이든 해야 한다. 부유한 그리스도인이라는 용어는 모순이 아니지만, 자신과 자기 가족에게만 돈을 쓰면서 풍요롭게 사는 그리스도인은 모순이다. 우리 모두가 부르심을 받은 세 번째 대안은 넉넉하게 베풀고 자족하며 사는 것이다. "우리가 세상에 아무것도 가지고 온 것이 없으매 또한 아무것도 가지고 가지 못하리니 우리가 먹을 것과 입을 것이 있은즉 족한 줄로 알 것이니라"(딤전 6:7-8).

John R. W. Stott, "Cornerstone: Who, Then, Are the Poor?,"
Christianity Today 25, no. 9 (May 8, 1981): 54 - 55.

맺는 글

예수님의 주되심이 미치는 영향

곧 떠날 안식년을 위해 4년간 기고한 '코너스톤' 연재를 마치면서, 『크리스채너티 투데이』에 매달 실은 글들을 관통하는 어떤 특정한 주제가 있는지 스스로 물어본다. 내 연구와 출장에서 떠오른 생각을 그때그때 썼기 때문에 의도적으로 한 가지 주제를 발전시키지는 못했다. 하지만 모든 글의 배후에는 **예수 그리스도가 주**시라는 근본 진리가 놓여 있다고 생각한다. 예수님의 주되심이 미치는 여러 영향들 가운데서 세 가지를 중점적으로 다루었다.

첫째는 신학적 영향으로, 예수님의 신성을 다룬다. 『성육신하신 하나님 신화』(1977) 출판 이후로, 기독론 논쟁에 대해, 그리고 교회에서 노골적인 유니테리언주의 이단•에 대응하거나 손쓰거나 통제하

• 삼위일체 교리, 곧 그리스도의 신성을 거부한다.

지 않고 내버려 두는 심각성에 대해 세 편의 글을 썼다. 여기서 핵심 문제는 의미론("신화" "성육신" "본성" "위격" 같은 단어의 의미)이나 교리 표현(칼케돈의 정의가 오늘날에도 적절한지)이 아니라, 구원(예수님이 하나님인 동시에 인간이 아니라면, 어떻게 하나님과 인류를 중재하실 수 있는지)과 제자도(예수님이 하나님이 아니라면, 우리는 예수님을 예배하거나 믿거나 순종할 수 없다)다.

하지만 오늘날 많은 지식을 드러내며 논쟁이 오가는 부분에 대하여 신약은 의심의 여지를 남기지 않는다. 초기 그리스도인들은 '큐리오스'kyrios가 "여호와"라는 거룩한 하나님의 이름을 칠십인역에서 번역한 것인 줄 알면서도 예수님을 "주"라고 불렀을 뿐 아니라, 구약에서 여호와와 관련된 다양한 본문과 개념을 예수님께 적용했다. 따라서 그들은 예수님을 예배했다.

실제로, "그리스도 예배"Christolatry가 "기독론"보다 앞섰다고 말할 수 있을 것이다. 게다가, 신약 서신서들은 예수님께 주어진 신성한 영예가 (예를 들면) 칭의 교리처럼 교회에서 논란거리가 되었다고 암시하지 않는다. 이를 설명할 방법은 하나뿐이다. 이미 1세기 중반에, 예수님의 신성은 보편 교회가 믿는 신앙의 일부였다는 것이다. 오늘날에 와서 이를 타협할 수도 없고 타협해서도 안 된다.

"예수는 주"시라는 고백에는 신학적 함의뿐 아니라 윤리적 함의도 있다. 예수님의 주되심에 대응하는 것이 우리의 제자도인데, 진정한 제자도는 우리의 모든 생각과 삶을 그의 권위에 복종시키는 것이다. 복음주의자들은 이론상으로는 늘 그렇게 주장했지만, 그리스도의 다스림을 개인 윤리에만 제한하는 경향이 있었다.

모퉁잇돌 그리스도

❖

하지만 최근에 우리는 사회 윤리의 큰 도전들을 더 진지하게 받아들이기 시작했다. 우리는 이 분야에 후발 주자여서 따라잡아야 할 것이 많다. 그래서 나는 안락사와 낙태, 노동과 실업, 노사 관계와 인종 관계, 핵무기 공포와 새로운 국제 경제 질서에 대한 글을 썼고, 나를 폄하하는 사람들에게서 "스토트가 사회적 행동을 좇느라 복음전도를 포기했다"라는 비판을 받았다. 이것은 사실이 아니다. 나는 더욱 통합된 그리스도인이 되려고 애쓰고 있고, 그 통합의 원리는 예수님의 주되심이다.

"그리스도의 마음을 가지고" "마음의 영을 새롭게" 하여(고전 2:16; 엡 4:23) 이른바 세속의 문제들에 대해서도 기독교적으로 사고한다는 것은 무슨 뜻일까? 어떻게 하면 우리도 교사요 주님이신 "(그의) 멍에를 메고 (그에게) 배우고" "모든 생각을 사로잡아 그리스도에게 복종"(마 11:29; 고후 10:5)할 수 있는가? 때로는 우리 생각이 주 예수님께 굴복할 최후의 요새인지 의문스럽다. 물론, 현대의 해석학적 논의에서 주요한 질문들은 대답할 수 있다. 하지만 그 어떤 해석학적 방법이나 결론도 예수를 주로 인정함으로써 그리스도를 존중하지 않는다면 기독교적일 수 없다고 말할 수 있다.

더 나아가, 세계 선교나 세계 복음화는 예수 그리스도의 주되심이라는 강조점 아래서 가장 잘 이해할 수 있다. 나는 이에 대해서 여러 차례 글을 썼다. 가서 모든 족속으로 제자를 삼으라는 지상명령은 부활하신 주님이 받았다고 주장하신 온 우주에 대한 권위의 직접적인 결과다(마 28:18-19). 레슬리 뉴비긴 주교가 『종결자 그리스도』에서 적절하게 표현했듯이, "신약에서 열방과 모든 창조세계에 대한 그리스도의 주되심의 보편성은 열방을 그대로 내버려 두는 근거가 아니다. 오히려 그 반대로, 만인과 열방에 회개를 선포하는 교회의 선교의 근거다."

바울은 "우리는……그리스도 예수의 주 되신 것……을 전파함이라"(고후 4:5)고 쓴다. 우리가 그의 본을 따르려면, 신약이 예수님의 우월성에 대해 증언하는 내용을 어떤 식으로든 반대하는 잘못된 입장을 모두 거부해야 한다. 예를 들어, 모든 종교를 각각의 모습대로 지키고자 하는 다원주의와 종교를 섞고자 하는 혼합주의는 둘 다 예수님의 독특성과 최종성을 부정한다. 보편주의는 좀 더 미묘한 복음전도의 적이다. 보편주의는 만인이 결국에는 그것을 인정하리라고 선언하면서 그리스도의 주되심을 찬양한다고 주장한다. 하지만 이것은 원칙적으로는 복음 선포를 불필요하게 만들고, 복음전도가 사람들에게 선택지를 제시하여 어떤 사람들은 "예수는 주"시라고 고백하고, 또 어떤 사람들은 "예수는 저주 받을 자"라고 말하게 한다는 것을 인정하지 못한다(고전 12:3; 롬 10:9-10).

하지만 자유주의자뿐 아니라 복음주의자가 복음전도에 방해가 되기도 하는데, 이는 우리가 회개해야 할 부분이다. 편협한 교구주의에서 드러나는 영적 무기력은 우리가 전 세계에 대한 관심을 발전시키

　　　　　　　　　　모퉁잇돌 그리스도

는 것을 가로막는다. 다른 문화를 존중하지 못하고 우리 문화를 강요하여 그들이 우리 메시지를 거부하게 만드는 교만한 제국주의도 있다.

또 다른 심각한 방해물은 복음주의의 고질적인 분열이다. 우리는 서로 협력하기보다 경쟁하는 사이여서, 그리스도를 선택하기 원하지만 그리스도의 제자들 사이에서 선택지를 제시받은 사람들에게 혼란을 준다.

마지막으로, 행동을 희생하면서 말로 하는 선포를 지나치게 강조하는 성향이 있다. 이는 "이것도 행하고 저것도 버리지 말아야" 하는 또 다른 경우다. 예수님은 우리 빛을 사람 앞에 비치게 하여 그들이 우리의 착한 행실을 보고 하늘에 계신 아버지께 영광을 돌리게 하라고 분명히 말씀하셨다(마 5:16). 따라서 말씀과 행위, 듣기와 보기, 진리와 사랑은 서로 불가분의 관계다.

높임을 받으신 주 예수님과 그의 영광을 위한 열정, 심지어 "질투"를 보는 것만큼 복음전도에 더 효과적인 동기는 없다. 하나님은 예수님을 크게 높이시고 뛰어난 이름을 주사 모든 무릎을 그에게 꿇게 하시고 모든 입으로 그를 주라 시인하게 하셨다. 그렇다면 우리도 온 세상이 그 아들을 인정하게 하시려는 아버지의 열심을 공유해야 한다. 첫 기독교 선교사들은 "그의 이름을 위하여" 전하러 나갔다(롬 1:5; 요삼 1:7). 그 이름을 높이려는 동일한 관심사가 오늘날 우리의 동기가 되어야 한다.

예수는 주시다!

John R. W. Stott, "Cornerstone: Jesus Is Lord! Has Wide Ramifications,"
Christianity Today 25, no. 11 (June 12, 1981): 55.

부록

인터뷰
에필로그

인터뷰

복음전도 플러스 | 존 스토트, 복음주의의 어제와 오늘, 그리고 내일을 말하다

인터뷰 팀 스태포드

2004년에 「뉴욕타임스」 칼럼니스트 데이비드 브룩스는 복음주의자들이 교황을 선출했다면, 그들은 존 스토트를 선택했을 것이라고 썼다. 스토트(85세)는 영국 복음주의 갱신의 중심부에 항상 있었다. 그의 책과 성경적 설교들은 전 세계로 퍼져 나갔다. 그는 다수의 중요한 세계 협의회와 대화에 참여했다. 복음주의자의 정체성을 확립한 두 선언, 로잔 언약(1974)과 마닐라 선언(1989)을 초안한 위원회의 위원장으로 참여한 것은 극히 일부일 뿐이다. 35년 이상을 그는 매년 3개월을 세계를 여행하는 데 쏟았다. 특히 그는 그 여행에서 다수 세계에 있는 교회들에 특별한 공을 들였다. 복음주의의 과거와 현재와 미래를 논하는 데 그는 이상적인 적격자이다. 『크리스채너티 투데이』의 선임 기자인 팀 스태포드가 런던에 있는 그의 집에서 인터뷰했다.

복음주의란 무엇입니까? 그리고 왜 복음주의가 중요합니까?

복음주의자란 평범한 보통 그리스도인입니다. 우리 복음주의자는 역

사적이며, 정통적이며, 성경적인 기독교 주류 입장에 서 있습니다. 그래서 우리는 틀리지 않을까 조마조마하지 않으면서도 사도신경과 니케아 신경을 암송할 수 있습니다. 우리는 성부 하나님과 예수 그리스도와 성령님을 믿습니다.

우리 복음주의자에게는 특별히 강조하는 두 가지가 있습니다. 하나는 권위에 대한 관심이며 다른 하나는 구원입니다.

복음주의자에게 권위는 궁극적으로 예수님을 통해 말씀하신 하나님입니다. 그리고 그 점은 구속 또는 구원에 대해서도 동일하게 해당됩니다. 하나님은 죄인들의 구원을 위해 예수 그리스도 안에서 그리고 예수 그리스도를 통해 행하셨습니다.

복음주의자는 하나님이 그리스도 안에서 그리고 그리스도에 대한 성경의 증언 가운데서 말씀하신 것과 그리스도 안에서 그리고 그를 통해 하신 일, 둘 다, 헬라어를 사용하자면, '하파스'^{hapax}—유일회적이라는 의미—라는 점을 반드시 덧붙여야 한다고 생각합니다.

그리스도 안에서 이루어진 하나님의 말씀에는 최종성^{finality}이 있습니다. 그리고 그리스도 안에서 행하신 하나님의 일에도 최종성이 있습니다. 우리가 하나님의 말씀에 한 마디라도 덧붙일 수 있다거나, 또는 하나님의 사역에 한 가지 일이라도 덧붙일 수 있다고 생각하는 것은 우리 주 예수 그리스도의 유일무이한 영광에 대한 끔찍한 모독입니다.

성경을 언급하지 않으셨는데요. 놀라는 사람도 있을 것 같습니다.

사실 언급했는데 그 점을 알아채지 못했군요. 그리스도와 그에 대한 성경의 증언에 대해 말씀드렸었지요. 그렇지만 더욱 분명하게 강조하

모퉁잇돌 그리스도

고자 하는 것은 그리스도입니다. 나는 확신의 대상이 책에서 사람으로 옮겨지기를 원합니다. 성경이 당신에 대해 증언한다고 예수님이 말씀하셨듯이, 성경의 주된 역할은 그리스도를 증언하는 것입니다.

말씀하신 뜻은 복음주의자가 부정적인 생각을 가진 사람이 되어서는 안 된다는 것이며, 우리의 진짜 초점은 그리스도의 영광이 되어야 한다는 뜻이겠군요.

그 점을 확신합니다. 우리는 그리스도께서 그 권위를 승인하셨기 때문에 성경의 권위를 믿습니다. 그리스도는 두 언약 사이에 서 계십니다. 우리가 구약을 볼 때, 그리스도께서 구약을 승인하셨기 때문에 구약을 보는 것입니다.

우리가 신약을 볼 때, 우리는 그리스도에 대한 사도들의 증언이기 때문에 신약을 받아들입니다. 그리스도는 신중하게 사도들을 선발하고 임명하고 준비시키셨습니다. 그들이 자기에 대해 독특한 사도적 증언을 할 수 있도록 하기 위해서 말입니다.

내가 볼 때 그리스도는 구약을 승인하시면서 신약을 준비하고 있는 그 중간에 계셨습니다. 나는 그리스도를 그렇게 봅니다. 비록 신약 정경의 문제가 복잡하긴 하지만, 대체적으로 정경성은 곧 사도성이라고 말할 수 있습니다.

목사님의 사역 기간에 복음주의자들의 입장은 어떻게 바뀌었습니까?

안수를 받은 지 60년이 더 지났습니다. 그리고 영국성공회에서 안수를 받았을 때, 이 교회 안에 있는 복음주의자들은 경멸당하고 배척당하는 소수파였지요. 주교들은 틈만 나면 우리를 조롱하려 들었지요.

그 60여 년 동안 나는 영국에서 복음주의 운동이 규모와 성숙도와 학문성이 성장하는 것을 목격했습니다. 그러므로 영향력과 파급력도 성장했다고 생각합니다. 우리는 게토에서 나와 우월한 자리로 올라갔습니다. 그 자리는 매우 위험한 자리지요.

그 위험들에 대해서 말씀해 주실 수 있습니까?

교만은 우리 모두가 직면하고 있는 항존하는 위험입니다. 많은 면에서 우리는 경멸당하고 배척당하는 편이 낫습니다. "모든 사람이 너를 칭찬하면 네게 화가 있으리라"는 예수님의 말씀을 생각합니다.

'하팍스'로 돌아가 봅시다. 이것은 우리로 하여금 겸비하게 하는 개념입니다. 복음주의의 본질은 겸비함입니다. 아시다시피 윌리엄 템플이 이렇게 말했지요. "내가 구속에 유일하게 기여하고 있는 것은 내가 구속받아야 하는 죄밖에 없다"고 말입니다.

한편으로 우리는 전 세계에서 교회가 엄청나게 성장하는 것을 보고 있습니다. 주로 복음주의 노선을 따라서 말입니다. 그 의의가 무엇이라고 보십니까?

그 엄청난 성장은 창세기 12:1-4에 있는, 아브라함에게 하신 하나님의 약속의 성취입니다. 하나님은 아브라함과 그의 가족과 그의 후손을 축복하실 뿐 아니라, 그의 후손을 통해서 땅 위의 모든 가족들을 축복하실 것이라고 약속하셨습니다. 다인종 교회를 바라볼 때마다, 우리는 하나님의 그 놀라운 약속의 성취를 보고 있는 것입니다. 4,000년 전에 하나님이 아브라함에게 하신 약속이 오늘 바로 우리 눈앞에서 성취되고 있습니다.

모퉁잇돌 그리스도

목사님은, 서구인이라면 누구나 알고 있듯이, 이 성장하는 교회에 대해 알고 계실 것입니다. 목사님의 평가가 궁금합니다.

내 대답은 "깊이 없는 성장"입니다. 우리 중 아무도 교회의 비상한 성장에 대해 논박하기를 원치 않습니다. 그러나 그 성장은 주로 수적, 통계상의 성장입니다. 그 수적 성장에 비교할 만한 제자도에 있어서 충분한 성장은 없었습니다.

어떻게 하면 그 자체의 문제점들을 안고 있는 서구 교회가 비서구 교회와 결실 있는 상호작용을 할 수 있겠습니까? 현재 많은 교회들이 전 세계에 선교 팀들을 파송하고 있습니다만.

분명히 나는 단기 선교 여행에 긍정적이고 싶습니다. 그리고 대체로 그 여행은 좋은 것입니다. 그 여행은 서구인들에게 남반구의 기독교를 맛보고 도전을 받을, 특히 그 왕성한 생명력에 도전을 받을 아주 좋은 기회를 제공해 주고 있습니다. 그러나 그런 선교 여행을 하는 지도자들이 참가자들에게 이 여행은 단지 타문화권 선교에 대한 매우 제한적인 경험일 뿐이라는 점을 주지시키는 것이 현명하리라 생각합니다.

예수님의 모범에 기초를 두고 있는 진정한 선교는 다른 세계, 다른 문화를 가진 세계 속으로 들어가는 일을 포함합니다. 성육신적인 타문화권 선교는 큰 대가를 치러야 하며, 또 치를 수 있습니다. 하나님이 당신을 타문화권 선교사로 부르신다면, 그들이 당신을 그 나라 사람으로 받아들일 정도로 그 나라 언어를 배우고 문화를 배우는 데 10년은 걸릴 것이라는 점을 제발 주지하라고 말하고 싶군요.

그렇다면, 사실상 단기 선교팀이 장기 선교사를 대신할 수는 없겠군요.

현지인 출신의 그리스도인들을 제외하고는 없다고 생각합니다.

세속화되고 있거나 이미 세속화된 서구 문화권을 두고 가장 큰 선교지라고 부르는 사람들도 있습니다. 이러한 서구 사회에 대해서 어떻게 생각하십니까? 점점 더 이교 사회가 되고 있는 우리 사회에 다가가기 위해서 우리는 무엇을 해야 할까요?

나는 우리 사회가 보기보다는 그다지 세속적이지 않다는 점에 대해 서로 얘기할 필요가 있다고 생각합니다. 내 생각에는 세속적인 사람이라고 불리는 이들 역시 적어도 세 가지를 추구하고 있습니다. 첫째는 초월성입니다. 이른바 세속 문화 가운데서도 매우 많은 사람들이 세상 너머에 있는 무언가를 찾고 있다는 점은 흥미롭습니다. 나는 그것이 우리 기독교 예배의 질에 대한 큰 도전이라고 봅니다. 기독교 예배가 그들이 본능적으로 찾고 있는 것 곧 초월성, 하나님의 실재를 제공하고 있는지 자문해 보아야 합니다.

두 번째는 유의미성significance입니다. 거의 모든 사람이 자신의 개인적인 정체성을 추구하고 있습니다. 나는 누구인가? 나는 어디에서 왔는가? 어디로 가고 있는가? 그게 다 무엇인가? 그것은 우리 기독교의 가르침의 질에 대한 도전입니다. 우리는 사람들에게 그들이 누구인지를 가르칠 필요가 있습니다. 그들은 자신들이 누구인지를 모르고 있습니다. 우리는 압니다. 그들은 하나님의 형상대로 지음을 받은 사람입니다. 비록 그 형상이 일그러져 있기는 하지만 말입니다.

세 번째는 공동체에 대한 추구입니다. 도처에서 사람들은 공동체

모퉁잇돌 그리스도

를, 사랑의 관계를 찾고 있습니다. 이것이 우리의 친교에 대한 도전입니다. 나는 요한일서 4:12을 매우 좋아합니다. "어느 때나 하나님을 본 사람이 없으되, 만일 우리가 서로 사랑하면 하나님이 우리 안에 거하시고 그의 사랑이 우리 안에 온전히 이루어지느니라." 하나님이 보이지 않는다는 사실이 사람들에게 큰 장애입니다. 문제는 하나님이 어떻게 자신이 보이지 않는 이 사실을 해결하셨는가 하는 것입니다. 첫째, 그리스도께서 보이지 않는 하나님을 볼 수 있게 하셨습니다. 그것이 요한복음 1:18입니다. "본래 하나님을 본 사람이 없으되, 아버지 품속에 있는 독생하신 하나님이 나타내셨느니라."

사람들은 이 사실이 아주 놀랍다고 말하지만, 이것은 2,000년 전 일입니다. 그래서 요한일서 4:12은 아무도 하나님을 본 사람이 없다는 똑같은 말로 시작합니다. 그러나 여기에서 요한은 계속해서 이렇게 말합니다. "만일 우리가 서로 사랑하면 하나님이 우리 안에 거하신다." 과거에 예수 안에서 단 한 번 자신을 볼 수 있게 하셨던 바로 그 보이지 않는 하나님이 이제 그리스도인 공동체 가운데서 자신을 볼 수 있게 하십니다. 우리가 서로 사랑한다면 말입니다. 만일 복음 선포가 사랑의 공동체에 의해서 이루어지지 않는다면, 말로 하는 모든 선포는 거의 아무런 가치가 없습니다.

우리 인간에 대한 이 세 가지 특징은 우리가 전도를 할 때에 우리 편이 되어 줍니다. 사람들이 바로 우리가 그들에게 제공해야 할 것들을 찾고 있기 때문입니다.

그래서 서구 사회에 대해서 실망하지 않으시는군요.

실망하지 않습니다. 나는 복음전도가 특히 개인을 통해서라기보다는 지역 교회를 통해서, 공동체를 통해서 이루어진다고 믿습니다. 그 교회는 대안 사회, 하나님 나라에 대한 눈으로 볼 수 있는 표징입니다. 비극은 우리 지역 교회들이 종종 공동체를 확연하게 드러내지 못하는 데 있는 것 같습니다.

설교에 대해 말씀하고 싶으신지요?

설교에 대해 말할 때는 결코 지치는 법이 없습니다. 나는 설교의 중요성에 대해서는 실례가 될 정도로 강하게 믿고 있습니다. 물론 성경적인 설교를 말입니다.

많은 곳에서 성경적 설교가 시련을 겪고 있습니다. 교인들의 시선을 붙잡아 놓으려고 필사적으로 노력하면서도 실제로는 성경 본문을 가지고 설교할 자신이 없는 목회자에게 무슨 말씀을 해주시겠습니까?

세계적으로 똑같은 문제입니다. 교회들은 하나님의 말씀에 의해서 살고, 자라나며, 번성합니다. 그래서 하나님의 말씀이 없이는 힘을 잃어버리며 망하기까지 합니다.

　그래서 랭햄 파트너십 인터내셔널Langham Partnership International●은 세 가지 기본적인 신념을 갖고 있습니다. 첫째는, 하나님은 당신의 교회가 성장하기를 원하신다는 것입니다. 이 확신을 가장 잘 표현하고 있는 구절 가운데 하나가 골로새서 1:28-29입니다. 여기서 바울은 우

●　스토트가 다수 세계의 신학 교육과 설교 사역을 위해 설립한 단체

　　　　　　　　　　　　　　모퉁잇돌 그리스도

리가 모든 사람을 그리스도 안에서 성숙하게 만들기 위해 온갖 지혜 가운데서 모든 사람을 경계하고 가르치면서 그리스도를 선포한다고 말합니다. 성숙하라는, 어린 아기 상태에서 나와 성장하라는 명백한 요청입니다.

둘째, 교회는 하나님의 말씀에 의해 자라납니다. 교회가 자라나는 다른 길도 있다는 점을 인정할 수 있지만, 신약 성경을 전체로 보면, 하나님의 백성을 성숙하게 하는 것은 바로 하나님의 말씀입니다.

그 점은 세 번째 확신으로 이끌어 줍니다. 그 확신은 하나님의 말씀은 비록 독점적으로는 아니지만 주로 설교를 통해서 하나님의 백성에게 임한다는 것입니다. 나는 종종 주일 아침에 전 세계에서 각자의 예배 장소에 모여 있는 하나님의 백성에 대한 놀라운 광경을 마음속에 그려 봅니다. 하나님의 백성이 중세 성당으로도 가고, 가정 교회로도 가고, 야외로도 가서 모입니다. 그들은 예배 중간에 설교가 있을 것임을 압니다. 그리고 그 설교는 성경적인 설교여야 합니다. 그래야 하나님의 말씀을 통해서 그들이 성장할 수 있기 때문입니다.

내 손에, 그리고 내 마음에 성경을 들고 설교단에 올라갈 때, 강해할 하나님의 말씀을 가졌다는 영광만으로도 내 피는 요동치기 시작하고 내 눈은 번뜩입니다. 우리는 하나님의 진리를 사람들에게 나누는 영광, 그 특권을 강조할 필요가 있습니다.

우리 복음주의자들은 어디를 향해 가야 할까요? 벌써 50년이라는 여정을 지나 왔는데요.
먼저 드리고 싶은 대답은 복음전도를 뛰어넘어야 한다는 것입니다.

복음전도는 복음주의자의 전공 분야라고 전제되어 왔습니다. 현재 저는 세계 복음화에 전적으로 헌신하고 있습니다. 그러나 우리는 복음전도를 뛰어넘어 개인들과 사회 가운데서 복음의 변화시키는 능력을 바라보아야 합니다.

개인들과 관련하여 제가 지금 보고 있는 것은 여러 형태의 복음주의 신앙의 표현들 가운데 우리의 선배들, 예를 들자면, 케직 사경회 운동을 세웠던 사람들의 특징을 이루었던 거룩에 대한 추구, 때때로 그들이 성경적인 거룩 또는 실천적 거룩이라고 불렀던 것이 결여되어 있다는 점입니다. 어찌된 것인지, 거룩한 척한다는 느낌이 들어가게 되었습니다. 그래서 지금은 사람들이 거룩하다는 말로 다른 사람들의 입에 오르내리는 것을 좋아하지 않습니다. 그러나 신약의 거룩은 그리스도를 닮는 것Christlikeness입니다. 저는 전체 복음주의 운동이 의식적으로 갈라디아서 5:22-23에 묘사되어 있는 것과 같이, 그리스도를 닮는 데 자라가기를 원하는 욕구를 앞세울 수 있기를 바랍니다.

사회 변혁과 관련해서는, 소금과 빛의 은유에 대해서 많이 묵상해 왔습니다. 그것은 예수님 자신이 마태복음 5장의 산상수훈에서 선택했던 모델들입니다. "너희는 세상의 소금이다. 너희는 세상의 빛이다." 제가 보기엔 그 모델들은 최소한 세 가지 측면에서 분명하게 다뤄져야 할 것 같습니다. 첫째, 그리스도인은 그리스도인이 아닌 사람들과는 철저하게 다르다는 것입니다. 지금 그렇지 않다면, 반드시 그렇게 되어야 합니다. 예수님은 두 개의 공동체를 서로 대조하십니다. 한편에는 세상이 있고, 다른 한편에는 우리가 있습니다. 우리는 어두운 세상의 빛입니다. 예수님은 빛이 어둠과 다르고 소금이 부패와 다

모퉁잇돌 그리스도

르듯, 우리가 다르다는 점을 의미하셨습니다.

둘째, 그리스도인은 비기독교 사회에 스며들어야 합니다. 소금이 소금 통에 들어 있으면 아무런 소용이 없습니다. 빛이 침대 밑이나 통 속에 감추어져 있으면 아무 소용이 없습니다. 빛은 어둠 속으로 스며들어야 합니다. 그래서 두 은유 모두 우리에게 단지 다르기만 할 뿐 아니라 세상 속으로 스며들 것을 촉구합니다.

셋째, 좀 더 논쟁적인 뜻이 들어있는데요. 소금과 빛의 은유는 그리스도인이 비기독교 사회를 변화시킬 수 있다는 의미가 있습니다. 이 모델들이 이러한 의미를 담고 있는 것은, 소금과 빛이 쓰임새가 매우 높기 때문입니다.

소금과 빛은 그것이 놓여 있는 환경을 바꿉니다. 소금은 박테리아에 의한 부패를 막아 주고, 빛은 어둠을 몰아냅니다. 이 말은 사회 복음social gospel을 부활시키자는 것이 아닙니다. 우리는 사회를 완전하게 만들 수 없습니다. 그러나 개선시킬 수는 있습니다.

제 바람은 장차 복음주의 지도자들이 그 사회적 의제들 가운데 기후 변화를 중단시키고 빈곤을 퇴치하며, 대량 파괴를 가져오는 무기를 폐기하고 만연한 에이즈에 적절하게 대처하며, 모든 문화권 가운데서 여성과 아동의 인권을 옹호하는 일과 같은 아주 중요하며 논쟁적인 주제들을 포함하는 것입니다. 우리의 의제가 언제까지나 지나치게 좁은 채로 있지 않기를 바랍니다.

Tim Stafford, "Evangelism Plus: John Stott Reflects on Where We've Been and Where We're Going," *Christianity Today* 50, no. 10 (October 2006): 94–99.
『크리스채너티 투데이 한국판』 2008년 11월호에서 재인용.

에필로그

"아주 평범한 그리스도인"

한 세대의 신앙을 형성하고 20세기 복음주의를 건축하다. | 팀 스태포드

존 스토트는 2006년 10월 『크리스채너티 투데이』와의 인터뷰에서 "복음주의자는 아주 평범한 그리스도인이다"라고 말한 바 있다. 1938년 럭비 스쿨에서 회심한 이후로 2011년 7월 27일 생을 마감하기까지, 스토트는 기독교가 얼마나 특별하게 평범할 수 있는지를 몸소 보여주었다. 그는 독창적인 사상가로 알려지지도 않았고, 그렇게 되려고 애쓰지도 않았다. 그는 늘 성경을 삶의 지침으로 삼았고, 성경을 꿰뚫어 보고 설명하는 재능이 남달랐다. CT 편집인을 역임한 케네스 캔저Kenneth Kantzer는 1981년 CT에 이렇게 썼다. "존 스토트가 본문을 해석하는 내용을 듣고 있노라면, 나도 모르게 이렇게 감탄할 수밖에 없다. '그래, 바로 저게 본문이 뜻하는 바야. 그런데 왜 난 미처 깨닫지 못했을까?'"

회심하고 곧이어 기독교 사역으로 부르심을 받기 전까지, 존 스토트는 외교관을 지망했던 것 같다. 여러 언어에 능통했던 그는 신학 공부에서 두각을 나타내기 전, 케임브리지에서도 프랑스어에 탁월한

모퉁잇돌 그리스도

재능을 보였다. 그가 외교관의 자질이 뛰어나다는 것을 의심하는 사람은 아무도 없었다. 그는 기독교 사역에서도 최고의 외교 수완을 유감없이 발휘해서, 다른 사람들을 신실하고 훌륭하게 대변했다.

젊은 시절

노련한 외교관이라면 다 그렇듯, 스토트는 자신이 어떤 사람이고 어디에서 왔는지 정확히 파악했다. 관계가 끈끈하고 교양 있는 의사 가정 출신이었던 그는 자신이 태어난 런던 일대에서 평생을 보내다시피 했다. 어린 시절부터 그는 올 소울즈 교회All Souls Church에 출석했는데, 가끔 2층에 앉아서 아래층에 앉아 있는 아주머니들의 모자 위로 종잇조각을 떨어뜨리는 장난을 치곤했다. 1945년 성공회 사제 서품을 받은 스토트는 올 소울즈 교회의 부제가 되었고, 1950년에는 전쟁의 포화 속에 교구 사제로 임명되었다. 그는 이후 나머지 일생을 그곳에서 보내며 사역했다.

스토트는 전형적인 영국인이었다. 예리하고 냉정하며 시간관념이 철저했고, 균형 잡히고 질서정연한 생활을 했다. 친구를 사귀는 데는 일가견이 있었지만, 신변잡기를 늘어놓거나 속내를 드러내는 법이 없었다. (그는 세태를 풍자하는 유머 감각이 뛰어났고, 아마추어 음악가로서도 녹록치 않은 실력을 갖추었다.) 평생 독신으로 산 그는 엄청난 업무 능력을 보여주었다. 웨일스에서 집필에 몰두할 때면 몇 주 동안이나 홀로 지내면서 탁월한 글을 생산해 냈다.

한편 그는 자연을 즐겼다. 평생 취미로 삼았던 새 관찰이 그 점을 잘 보여준다. 스토트의 전기 작가인 티모시 더들리 스미스Timothy Dudley-Smith●는 그의 새 관찰이 집착에 가깝다고 이야기한 바 있다. 스토트는 생애 후반부에 세계 곳곳을 누볐는데, 대다수는 제3세계였다 (존 스토트는 '다수 세계'라고 불렀다). 여행 기간에는 늘 새 관찰이 빠지지 않았다. 그는 수행원 없이 여행할 때가 많았다. 하루는 교회에서 설교하고, 다음 날에는 나무 밑에서 설교하는 식이었다. 권력 있는 사람이나 힘없는 사람 가리지 않고 만나 그들의 집에 머물렀다. 런던에서 목회했던 그는 다양한 사람들과 스스럼없이 어울렸다. 사람들에게 반대나 비판을 받을 때는 의견 교환의 기회로 삼으려 했다. 그는 논쟁을 즐기지 않고, 오히려 대화를 이끌어 내려 애썼다.

그는 사역 초기부터 복음주의의 특징인 복음전도에 열심이었다. 그를 그리스도께로 인도한 내쉬E. J. H. Nash 또는 "배쉬"는 잘 알려진 대로 영국의 최고 공립학교 학생들을 대상으로 성서유니온에서 사역하고 있었다. 스토트는 어렸을 때부터 교회에 출석하고 날마다 성경을 읽으며 자랐지만, 개인 구원에 대한 확신은 없었다. 배쉬는 그런 그에게 예수님이 우리 마음 문을 두드리시는 요한계시록 3장을 설명해 주었다. 이 이야기가 스토트의 마음을 사로잡았고, 머지않아 그는 그리스도인이 되었다. 배쉬는 곧 스토트에게 그가 발견한 그리스도를 다른 소년들에게 전하는 일을 맡겼다. 대학에 진학해서는 복음전도에 집중한 성서유니온 여름 캠프를 운영했다.

지금은 설교자와 교사로 더 잘 알려졌지만, 사역 초기만 해도 그는 복음전도자로 명성을 날렸다. 올 소울즈 교회에서 사역하면서 교

● 65쪽 두 번째 '주' 참고

모퉁잇돌 그리스도

인들이 친구와 이웃을 예수님께 인도할 수 있도록 가르치고 훈련했을 뿐 아니라, 몸소 수많은 사람을 예수님께 인도했다. 도심에 위치한 올 소울즈 교회에는 부유층과 극빈층이 뒤섞여 있었지만, 스토트는 어느 쪽도 소홀히 하지 않기로 했다. 지역 교회야말로 복음전도의 중심이 되어야 한다는 확고한 믿음 때문이었다. 그는 초기인 1952년에 『평신도의 교구 복음전도』Parochial Evangelism by the Laity라는 소책자를 출판하기도 했다.

제임스 패커는 스토트를 "젊은 시절……총명하고 열심 있던 학생 전도자"로 기억한다. 스토트는 영국의 대학들, 특히 케임브리지와 옥스퍼드 대학교에서 열린 기독학생회InterVarsity Christian Fellowship 복음전도 집회에 여러 차례 강사로 나섰다. 나중에는 북미와 여러 영연방 국가에서도 이런 집회를 인도했다. 이 학생 집회에서 전한 내용을 바탕으로 그의 베스트셀러 『기독교의 기본 진리』Basic Christianity, 1958가 탄생했다. 이 책은 25개 언어로 번역되어 100만 부가 넘게 팔렸다.

빌리 그레이엄은 1946년 처음으로 영국을 방문했는데, 스토트는 하이드파크 자유 발언대에서 설교하던 중 그를 만났다. 1954년 빌리 그레이엄이 다시 한 번 영국을 방문하여 12주 동안 헤링게이Harringay 전도집회를 인도하면서, 두 사람 사이에 우정이 싹트기 시작했다. 복음전도에 대한 공통의 열정으로 두 사람의 관계는 더욱 돈독해졌다.

복음주의의 부활

그러나 스토트의 가장 중요한 본분은 교회 사역이었다. 영국 교계, 특히 영국성공회 내에서 복음주의를 부활시키는 데 주도적 역할을 했다.

스토트가 사제 서품을 받을 당시만 해도 보수적 복음주의자들은 무시당하는 소수여서, 이 교회의 주교 중에 복음주의자는 단 한 사람도 없었다. 스토트는 사회사업가로서의 능력을 유감없이 발휘하여, 젊은 복음주의 성직자들을 격려하기 위한 단체를 세우고, 내실 있는 복음주의 집회들을 진두지휘했다.

무엇보다도 그는 신뢰감과 지적 능력을 겸비한 인물로서 본이 되는 역할을 톡톡히 했다. 구약 성경학자로, 나중에 존 스토트가 랭햄 파트너십 인터내셔널LPI의 대표로 선임한 크리스토퍼 라이트Christopher J. H Wright는 이렇게 말한다. "나는 학생 시절부터 그의 책을 읽었습니다. 그 책들을 보면서 우리가 믿을 만한 이유가 충분하다는 것을 확실히 느끼게 되었지요."

스토트는 지성을 하나님이 주신 선물로 믿었다. 단편적인 인용과 감정적인 이야기에 의존하려는 유혹이 심한 복음주의권에서, 스토트는 성경의 깊은 광맥을 파고들어 말씀의 능력을 드러내 보여주었다. 존 스토트의 설교를 처음 들은 사람들은 그토록 명확하고 깊이 있게 성경을 설명해 주는 설교는 처음이라고 고백하곤 했다. 하나님의 말씀을 익히고 그 말씀에 따라 살아가는 것이야말로 그의 가장 큰 열정이었다. 스토트의 설교와 저술은 성경의 영감에 대한 믿음을 새롭게 해주었다. 그는 말씀을 연구하고 그 말씀대로 살아 내려는 열정이 대단했다.

그는 복음전도를 통해 "아주 평범한 기독교"가 모든 계층의 사람들에게 호소력이 있다는 점을 보여주었다. 복음전도자가 가장 소중히 여기는 것, 곧 예수 그리스도의 인격과 사역, 그리고 이를 증언하는 성경이 세상 사람들을 얻기 위한 가장 강력한 자원임을 보여준 것이다. 존 스토트의 리더십을 통해 영국의 복음주의는 후미에서 방어만 하던 소극성을 버리고 적극적이고 의미 있는 운동으로 탈바꿈했다.

로잔의 리더

스토트는 뼛속까지 복음주의자였지만, 개혁하는 복음주의자였다. 그는 복음주의가 단순한 경건으로 전락할 수 있고, 또 실제로 그렇게 전락하는 경우를 잘 알고 있었다. 그렇지만, 성경은 하나님의 백성이 사명에 헌신할 때 세상이 변한다고 말했던 것이다. 런던의 목회자 스토트는 복음주의가 당대의 사회 이슈에 개입했던 과거의 유산을 회복해야 한다고 굳게 믿었다.

언젠가 그는 이렇게 말했다. "1960년대 초반에 다수 세계를 방문하기 시작하면서, 남미와 아프리카, 아시아에서 이전에는 보지 못했던 가난을 목격했습니다. 과거의 낡은 관점을 그대로 유지하기 어렵다는 게 분명해졌습니다." 그 "낡은 관점"이란, 설교야말로 그리스도인의 최우선 과제이고, 긍휼 사역은 엄연히 부차적인 일이라는 생각이었다. 그는 성경을 연구하면서, 예수님이 종들에게 주신 지상명령에는 삶과 건강과 관련된 실제적인 문제도 포함된다고 확신하게 되었다.

스토트는 가장 중요한 저작들 가운데 하나인 『현대 사회 문제와 그리스도인의 책임』*Issues Facing Christians Today*, 1984에서 낙태, 노사 관계,

인권 같은 현대 사회 주요 쟁점들을 다루었다. 1982년에는 런던 현대 기독교 연구소London Institute for Contemporary Christianity의 설립을 지원했다. 이곳에서는 현대 사회의 다양한 이슈에 대한 강의와 강좌를 개설했다.

그가 사회 문제 분야에 가장 큰 영향력을 미치게 된 계기는 우연한 기회에 찾아왔다. 1974년 빌리 그레이엄 복음전도 협회가 스위스 로잔에서 세계 복음화 국제 대회International Congress on World Evangelization를 열었다. 참석자와 연사 수천 명 가운데 절반가량은 다수 세계 출신이었다. 참석자의 다양한 면면은 세계교회협의회WCC와 비슷했지만, 공동의 사명에 다 같이 열광하는 분위기는 전례가 없었다. 많은 참석자들이 처음으로 복음주의 교회의 국제적 차원들을 확인했다. 그 이후 약 30년 뒤에야 필립 젠킨스Philip Jenkins가 『차세대 기독교: 전 세계적인 기독교의 도래』The Next Christendom: The Coming of Global Christianity, 2002를 쓰게 된다. 하지만 존 스토트 미니스트리John Stott Ministries 전 대표 데이비드 존스David Jones●가 말한 것처럼, 로잔에 있는 "사람들의 얼굴과 마음속에는 이미 젠킨스의 책이 말하는 바가 담겨 있었다."

참석자들은 서구와 다수 세계의 극심한 견해차를 극복해야 했고, 복음전도와 사회 문제의 관계 또한 뜨거운 논란을 불러일으켰다. 그리스도인이라면 복음 선포에만 힘써야 한다고 주장하는 사람들이 있는가 하면, 특히 가난과 불의의 문제가 심각한 국가에서 온 이들에게는 그런 입장이 귀한 영혼들을 모르는 체하는 것이나 마찬가지였다.

개회 연설을 맡은 스토트는 "복음주의자들의 회개"를 촉구하며, 특유의 겸손한 태도로 연설을 시작했다. 그는 명쾌한 성경 해석을 곁

● 65쪽 두 번째 '주' 참고

모퉁잇돌 그리스도

들여 다음과 같은 잠재적 교착 상태를 언급했다.

> "네 이웃을 사랑하라"는 명령과 "가서 제자 삼으라"는 명령이 있습니다. 이 두 명령은 무슨 관계가 있습니까? 둘을 같은 명령으로 생각하는 사람은 다른 사람에게 복음을 전하면 그 사람을 사랑하는 책임을 다했다고 믿습니다. 그렇지 않습니다. 지상명령은 이웃 사랑이라는 큰 계명을 대체하지 않을뿐더러, 그에 대한 해명도 될 수 없습니다. 오히려 이웃 사랑과 이웃 섬김이라는 명령에 새롭고 긴급한 차원을 더합니다. 진정으로 이웃을 사랑하는 사람이라면 그들에게 예수님이라는 복음을 반드시 전할 것입니다. 하지만 진정으로 이웃을 사랑하는 사람이라면 거기서 멈추지 않을 것입니다.

스토트의 연설을 들은 참석자들은 자기 입장을 재고하고, 복음전도와 사회적 행동이 양립할 수 있다고 생각하게 되었다. 그는 로잔 언약 초안 위원회의 위원장으로 활약하면서도 동일한 전략을 택했다. 스토트는 외교적 역량을 십분 발휘하여, 자칫 짜증스러울 수 있는 회의석상에서 각국 대표단이 상대방의 의견을 경청하는 분위기를 조성했다. 그는 로잔 언약의 초안을 작성하고 수정하는 과정에서, 아무에게도 해를 끼치지 않으면서도 다양한 관점을 포함하는 단어를 찾기 위해 고심했다. 이렇게 탄생한 문서는 참석자 대부분이 적극 지지할 만한 공통의 사명을 잘 표현해 냈을 뿐 아니라, 후대의 복음주의 그룹들에도 기본적인 목적을 설정해 주었다. 로잔은 세계적 복음주의의 획을 긋는 사건이었다. 빌리 그레이엄이 의장으로서 대회 전체를 이

끄는 능력이 뛰어났다면, 존 스토트는 사람들을 하나로 묶는 능력이
뛰어났다.

살아 있는 유산

존 스토트는 무엇을 남기고 갔는가? 그의 유산은 그가 목회한 교
회에 살아 숨 쉬고 있다. 그는 런던 중심부에서 여러 세대에 걸쳐 활
발하고 뿌리 깊은 공동체를 일구었다. 오늘날까지도 올 소울즈 교회
에는 전 세계의 방문객이 찾는다. 그가 설립한 랭햄 파트너십은 다수
세계의 신학 교육과 가르침에 대한 전 세계 복음주의자들의 점증하
는 관심사를 반영한다.

분명하고 정확한 그의 저술은 사람들을 자극하고 균형 잡힌 관점
을 제공한다. 그가 쓴 강해서들은 학문적인 성과와 평신도를 위한 사
려 깊은 저술의 간극을 메워 준다. 많은 사람들이 『그리스도의 십자
가』*The Cross of Christ*, 1986를 그의 대표작으로 꼽지만, 그의 모든 저작은
복음주의 기독교를 요약한 것이다. 복음주의 기독교는 성경을 최고
우선순위에 두면서도, 십자가 중심의 사명감이 가득하다.

자질과 지성, 저술, 근면함, 탁월한 설교에도 불구하고, 스토트가
남긴 가장 큰 유산은 그가 우정을 나눈 전 세계의 수많은 친구들일
것이다. 그는 아주 오래전부터 다수 세계 교회의 생명력과 힘을 인식
하고 있었다. 그는 은퇴하여 올 소울즈 교회의 빡빡한 업무에서 벗어
난 이후로는 다수 세계에서 많은 시간을 보냈다. 그가 다수 세계에서
한 여러 일들은 서양인들에게는 크게 두드러져 보이지 않았다. 그는

모퉁잇돌 그리스도

수많은 교회 지도자들, 특히 자기 자리를 찾기 위해 고군분투하는 젊은이들을 많이 만났다. 그는 제대로 된 도서관을 이용하기 힘든 이들을 위해 신학 도서를 구해 주었고, 영국과 미국에서 공부하기 원하는 신학생 후보들을 위해 장학금을 지원했다. 성경의 가르침이 몸에 밴 그는 검소한 삶의 본을 보였다. 또 전 세계 수많은 친구들을 사귀면서 다양한 문화의 가교 역할을 했다.

크리스 라이트는 그를 "천성이 내성적인 사람"이라고 기억한다. "혼자 있는 걸 즐기셨습니다. 하지만 여러 사람을 만나고, 그 사람들의 이름을 기억하고, 가족 관계나 자녀들을 파악하고, 편지를 쓰고, 그 사람들을 위해 기도하셨습니다. 언제나 사람들을 위해 기도하는 분이셨습니다."

스리랑카의 감리교 목회자이자 십대선교회Youth for Christ 대표인 아지드 페르난도Ajith Fernando●는 이렇게 말한다. "스리랑카 목회자들은 서구인들에게 상반된 감정을 품어 왔습니다. 서구 목회자들은 다른 나라 사람들의 관심사를 이해하지 못한다고 생각해서, 인종차별에 가까운 분노가 우리 가운데 치밀어 올랐습니다. 그들의 목적은 남의 나라에서 소기의 목적을 달성하는 것이라는 의심 때문이지요. 제국주의의 또 다른 형태라고나 할까요. 그런데 존 스토트 같은 사람을 보고는, 도저히 그런 감정을 품을 수가 없었습니다.……그는 겸손을 온몸으로 보여주는 사람이었습니다. 그가 그저 생색만 내는 거창한 프로그램 때문이 아니라 우리에게 성경을 가르치기 위해 가난한 나라들을 자주 찾았다는 사실에 진심으로 감사합니다."

● 65쪽 두 번째 '주' 참고

남미 신학자 르네 파디야●는 젊은 시절 존 스토트와의 만남을 생생히 기억한다. 비 내리는 밤 아르헨티나에 도착한 두 사람은 숙소까지 걸어가느라 진흙범벅이 된 장화를 밖에 벗어 놓았다. "아침에 잠에서 깨니 솔질하는 소리가 들렸어요. 존이 제 신발을 닦고 있었지요. 깜짝 놀라서 '지금 뭐하시는 겁니까?' 하고 물었더니, 이렇게 대답하셨습니다. '르네, 예수님은 우리에게 서로 발을 닦아 주라고 가르치셨네. 내가 자네 발은 닦아 줄 필요가 없지만, 신발은 씻어 줄 수 있지 않나.'"

1959년 존 스토트의 남아프리카공화국 집회에서 그리스도인이 된 신학자 데이비드 웰스David Wells는 이후 1960년 초반에 그와 함께 5년간 한 집에서 살았다. "리더십이 효과를 발휘한 것은 모두 다 그의 신실한 인격과 그리스도인다운 삶 때문이었습니다.……세상 사람들이 다 아는 유명인이었지만, 개인적으로 만난 그는 가장 독실하고 겸손한 그리스도인이었습니다. 개인 생활과 공적 생활이 한결같았습니다. 신실함을 입증해 주는 표시이지요. 남에게 잘 보이려고 꾸미는 구석이 전혀 없었습니다."

이런 모습이야말로 아주 평범한 그리스도인의 진정한 특징이 아닐까? 아무나 그에 걸맞은 삶을 살 수 있는 것은 아니다. 하지만 존 스토트는 그런 삶을 살아 냈다.

Tim Stafford, "A Plain, Ordinary Christian," *Christianity Today* 55, no. 9 (September 2011): 45 – 48. 『크리스채너티 투데이 한국판』 2011년 9월호에서 재인용.

● 65쪽 두 번째 '주' 참고

찾아보기: 주제

모퉁잇돌 그리스도

모퉁잇돌 그리스도

ㅁ

모퉁잇돌 그리스도

모퉁잇돌 그리스도

ㅅ
_____

찾아보기: 성경

모퉁잇돌 그리스도